U0399417

中国生态旅游与绿色发展报告（2022）

编委会

主　编：

马　勇（湖北大学，中国旅游研究院生态旅游研究基地）

编　委：

马　勇（湖北大学，中国旅游研究院生态旅游研究基地）

樊志勇（武汉大学）

李志飞（湖北大学）

刘　军（湖北大学）

明庆忠（云南财经大学）

李江敏（中国地质大学（武汉））

童　昀（海南大学）

张　瑞（湖北大学，中国旅游研究院生态旅游研究基地）

柴大勇（北京商旅同舟旅游规划设计院院长）

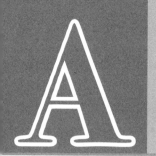

ANNUAL REPORT ON THE
ECOTOURISM AND GREEN DEVELOPMENT
IN CHINA (2022)

中国生态旅游与绿色发展报告

马勇 主编

中国旅游研究院生态旅游研究基地
湖北省人文社科重点研究基地旅游开发与管理研究中心 编
湖北大学旅游发展研究院

http://press.hust.edu.cn
中国·武汉

图书在版编目(CIP)数据

中国生态旅游与绿色发展报告.2022/马勇主编；中国旅游研究院生态旅游研究基地，湖北省人文社科重点研究基地旅游开发与管理研究中心，湖北大学旅游发展研究院编. —武汉:华中科技大学出版社,2023.6
ISBN 978-7-5680-9335-4

Ⅰ.①中… Ⅱ.①马… ②中… ③湖… ④湖… Ⅲ.①生态旅游-旅游业发展-研究报告-中国-2022 Ⅳ.①F592.3

中国国家版本馆 CIP 数据核字(2023)第 113253 号

中国生态旅游与绿色发展报告(2022) 马 勇 主编
Zhongguo Shengtai Lüyou yu
Lüse Fazhan Baogao(2022)
中国旅游研究院生态旅游研究基地
湖北省人文社科重点研究基地旅游开发与 编
管理研究中心
湖北大学旅游发展研究院

策划编辑：李　欢
责任编辑：刘　烨　王梦嫣
封面设计：廖亚萍
责任校对：李　弋
责任监印：周治超

出版发行：华中科技大学出版社(中国•武汉)　　电话：(027)81321913
　　　　　武汉市东湖新技术开发区华工科技园　　邮编：430223
录　　排：华中科技大学惠友文印中心
印　　刷：湖北金港彩印有限公司
开　　本：710mm×1000mm　1/16
印　　张：19.5
字　　数：295 千字
版　　次：2023 年 6 月第 1 版第 1 次印刷
定　　价：88.00 元

本书若有印装质量问题，请向出版社营销中心调换
全国免费服务热线：400-6679-118　竭诚为您服务
版权所有　侵权必究

主编简介

马勇　教授、博士生导师,中央组织部"国家高层次人才特殊支持计划"领军人才。现任中国旅游研究院生态旅游研究基地主任兼首席专家、湖北大学旅游发展研究院院长、湖北大学绿色发展研究院院长,同时兼任教育部高校旅游管理类专业教学指导委员会副主任,教育部授予的旅游管理国家级特色专业、国家级一流专业建设点负责人兼首席教授,教育部授予的"旅游规划与开发"国家级精品课程和国家级教学团队负责人兼首席教授,《旅游学刊》《人文地理》等六大旅游学科期刊编委。

马勇教授长期从事生态旅游与绿色发展研究和人才培养工作,先后主持过国家社科基金、文化和旅游部重大规划项目等国家级、省部级生态旅游规划及项目策划近百项,出版《旅游生态经济学》《旅游学概论》《旅游规划与开发》等三十余部著作,在《旅游学刊》《地理学报》《生态学报》《中国人口·资源与环境》《自然资源学报》《长江流域资源与环境》《经济地理》《人文地理》等学术期刊公开发表一系列高水平的论文并获得多项科技进步奖、优秀社会科学成果奖和优秀教学成果奖。

内 容 提 要

本书是中国生态旅游与绿色发展的年度报告,重点分析了中国生态旅游与绿色发展总体情况及生态旅游资源较丰富的湖北、海南、福建、河南、江苏、安徽、浙江、重庆等地区的生态旅游与绿色发展情况。此外,还包括神农架林区生态旅游与农村可持续生计、中国区域旅游业碳排放效率、云南省旅游生态安全系统、乡村生态旅游行为、国家公园生态旅游发展、生态文旅发展等主题的研究报告。

Content

This is an annual report on eco-tourism and green development in China, focusing on the analysis of eco-tourism and green development in China and in the areas of Hubei, Hainan, Fujian, Henan, Jiangsu, Anhui and Zhejiang, as well as in Chongqing, which are rich in eco-tourism resources. Furthermore, it includes reports on eco-tourism and sustainable rural livelihoods in the Shennongjia Forestry District, carbon emission efficiency from regional tourism in China, tourism ecological security system in Yunnan Province, rural ecotourism behaviour, ecotourism development in national parks, ecological culture and tourism development and other topics.

前　言

在我国经济社会发展全面绿色转型的背景下,旅游业正处于转型升级与结构调整的关键时期。国家"十四五"规划明确提出要加快发展方式绿色转型,统筹推进生态文明建设,坚持生态优先、绿色发展。生态旅游对环境质量改善、经济结构优化等具有显著促进作用,由此成为中国旅游行业发展的重要方向。因此探讨生态旅游的发展现状、掌握其发展趋势具有重要的现实意义。

由中央组织部"国家高层次人才特殊支持计划"领军人才、中国旅游研究院生态旅游研究基地主任兼首席专家、湖北大学旅游发展研究院院长马勇教授主编、华中科技大学出版社出版的《中国生态旅游与绿色发展报告(2021)》面向全球公开发行,该报告自出版以来得到了学界、政界、业界的高度评价。为更好地顺应生态旅游的发展趋势,满足各界知识更新需要,我们在2021年推出《中国生态旅游与绿色发展报告(2021)》的基础上组织编撰了《中国生态旅游与绿色发展报告(2022)》。

本书研究思路新颖,以习近平生态文明思想为指导,以保护环境为前提,以可持续发展为目标,为我国生态旅游发展指明了方向;内容全面、逻辑严密、文字精练、方法多元,研究面广,能够为相关学者、工作者及科研、政府单位提供有益参考,以促进中国生态旅游业可持续发展,为建设"美丽中国"贡献更多智慧。

本书由中国旅游研究院生态旅游研究基地、湖北省旅游开发与管理研究中心、湖北大学旅游发展研究院联合统筹编撰,马勇教授主编,湖北大学、武汉大学、中国地质大学(武汉)、海南大学、云南师范大学、云南财经大学、曲阜师范大学、北京商旅同舟旅游规划设计院等院校机构专家联合编写。本书涵盖生态旅游与绿色发展综合报告、区域发展报告、专题研究报告三大部分的内容。综合报告从多方面总结了中国生态旅游与绿色发展的整体特征和水平；区域发展报告在第一部的四川省、贵州省、湖南省、江西省、陕西省、黑龙江省、云南省的基础上，补充并梳理了湖北省、海南省、福建省、河南省、江苏省、安徽省、浙江省、重庆市等省（市）的生态旅游发展情况；专题研究报告从生态旅游与乡村可持续生计、旅游生态安全、乡村生态旅游行为、国家公园生态旅游发展、生态文旅发展等视角对生态旅游进行研究。

  本书在编撰过程中借鉴了较多研究成果与研究资料，谨此致谢。由于作者时间、精力有限，书中恐仍存纰漏之处，尚祈同行专家学者及广大读者不吝指正。另《中国生态旅游与绿色发展报告》将会持续推出，望广大专家学者踊跃投稿。

主编

2022 年 10 月

目　录

Ⅰ 综合报告

B1 中国生态旅游与绿色发展报告 …………………… 马　勇　张　瑞 / 1
B2 碳中和目标下旅游业降碳减排路径研究 …………………… 江函哲 / 18

Ⅱ 区域发展报告

B3 湖北省生态旅游与绿色发展报告 …………………… 李志飞　吴锦超 / 35
B4 海南省生态旅游与绿色发展报告 …………………… 唐海燕 / 52
B5 福建省生态旅游与绿色发展报告 …………………… 曾晓庆 / 71
B6 河南省生态旅游与绿色发展报告 …………………… 邓帆帆 / 90
B7 江苏省生态旅游与绿色发展报告 …………………… 张　腾 / 107
B8 安徽省生态旅游与绿色发展报告 …………………… 段言蹊 / 124
B9 浙江省生态旅游与绿色发展报告 …………………… 候玉杰 / 138
B10 重庆市生态旅游与绿色发展报告 …………………… 韩娟娟 / 156

Ⅲ 专题研究报告

B.11 神农架林区生态旅游与农村可持续生计耦合协调特征与影响因素研究
………………… 李江敏 杨 赞 黎鑫薇 魏雨楠 郝婧男 / 173

B.12 增加值视角下中国区域旅游业碳排放效率及时空演化特征研究
………………………… 刘 军 邓帆帆 张 倩 陈 曦 / 189

B.13 云南省旅游生态安全系统的时空格局及驱动因素分析
………………………………………………… 陆保一 明庆忠 / 210

B.14 基于扎根理论的乡村生态旅游行为内涵研究
………………………………………………… 樊志勇 陶福泰 / 233

B.15 国家公园生态旅游发展路径探析——以海南热带雨林国家公园为例
………………………………………………… 卢嘉新 童 昀 / 251

B.16 基于城市更新下的日照市生态文旅发展 ………… 张 刚 / 274

B.17 黄河流域渭河支流(天水段)生态文化旅游发展研究报告
………………………………………………………… 柴大勇 / 286

Ⅰ 综合报告

B.1 中国生态旅游与绿色发展报告

马勇 张瑞

摘　要：生态旅游是推动旅游业转型升级、实现生态文明建设的重要发展模式。报告依托绿色发展理念，首先基于产业现状与研究现状、网络关注现状与重点生态旅游目的地空间布局三大维度对生态旅游发展现状进行总结，而后采用SWOT法对生态旅游的优势、劣势、机遇及挑战进行分析，最后根据总结与分析结果提出控制劣势（W）的方案策略与缓解威胁（T）的方案策略。研究发现：①中国生态旅游发展态势趋好。②中国生态旅游发展情况存在资源丰富、底蕴深厚、政策优势明显等内部优势；季节性限制、创新意识不足、产业链条较窄等内部劣势；创造就业机会、生态旅游意愿增长、政企联合经营等外部机遇及环境承载力趋于上限、缺乏高效的交通运输系统、生态旅游景区环境污染等外部威胁。③基于劣势（W）与威胁（T）所提出的策略选择包含季节性消除策略、人才引进策略、产业创新策略、体系完备策略与可持续发展策略。

关键词：生态旅游；绿色发展；百度指数；SWOT分析

Abstract：Ecotourism is an important development model to promote the transformation and upgrading of tourism and realize the construction of ecological civilization. Relying on the concept of green development, this report first summarizes the current situation of ecotourism development based on three dimensions: the current state of the industry and the current state of research, the current state of network attention and the spatial layout of key ecotourism destinations, and then analyzes the advantages, disadvantages, opportunities and challenges of ecotourism using the SWOT method, and finally proposes solution strategies to control disadvantages W and mitigate threats T based on the summary and analysis. The study found that: ① the development trend of eco-efficiency in China tends to be good. ②China's eco-tourism development situation has internal advantages such as rich resources, profound heritage, and obvious policy advantages. Internal disadvantages such as seasonal restrictions, lack of innovation awareness, and narrow industrial chain. External opportunities such as job creation, growth of eco-tourism willingness, and joint operation of government and enterprises. External threats such as the upper limit of environmental carrying capacity, lack of efficient transportation system, and environmental pollution problems in ecotourism scenic spots. ③ The proposed strategy options based on disadvantage W and threat T include seasonal elimination strategy, talent introduction strategy, industrial innovation strategy, system completion strategy and sustainable development strategy.

Keywords：Eco-tourism；Green Development；Baidu Index；SWOT Analysis

一、引　言

"生态旅游"最早由世界自然保护联盟（International Union for Conservation of Nature, IUCN）提出，其发展过程始终秉持可持续发展理念。于1993年9

月在北京市召开的第一届东亚地区国家公园和自然保护区会议标志着"生态旅游"首次上升至国家政策层面。此后,中国旅游协会生态旅游专业委员会于1994年正式成立,该委员会是中国首个"生态旅游"专业学术团体。而后的1999年更是被誉为"中国生态旅游年",全国上下推出系列相关主题活动。综上所述,中国生态旅游相关实践起步较早。

随着中国工业化进程的不断推进,人们享受自然生态空间的需求呈爆发式增长[①]。特色鲜明的生态旅游逐渐成为市场热点。此外,自党的十八大以来,国家多次发文强调大力发展生态旅游的重要意义。在大力推动绿色发展及生态文明建设的时代背景下,生态旅游的实践及研究也日益受到社会各界及学界的广泛关注与高度重视。因此,总结探讨中国生态旅游与绿色发展年际变化十分重要,对于更好地推动生态旅游发展具有重要现实意义。

为此,本报告运用百度指数大数据平台、SWOT分析法等,对比分析了中国生态旅游发展现状、优势与劣势及外部环境的机遇与威胁,旨在为进一步推动中国生态旅游与绿色发展提供科学精准、务实有效的实践策略。报告整体按照由"为何"至"如何"的逻辑分析进路构架。

二、发展现状

(一)产业现状与研究现状

1. 产业现状

生态旅游因其具备能促进当地居民生机可持续性、能通过经济效益实现生态系统保护、能促进区域经济社会协调发展等特点,受到社会各界普遍认同。

---

① 《全国生态旅游发展规划(2016—2025年)》(中华人民共和国国家发展和改革委员会与国家旅游局联合发布)。

根据国家林业和草原局及国家公园管理局相关数据可以看出①，2021年中国生态旅游游客量同比增长超过11.5%，各类自然保护地、林草专类园、国有林场、国有林区等区域共接待游客20.83亿人次。整体而言，生态旅游发展形势较好，有关政策的制定和关联产业的发展，均得到了更多的支持与更深入的实践。受到各方面因素的冲击或影响，中国生态旅游发展情况虽暂时无法基于统计数据进行量化，但其产业特色与产业规模已经形成。此外，生态旅游能提升当地就业增收能力、助力农民脱贫增收，已成为促进消费的新途径，对于地方经济社会发展的带动作用日益显著。

2. 研究现状

基于中国知网数据库的计量可视化分析技术，以"生态旅游"为关键词，对目标文献相关情况进行分析以了解2021年中国生态旅游与绿色发展领域研究现状，文献检索概况及关键词词频见表1。

以"篇名＝'生态旅游'""来源类别＝核心期刊＋CSSCI＋CSCD"及"年份＝2021年"为筛选条件，总计得到文献量48篇，总参考量为784次，总被引量为85次，总下载量为40944次，篇均参考量为16.33次，篇均被引量为1.77次，篇均下载量为853次。其中，篇均参考数与篇均被引数偏低，这在一定程度上说明了国内生态旅游研究活跃度偏低，未来亟须大量相关领域学者加入至生态旅游领域研究的队伍中来，推动中国生态旅游研究发展。

从关键词来看，排名前五的关键词及其频次依次为"生态旅游发展"（13次）、"国家公园"（10次）、"可持续发展"（8次）、"生态旅游资源"（6次）、"生态旅游活动"（6次）。除直接包含"生态旅游"的三个关键词外，国家公园因其概念被界定为"为生态旅游提供场所而划定的自然区域"而备受学界关注，学者们将其作为重点研究对象，以期基于自然保护区表现形式探索生态旅游发展问题。此外，由于生态旅游是推动旅游业实现可持续发展的重要形式，因而"可持续发展"同样成为生态旅游领域研究热点关键词。

---

① http://www.forestry.gov.cn/main/216/20220117/132237693143794.html。

表1 文献检索概况及关键词频次

筛选条件1	筛选条件2	文献量/篇
篇名="生态旅游"	核心期刊+CSSCI+CSCD	48
总参考量/次	总被引量/次	总下载量/次
784	85	40944
篇均参考量/次	篇均被引量/次	篇均下载量/次
16.33	1.77	853
关键词	频次	
生态旅游发展	13	
国家公园	10	
可持续发展	8	
生态旅游资源	6	
生态旅游活动	6	

(数据来源:中国知网。)

检索所得文献的学科分布、基金分布及期刊来源分布如图1所示。由学科分布情况可知,生态旅游领域研究大多基于经济与管理科学视角,鲜少从基础科学角度出发,未来可尝试通过文理融合的方式推进生态旅游领域研究。由基金分布情况可知,国家社会科学基金及国家自然科学基金占比仅为22.92%与20.83%,生态旅游领域研究水平仍有待提高。由期刊来源分布可知,占比最高的前五位的分别是《生态经济》《中国饲料》《农业经济》《旅游学刊》及《生态学报》,其中不乏生态领域及旅游领域权威期刊,这一定程度上表明"生态旅游"仍属于学科前沿话题。

(二)网络关注现状

采用百度指数大数据对"生态旅游"网络关注度进行探索,以期总结出社会大众及媒体对生态旅游研究的动态关注。在百度指数官方网站以"生态旅游"为关键词进行搜索,借助搜索指数、资讯指数及搜索指数地域分布等工具,对中国生态旅游网络关注度进行分析。

中国生态旅游与绿色发展报告(2022)

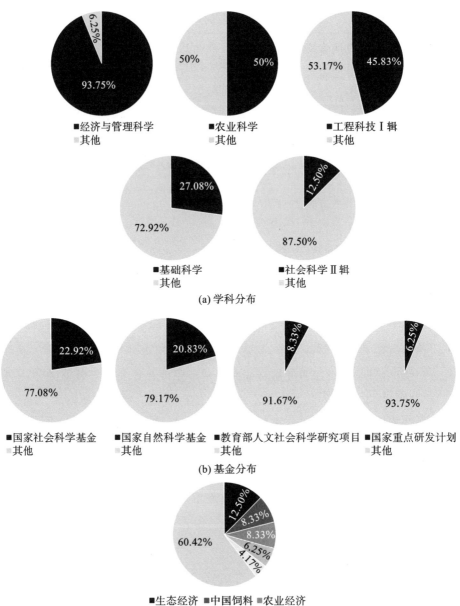

图 1　学科分布、基金分布及期刊来源分布

(数据来源:中国知网。)

1. 搜索指数

基于百度用户搜索量,以关键词"生态旅游"为统计对象,科学分析出该关键词在百度网页中搜索频次的加权,进而得出"生态旅游"的搜索指数。搜索指数于2021年1月1日至2021年12月31日时间段内呈 W 形波动,与2020年变动趋势较为相近,存在一定季节性特征。此外,根据搜索指数,2021年"生态旅游"关键词搜索指数整体日均值为249,较2020年提升2个值,移动日均值为147,较2020年提升11个值。这表明大众对生态旅游的关注度有所提升,但有关部门与媒体机构仍需进一步加大宣传力度。

2. 资讯指数

资讯指数是指新闻资讯对于"生态旅游"的关注、报道程度及持续变化情况的量化指标。根据百度指数官方说明,资讯指数是以百度指数分发及推荐内容为数据基础,基于百度用户阅读、评论、转发、点赞、不喜欢等行为的数量加权求和所得。"生态旅游"关键词资讯指数于2021年国庆期间有明显涨势,于2021年9月24日达全年峰值(98764)。该高峰出现的原因可能是,在前期,福建省政府办公厅印发了《福建省"十四五"文化和旅游改革发展专项规划》并明确提出"加快建设文化强省和全域生态旅游省",且以该资讯为主要内容,以"福建加快建设全域生态旅游省"为主要内容的短文发表于中国旅游报,并于2021年9月17日登录文化和旅游部官网。这在一定程度上反映出了新闻发布、官方网站、媒体宣传等对于资讯指数提升的显著推动作用,体现了官方宣传的重要性,为后续提升"生态旅游"资讯指数指明了方向。

3. 搜索指数地域分布

基于百度指数数据,对2021年关注"生态旅游"的百度用户进行聚类划分,得到其所属省(直辖市、自治区)、城市及区域的分布,及其较2020年的排名变动情况,详见表2。

由表2可知,"生态旅游"搜索指数排名前十的省级行政单位依次为广东、江苏、贵州、四川、北京、山东、云南、浙江、河南与湖南,其中湖南为新晋省份,这可能是因为湖南于2021年面向社会公开招标了较多与生态旅游密切相关的服务项目,如《湖南文化旅游产业博览会文化生态旅游精品线路展策展服务项目》《大湘西地区文化生态旅游精品线路专业气象服务及旅游宣传服务项目》等,使生态旅游关注度得以提升;"生态旅游"搜索指数排名前十的城市依次为北京、成都、贵阳、广州、昆明、上海、南京、长沙、杭州及武汉,其中贵阳排名上升1位,广州、昆明及长沙上升2位,南京为新晋城市;"生态旅游"搜索指数排名前七的区域依次为华东、西南、华中、华南、华北、西北及东北,华中、华南与西北上升1位,华北与东北排名均有所下降,需加大对生态旅游的重视程度。

表2 "生态旅游"搜索指数排名前十省级行政单位、城市、区域排名及排名变动情况

排名	省级行政单位	排名变动	城市	排名变动	区域	排名变动
1	广东	—	北京	—	华东	—
2	江苏	↑2	成都	—	西南	—
3	贵州	↑3	贵阳	↑1	华中	↑1
4	四川	↓2	广州	↑2	华南	↑1
5	北京	↓2	昆明	↑2	华北	↓2
6	山东	↑1	上海	↓3	西北	↑1
7	云南	↑2	南京	New	东北	↓1
8	浙江	↓3	长沙	↑2	—	—
9	河南	↓1	杭州	↓4	—	—
10	湖南	New	武汉	↓1	—	—

(数据来源:百度指数。)

(三)重点生态旅游目的地空间布局

基于2016年中华人民共和国国家发展和改革委员会与国家旅游局发布的《全国生态旅游发展规划(2016—2025年)》所遴选的200个重点生态旅游目的地(不包括港澳台地区),拟对中国生态旅游总体布局进行初步分析,重点生态旅游目的地名录详见表3。

重点生态旅游目的地共划分为七大片区,分别为东北平原漫岗生态旅游片区(包含28个重点生态旅游目的地)、黄河中下游生态旅游片区(包含42个重点生态旅游目的地)、北方荒漠与草原生态旅游片区(包含24个重点生态旅

游目的地）、青藏高原生态旅游片区（包含17个重点生态旅游目的地）、长江上中游生态旅游片区（包含40个重点生态旅游目的地）、东部平原丘陵生态旅游片区（包含27个重点生态旅游目的地）、珠江流域生态旅游片区（包含12个重点生态旅游目的地）及海洋海岛生态旅游片区（包含10个重点生态旅游目的地）。

表3 重点生态旅游目的地名录

片区	重点生态旅游目的地名称	数量/个
东北平原漫岗生态旅游片区	呼伦贝尔草原、兴安盟阿尔山、额尔古纳湿地、克什克腾草原、阿鲁科尔沁草原、大青沟、鸭绿江、辽河口、本溪水洞、金石滩-老虎滩、双台河、棋盘山、旅顺口、长白山、松花湖、查干湖、辉南龙湾群、向海、高句丽、防川、五女峰、五大连池、汤旺河、镜泊湖、亚布力、大兴安岭、乌苏里江、绥芬河	28
黄河中下游生态旅游片区	灵山-百花山、密云云蒙山、盘山、大黄堡、辽河源、白洋淀、坝上草原、崇礼-赤城、衡水湖、京西百渡（涞易涞）、雾灵山、五台山、太行山大峡谷、绵山、蟒河、庞泉沟、王莽岭、五老峰、恒山、沁河源、沂蒙山、蓬莱、崂山、微山湖、黄河三角洲、南太行山-云台山、桐柏山、黄河小浪底、老君山-鸡冠洞、伏牛山、豫西大峡谷、丹江、黄河故道、金丝峡、黄龙山、丹江源、秦岭太白山、壶口瀑布、瀛湖、南宫山、黄河大峡谷、华山	42
北方荒漠与草原生态旅游片区	腾格里沙漠、巴丹吉林沙漠、额济纳胡杨林、锡林郭勒草原、鸣沙山月牙泉、麦积山、敦煌雅丹、张掖丹霞、平凉崆峒山、六盘山、沙坡头、贺兰山、青铜峡、沙湖、苏峪口、哈巴湖、天山、喀纳斯湖、巴音布鲁克、博斯腾湖、塔河源、白沙湖、可可托海、吐鲁番火焰山	24
青藏高原生态旅游片区	九寨沟-黄龙、稻城亚丁、二郎山-海螺沟、香格里拉、雅鲁藏布江、纳木错、林芝鲁朗、珠穆朗玛峰、羊八井、巴松错、昆仑山-可可西里、青海湖、祁连山、年保玉则、德令哈、冶力关、玛曲	17

续表

片 区	重点生态旅游目的地名称	数量/个
长江上中游生态旅游片区	三清山、井冈山、婺源、鄱阳湖湿地、武功山、庐山、神农架、武当-太极湖、恩施大峡谷、丹江口、张家界、洞庭湖、莽山、崀山、大围山、长江三峡、武隆喀斯特、四面山、金佛山、黔江、蜀南竹海、大峨眉山、光雾山-诺水河、泸沽湖、大渡河峡谷、黄果树、荔波、龙宫、百里杜鹃、梵净山、赤水、雷公山、马岭河-万峰林、哈尼梯田、西双版纳、石林、玉龙雪山、腾冲、怒江大峡谷、苍山洱海	40
东部平原丘陵生态旅游片区	崇明岛、淀山湖、姜堰溱湖、太湖、洪泽湖、天目湖、虞山尚湖、千岛湖、天目山、钱江源、神仙居、江郎山、雁荡山、黄山、天堂寨、天柱山、九华山、巢湖、花亭湖、大金湖、湄洲岛、武夷山、泰宁、清源山、屏南白水洋、鼓岭、东山岛	27
珠江流域生态旅游片区	南澳岛、南岭、丹霞山、鼎湖山、珠江口、桂林漓江、巴马、北部湾、大德天、姑婆山、乐业-凤山、龙脊梯田	12
海洋海岛生态旅游片区	长山群岛、舟山群岛、庙岛群岛、芝罘岛群、海陵岛、平潭岛、三沙、大洲岛、五指山、东寨港红树林	10

(数据来源:国家发展和改革委员会网站。)

进一步,基于 ArcGIS 可视化技术刻画中国重点生态旅游目的地空间分布格局,综合来看,重点生态旅游目的地空间分布呈"大分散、小集聚"的分布特征。大分散,即全国范围内分布较广;小集聚,即重点生态旅游目的地主要集中分布某几个地区,如京津冀地区所包含的重点生态旅游目的地数量占总数的70%以上,此外,华东地区与西南地区集中了较多重点生态旅游目的地。

三、中国生态旅游与绿色发展的 SWOT 分析

(一) SWOT 分析法

SWOT(Strengths、Weaknesses、Opportunities and Threats)是由美国旧

金山大学管理学教授Heinz Weihrich于20世纪80年代初提出的矩阵分析法,常被用于战略管理,因其具备主客观结合、操作难度低,以及具有结构化和系统化等显著优点而得以广泛应用。

借助SWOT模型,能较好分析出问题的轻重缓急,并能明确目标实现障碍及制约因素,进一步基于系统分析思想将各类因素相互匹配加以分析,最终得出相应结论。该方法的运用有利于管理者和决策者做出较为正确的决策与规划。具体地,SWOT分析法具备以下适切性特征:

第一,具备一定优越性,能降低时间成本、人力成本、财力成本、操作成本等的投入,同时还能融入主客观分析。

第二,具备一定必要性,有助于全景式地认识中国生态旅游与绿色发展情况。SWOT矩阵分析模型如图2所示。

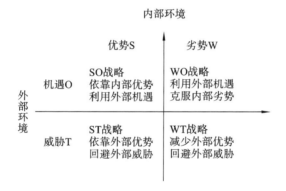

图2　SWOT矩阵分析模型

(二)影响中国生态旅游与绿色发展的内外部环境指标体系构建

中国生态旅游与绿色发展的内外部环境指标体系如表4所示。中国生态旅游与绿色发展的内部环境指标由资源因素与政策因素两部分构成。其中,资源因素指的是自然资源、人文资源与区位优势;政策因素则主要囊括宏观政策、中观政策与微观政策。

中国生态旅游与绿色发展的外部环境因素主要包括宏观环境与微观环境,其中,宏观环境指的是国际环境与国内环境,二者均包含经济环境、社会环境与政策环境,而微观环境则指区域环境与学术环境,区域环境包含经济环境、社会环境及政策环境,学术环境包含人才配置、高校合作及资金支持。

表4 中国生态旅游与绿色发展的内外部环境指标体系

内部环境指标		外部环境指标			
资源因素	政策因素	宏观环境		微观环境	
自然资源	宏观政策	国际环境	经济环境	区域环境	经济环境
			社会环境		社会环境
			政策环境		政策环境
人文资源	中观政策	国内环境	经济环境	学术环境	人才配置
			社会环境		高校合作
区位优势	微观政策		政策环境		资金支持

(三)中国生态旅游与绿色发展的SWOT分析

1. 内部优势(S)

1) 旅游资源丰富

中国拥有丰富的生态旅游资源,连绵山丘、植被覆盖,极佳的生态自然环境均孕育出丰富的物产。具体来看,中国生态旅游资源包含陆地生态旅游资源(森林、草原、荒漠等)、水体生态旅游资源(海滨、湖泊、温泉、河流等)、农业生态旅游资源(田园风光、牧场、渔区、农家等)、园林生态旅游资源等种类。丰富的生态旅游资源为中国生态旅游发展提供了保障,奠定了基础。

2) 人文底蕴深厚

文化古迹遍布全国,景观文化独具特色,民族风貌多样化,不仅蕴含着大量优秀的中华传统历史文化,更凝聚着源远流长的中华传统人文基因。中华文化享誉中外,对国内外旅游者均具有较强的吸引力。

3) 政策优势明显

党的十八大明确提出了大力推进生态文明建设,而后,生态文明建设、可持续发展理念、绿色发展理念、"两山"理论等逐步深入实践。于2021年3月颁布的国家"十四五"规划更是再次强调了加快发展方式绿色转型,统筹推进生态文明建设,坚持生态优先、绿色发展。同年4月,由中共中央办公厅、国务院办公厅印发的《关于建立健全生态产品价值实现机制的意见》明确指出了要加快完善可持续的生态产品价值实现路径。在此类政策背景下,生态旅游发展条件优渥,迎来了全新的发展契机。

2. 内部劣势(W)

1) 受季节性限制,存在消极影响

生态旅游作为旅游的一种特殊模式,其与旅游具备同样的季节性特征,主要体现在生态旅游资源、生态旅游活动等方面。2021年全年"生态旅游"网络关注度的波动情况也体现出了季节性特征。生态旅游发展在一定程度上受到季节性特征的限制,可能会对生态旅游景观造成不良影响,同时也可能对当地旅游经济的发展带来一定的消极影响。这一内部劣势已成为当下生态旅游发展亟待解决的问题之一。

2) 创新意识不足,管理人才缺乏

长久以来各地生态旅游景区较难吸引广大高等人才前往就业,生态旅游的建设更是缺乏高水平、创新型的专业人才。部分生态旅游景区依托当地小型企业经营,相关工作人员并未受到过专业的经营管理培训,因而可能导致生态旅游发展仅停留在资源利用层面,在市场覆盖率提升方面较难突破。此外,相关工作人员还可能存在服务意识薄弱等问题,难以为生态旅游游客带来舒适的消费体验。

3) 产业链条较窄,资源浪费严重

生态旅游产业发展存在产业链条较短的问题,生态旅游产业的特色化差异并不显著。当旅游旺季时,大量生态旅游游客涌入,生态旅游设施及相关资源得以充分利用,但旅游淡季时可能会存在生态旅游区资源及相关设施闲置等问题,导致一定程度上的资源浪费。

3. 外部机遇(O)

1) 创造更多就业机会

生态旅游产业与旅游产业一致,同样是由食、住、行、游、购、娱等要素组合形成的系统结构,以出游消费为基础,关联众多产业,涉及交通、建设、营销、商业、制造业等多个行业。此外,伴随经济社会的不断发展以及互联网的不断普及,其融合性也在日益增强,因此就业容量得以扩张,能为当地创造更多的就业机会。

2) 生态旅游意愿增长

随着中国生态旅游产业的蓬勃发展,生态旅游产业中不断涌现诸如自助游、短途游等"微型游"业态,呈现出生态旅游游客出行时间较为零散、出游意愿有较大提升、出游频次不断增加等特征。

3) 政府企业联合经营

为快速推进城乡一体化发展,有关政府部门积极开展与相关企业的合作,由企业负责相关建设工作及招商引资,从而达到改善生态旅游景区内部及周边基础设施建设的目的。此外,政府企业联合经营不仅能扶持当地建设,激发区域经济发展活力,还能充分发挥企业的人才技术优势,有利于探索生态旅游高效发展的路径。

4. 外部威胁(T)

1) 景区环境承载力趋近于上限

随着中国生态旅游的迅速发展,人们生态旅游消费潜力得到前所未有的释放,为满足与日俱增的生态旅游需求,各大生态旅游景区在开发建设过程中过多追求规模数量而忽视了环境承载量的问题,因而极容易对当地生态环境造成一定程度的破坏,从而给生态旅游游客的体验带来消极影响。

2) 交通运输体系仍存在区域性差异

实现生态旅游主体(生态旅游游客)与生态旅游客体(生态旅游对象)相结合的生态旅游活动,需以畅通高效的交通运输体系为媒介来完成。从整体上来看,中国自改革开放以来尤其是二十世纪九十年代以来,交通运输体系构建完善速度以惊人的速度发展,尤其是较发达地区可谓四通八达,但相对落后地区交通运输体系的发展则缓慢且落后,这在一定程度上制约了当地生态旅游产业的进一步发展。

3) 生态旅游产品缺乏鲜明特点

社会层面对于生态旅游产业的认识存在一定泛化现象,由于生态旅游相关产品存在一定的同质化特征,所以逐步失去了对生态旅游游客的吸引力,进而导致生态旅游产品缺乏明显特色。

四、生态旅游发展的策略选择

(一)季节性消除策略

季节性问题是生态旅游产业发展不容忽视的一大问题。各区域或生态旅游景区需重视季节性因素造成的资源损伤、经济损伤等不利影响,在保障生态环境的前提下策划开展反季节性活动,吸引生态旅游游客,从而实现生态环境资源保护与生态旅游经济发展的双赢。

(二)人才引进策略

优质人才是发展生态旅游的重要保障,同时也是持续推动绿色发展的根本支撑。一方面,各生态旅游景区要积极广泛地与高等院校开展合作,在景区及周边设置生态旅游相关培训基地,在理论教学的基础上开展实践考察,以达到全方位培养生态旅游人才的目的;另一方面,各区域或生态旅游景区可以面向全国招募创客,吸引相关高素质专业人才,从而激发生态旅游的发展活力。

(三)产业创新策略

为避免出现千篇一律的现象,各地区生态旅游产业应结合自身优势与亮点,建设特色产业体系,突出特色品牌,并发挥其带动作用。进一步借助自媒体、互联网等平台进行宣传,搭建电子商务体系,实行线上与线下相结合的多路径特色产业策略。

（四）体系完备策略

交通运输体系是否完备是推动生态旅游发展的关键一环，应以提升生态旅游景区的可达性为目的，科学规划交通运输体系。

其一，需要重视景区间的交通，提升交通运输体系的安全性保障，加大对铁路、高速公路等的改建力度以提升交通运输体系的完备程度。

其二，应重视景区内的交通，充分考虑并保障生态旅游景区内部的生态环境及原始风貌。

（五）可持续发展策略

应以可持续发展理念为指引，基于环境保护视角、经济发展视角、生态旅游游客视角及社区参与视角等维度，全面综合地考量生态旅游发展。不仅要注重生态旅游发展进程中的利益分配、生态环境与经济社会协调发展等问题，还应完善生态旅游相关从业人员培训体系，同时需要加强对生态旅游环境知识的教育，进而实现生态旅游的可持续发展。

参 考 文 献

[1] Wondirad Amare. Who Benefits from the Ecotourism Sector in Southern Ethiopia? [J]. International Journal of Tourism Sciences, 2017, 17(4).

[2] 李琳, 徐素波. 生态旅游研究进展述评[J]. 生态经济, 2022(7).

[3] 张淑梅. 农业生态旅游——农业经济新的增长极[J]. 农业经济, 2014(2).

[4] Gossling S. Ecotourism: A means to Safeguard Biodiversity and Ecosystem Functions? [J]. Ecological Economics, 1999, 29.

[5] Stronza A L, Hunt C A, Fitzgerald L A. Ecotourism for Conservation? [J]. Annual Review of Environment and Resources, 2019, 44.

[6] 贾宏, 周波, 杨保国. SWOT分析在生态旅游项目中的应用[J]. 生态经济, 2008(6).

[7] 金晓艳, 赫天姣. 粤港澳大湾区国际中文教育集群发展的SWOT分析[J]. 广州大学学报(社会科学版), 2022(2).

作者简介：

马勇，教授、博士生导师，中央组织部"国家高层次人才特殊支持计划"领军人才、湖北大学绿色发展研究院院长、中国旅游研究院生态旅游研究基地主任兼首席专家，主要研究方向为生态旅游与绿色发展。

张瑞，湖北大学商学院博士研究生，中国旅游研究院生态旅游研究基地主任助理。

B2 碳中和目标下旅游业降碳减排路径研究

江函哲

摘 要：我国力争在2030年实现碳排放达峰,2060年实现碳中和目标。这是习近平主席在2020年9月的联合国大会一般性辩论上的承诺。中国作为世界上最大的发展中国家,也是碳排放较大的国家之一,提出2030年碳达峰、2060碳中和目标不仅为我国未来高质量经济发展提供思路,也明确了未来我国生态文明建设的方向。目前碳排放的关注重点在能源、建筑及工业生产等温室气体排放比重较高的领域,而旅游业的碳排放量往往被人们忽视。近年来,随着旅游业的飞速发展,经济发展所带来的旅游业碳排放提升,旅游交通、旅游住宿及旅游活动等产出的二氧化碳排放量逐年增加,旅游业还是"无烟产业"吗？本研究通过分析旅游业碳排放的现状与结构特征、旅游消费行为与碳排放的关系,探讨旅游业碳减排的措施和路径。主要通过更新观念、创新模式、推进标准、构建体系及完善机制五个方面进行,以减少旅游业的碳排放总量,进而推进旅游业实现碳中和目标。

关键词：碳中和;旅游业碳排放;碳减排路径;旅游业发展

Abstract：China strives to achieve a peak in carbon emissions by 2030 and a carbon neutrality target by 2060. This is a commitment made by President Xi Jinping at the general debate of the UN General Assembly in September 2020. As the world's largest developing country and one of the countries with large carbon emissions, China has proposed carbon peaks by 2030 and carbon neutrality targets for 2060, which not only provides ideas for China's future high-quality economic development, but also clarifies the direction of China's ecological civilization construction in the future. At present, the focus of carbon emissions is on energy, buildings and industrial production and other areas with a high proportion of greenhouse gas emissions, but the carbon emissions of tourism are often ignored. In recent years, with the rapid development of tourism industry, the increase in carbon emissions of tourism brought about by the development of the economy, the carbon dioxide emissions of tourism transportation, tourism accommodation and tourism activities have increased year by year, is tourism still a "smoke-free industry"? By analyzing the current situation and structural characteristics of tourism carbon emissions, the relationship between tourism consumption behavior and carbon emissions, this study explores the measures and paths of carbon emission reduction in tourism through five aspects: updating concepts, innovative models, promotion standards, building systems and improving mechanisms, so as to reduce the total carbon emissions of tourism, so that tourism can achieve carbon neutrality as soon as possible.

Keywords: Carbon Neutrality; Carbon Emissions from Tourism; Carbon Reduction Pathways; Tourism Development

一、引　言

碳中和是指人类活动产生的二氧化碳与消除的二氧化碳的量相等,实现碳中和目标首先要做到碳排放达峰。2021年是我国碳中和目标实现的元年,随着2021年2月1日起施行《碳排放权交易管理办法(试行)》,以及全国碳市场于2021年7月16日正式启动上线交易,全国实现全面碳中和目标的大幕已逐渐拉开。目前,全球温室效应加剧导致的气候变化已经威胁到人类的生活与生存,实现"双碳"目标的重要途径是减少二氧化碳的排放量,旅游业的碳排放量虽然不及工业与农业,但也随着经济社会的发展而逐渐增加,旅游业还是传统认知上的"无烟工业"吗？本研究对旅游业碳排放的特征进行分析,意图通过旅游业碳排放的结构要素及形式强度来构建旅游业碳减排的具体实施路径。

二、发展现状

(一) 全球"双碳"目标发展现状

"双碳"指的是国家需要实现的碳达峰目标和碳中和目标。碳达峰是指人类活动产生的碳排放量达到最高峰且不再增长,之后开始逐渐回落直至碳中和。碳中和则是在完成碳达峰后,在一定时期内由人类活动产生的二氧化碳排放量与二氧化碳消除量相等,通过节能减排及通过造林增强碳汇能力等方式使得地球的碳排放量达到"零碳"的情况。截至2020年,全球有54个国家及地区实现了碳达峰目标,其中阿塞拜疆、白俄罗斯等国家1990年就已经实现碳达峰,而在碳排放较高的国家中,美国、俄罗斯、日本、巴西、德国等国家也在2010年前实现了碳达峰,中国、墨西哥等则是把碳达峰的时间定在了2030年。

相比较碳排放达峰,要实现地球的"零碳"计划,最重要的还是实现碳中和,碳中和这一概念实际出现的时间在2015年巴黎气候变化大会召开过后。生态环境的变化导致地球温室效应加剧带来的一系列影响,已经引起世界各国的重视,其中温室效应加剧所带来的环境异常现象,包括高温、海啸、台风等极端天气严重影响和威胁到地球的生态环境和人类的生存环境,随着经济的发展和能源的消耗,根据英国气象局编制的《全球十年气候更新年报》,2020年是自全球有记录以来最热的年份,平均气温较工业革命前提升了1.2℃。气候的变暖导致的干旱、洪水、冰川融化及更高的海平面给粮食安全、人体健康和环境造成了巨大的影响,碳中和的实现可以有效地防止地球气温的逐渐上升,因此世界多国已经开始制定碳中和的政策以及目标(见表1)。截至2021年,已实现碳中和目标的仅有苏里南和不丹两个国家,确定将碳中和目标纳入法律的有德国、瑞典、欧盟、日本、英国等12个国家和地区;拟立法的国家包括韩国、爱尔兰、智利和斐济4个国家;包括中国、美国、南非、巴西等37个国家和地区以政策文件的形式宣告了碳中和的具体时间,其余81个国家和地区的碳中和目标也正在商讨中。中国国家主席习近平在2020年9月22日的联合国大会一般辩论上承诺中国将于2030年实现碳排放达峰,2060年实现碳中和,这不仅是我国作为世界第二大经济体对环境负责的体现,也彰显了我国作为发展中大国的风范。

表1 部分国家/地区碳中和目标进程表

序号	国家地区/名称	碳中和时间	实施进程
1	苏里南	2014年	实现
2	不丹	2018年	实现
3	德国	2045年	立法
4	瑞典	2045年	立法
5	英国	2050年	立法
6	日本	2050年	立法
7	法国	2050年	立法
8	加拿大	2050年	立法
9	西班牙	2050年	立法
10	韩国	2050年	拟立法
11	爱尔兰	2050年	拟立法
12	智利	2050年	拟立法
13	斐济	2050年	拟立法
14	中国	2060年	纳入政策
15	南非	2050年	纳入政策
16	意大利	2050年	纳入政策
17	瑞士	2050年	纳入政策
18	美国	2050年	纳入政策
19	奥地利	2040年	纳入政策
20	冰岛	2040年	纳入政策
21	瑞士	2050年	纳入政策
22	巴拿马	2050年	纳入政策
23	乌拉圭	2050年	纳入政策

续表

序号	国家地区/名称	碳中和时间	实施进程
24	尼泊尔	2050年	纳入政策
25	乌克兰	2050年	纳入政策
26	墨西哥	2050年	正在商讨
27	比利时	2050年	正在商讨
28	立陶宛	2050年	正在商讨
29	也门	2050年	正在商讨
30	希腊	2050年	正在商讨
31	马里	2050年	正在商讨
32	马达加斯加	2050年	正在商讨

（数据来源：https://eciu.net/。）

（二）我国旅游业发展现状

我国旅游业起步较晚，旅游业发展始于1978年到1991年改革开放初期，主要是为了推动入境旅游发展，酒店也主要为涉外饭店，1997年颁布的《涉外饭店星级的划分与评定》确立了我国旅游业标准化工作的开展，拉动了入境旅游经济，1991年，我国入境旅游量达到3334.98万人次，创收28.45亿美元。

1992年到2011年，此阶段的旅游业是以旅游业对外开放与加快旅游业改革为主，1996年颁布的《旅行社管理条例》将旅行社分为国内旅行社和国外旅行社两种，在增强入境旅游的同时，推动了国内旅游的发展。在2011年，国务院将"中国旅游日"的定为每年的5月19日，此举宣告了我国旅游业正式迈入大众化旅游的时代，旅游业的经济地位也在我国得到了提升。

自2012年，我国旅游业发展进入新的阶段，旅游业的发展一方面推动了我国经济的发展，另一方面，随着国民休闲需求的增加，旅游业丰富了国民日常休闲的活动。2009年，国务院提出将旅游业培育为国民经济的战略支柱型产业，此时的旅游业具有经济需求弹性大、行业发展速度快、产业关联程度高等特征，在国民经济中处于支配的地位。旅游业不仅能满足群众精神需求，也是文化价值的载体,它成为缩小城乡差距和贫富水平的重要途径。发展旅游业是增加城乡就业量的重要措施,旅游业是拉动国民消费、促进经济发展内循环的重要引擎。习近平总书记提出了供给侧结构性改革,将具有综合性特征的旅游业作为拉动经济发展的重要动力,标志着旅游业正成为推动我国经济发展的重要产业。

2019年,我国旅游业疾速发展,国内游客量较2011年翻了一番,达到了60.06亿人次,旅游业对全国GDP的贡献逐渐增加(见图1),随着"旅游+"的产业融合模式的推行,旅游业的关联性和带动性得到了充分的体现。近年来,科技旅游、研学旅游、康养旅游、红色旅游等多种旅游形式,将旅游业与其他产业进行有机融合和串联,旅游的内容更加丰富,服务的质量也得到了提升,部分乡镇借着旅游业的发展加强自身的基础设施建设。旅游业曾被认为是一种环境节约型、环境友好型产业,在开发旅游资源时一般不会造成严重的环境损耗,但是不合理的旅游开发和管理仍会对资源和环境造成破坏。旅游者的环境保护意识不强,旅游资源开发时不按法律法规的要求进行规划,未将旅游业的社会效益、经济效益和环境效益综合起来考虑,在寻求产业利益最大化的情况下,旅游业经济收益得到了提升,产业地位得到加强,但是旅游业发展所带来的环境影响也日渐凸显,旅游业经济的发展带来的水体污染、大气污染、资源损害等种种迹象表明,旅游业的碳排放量已经达到较高的水平。经济的发展离不开能源消耗,过度的能源使用会加大二氧化碳的排放量,经济的发展与生态的平衡是辩证统一的,为了解决经济高速发展给大气环境带来的负面影响,碳达峰、碳中和的概念被提出且得到了广泛的认可。旅游业作为全球重要产业,也是我国重要的战略支柱型产业,它在带来可观的收益的同时,也带来了更多的碳排放量,为实现旅游业的碳中和目标,旅游业的降碳减排举措有一定的必要性。

(三)旅游业还是无烟工业?

旅游业如今已经成为世界上较庞大的经济产业,旅游业的发展已成为各国经济增长的重要因素。自旅游业在我国发展以来,一些学者认为旅游业是

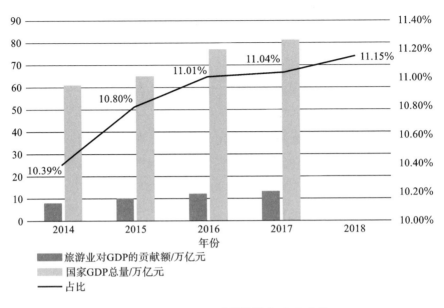

图 1　2014—2018E 全国旅游业 GDP 占比

(数据来源:历年统计公报。)

低能耗、少污染、快产出的"无烟"产业,而旅游业真的像传统认知那样是"无烟产业"吗?学者马勇在 2008 年就提出旅游业并不是碳排放量较低的产业,并在 2011 年出版了《低碳旅游发展模式与实践创新》一书,认为影响旅游业碳排放的要素主要与旅游的低碳环保性、旅游的教育示范性、游客的参与普及性和科技的技术多样性有关,而对"无烟产业"的认识其实是人们对环境认知的阶段性反应,随着经济的发展,这个观点已不再准确。传统的旅游业主要以观光旅游为主,所消费的核心产品是自然景观和人文景观,人们通过开展旅游活动,对这些景观产品进行反复营销与使用,从中获得身体和精神的满足。与其他工业生产相比,旅游业虽然没有产生废气、废水和废渣,但是旅游者在开展旅游活动时离不开食、住、行、游、购、娱这六大要素,开展旅游活动的每一项进程都会消耗大量的资源,对旅游的自然载体造成一定程度的生态环境损耗。

旅游业不像传统认知那样是低碳排放、低能耗。据统计,每年国际旅游人数约占全球总人口的六分之一,世界旅游组织(UNWTO)的研究报告表明,2008 年全球近 5% 的二氧化碳排放量来自旅游业,整个旅游部门在人为因素引起的全球变暖的贡献率上占到了5%—14%。2009年,世界经济论坛提出了"低碳旅游"的概念,提出旅游业也存在碳排放与碳补偿的问题。同时,人们逐渐意识到旅游业其实和其他产业一样,也是依赖于环境资源的使用和能源资源的消耗的。依赖于环境资源使用的旅游业除了会对大气环境造成影响以外,随着人们需求的提升,丰富的旅游体验活动使景区服务质量不断提高,过度的旅游资源开发也会对水体、土地、森林等自然资源造成不可逆的破坏。旅游业与环境虽然存在着一定的耦合性,但是如果不对旅游资源加以保护,景区超荷载运营导致水土流失和生态退化,旅游资源就无法进行自然修复,无法修复的环境还会对景区的碳汇资源造成影响,导致排放的二氧化碳无法被吸收。

旅游业是综合性的产业,旅游业的发展离不开各个行业的支持,而旅游业交通、旅游住宿及旅游产品的生产,都会对生态环境造成一定的影响。因此,旅游业为"无烟工业"的表述是不准确的,也是不科学的,而旅游业要做到真正意义上的"无烟",则需要实现旅游业的碳中和,实现碳中和目标的首要任务就是实现旅游业的降碳减排。

(四) 旅游业碳减排的现状与特征

旅游业作为我国第三产业的代表,带动了国民经济的发展,同时其高速发展带来的结果就是旅游业碳排放的激增。实现碳中和的重要举措是进行降碳减排,而目前在实现总体碳中和目标方面,我国将重心放在了能源活动上,世界资源研究所(WRI)的数据显示,全球2017年温室气体排放总量的73.2%是能源活动(包括电力/热力用能、交通用能、制造业用能、建筑业用能、工业生产过程和其他燃料),其中电力/热力用能占30.4%(见图2),中国的发电和工业行业产生的温室气体甚至达到了全国碳排放总量的41.6%。这也是我国首批纳入碳排放交易所中的企业大多数为发电和供热企业的原因,目前诸多学者关注的重点在能源供给和工业生产上,忽略了交通用能的碳排放总量仅次于电力和热力用能的现实情况,而旅游业中碳排放量占比最大、影响最广的就是旅游交通。因此,研究旅游业中的碳减排路径对于实现碳中和总体目标来说是有必要的。

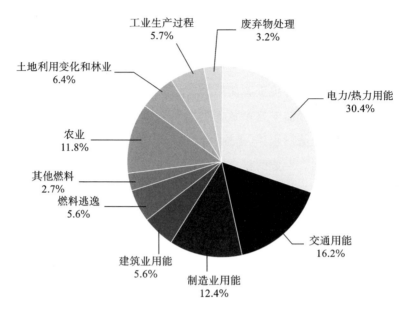

图 2　全球温室气体排放概括（2017）

（数据来源：https://www.climate watchdata.org。）

（五）旅游业碳排放的结构和要素

旅游业的碳排放结构与要素需要从旅游业的产业结构来考量，旅游业产业结构包含旅游交通业、旅游住宿业、旅游餐饮业、旅游景观业、旅游商品业和旅游活动业，而旅游业的碳排放要素来自旅游交通、旅游住宿和旅游活动。旅游业中的能源主要来自化石燃料中的石油，这是旅游交通为旅游业碳排放总量最多产业的原因。从旅游要素来看，旅游业碳减排的要素是旅游交通、旅游住宿及旅游活动。

旅游交通是影响旅游业碳排放的要素，也是旅游业碳减排需要重点攻克的。从交通选择方式的角度来看，旅游交通中航空运输的碳排放量最高，而由于私家车的普及，我国的公路运输排放量仅次于航空运输；铁路运输方面，高铁的发展替代了传统的列车，进而降低了铁路的碳排放量；目前选择水路这种运输方式的人较少，因此水路运输的碳排放量也比较少。从交通距离来看，单次长途旅行的碳排放量要高于短途旅行，但短途旅行的总碳排放量要高于长途旅行。

旅游业碳排放量较大的另一个要素是旅游住宿。目前我国旅游住宿业按客房和床位的数量可以分为大型酒店、中型酒店及小型酒店,大型酒店的单日碳排放量要远高于其他两种类型的酒店,这是因为大型酒店的游客载荷量更大、建筑体量更大,能源消耗量也更高。酒店中产生二氧化碳的主要原因是电能的消耗,另外,游客的用餐、用水等日常活动产生的二氧化碳也是较多的,但较难测量到具体数据。虽然大型酒店的单日碳排放量要更高一些,但是大型酒店的资金和实力比其他两种类型的酒店更强,通过先进技术来减少日常排放量的可能性也远大于中型酒店和小型酒店。

旅游活动是旅游业的重要组成部分,旅游活动的选择也会直接影响旅游业碳排放总量。目前,旅游活动种类繁多,根本原因是游客的需求增加,同时,他们的猎奇心理驱使旅游企业在旅游活动上进行产品更新与服务提升。另外,我国通过科旅融合、文旅融合、农旅融合、交旅融合、体旅融合等方式打破了传统旅游的壁垒,进行多元创新和融合发展。在旅游活动的选择上,观光型旅游活动的碳排放量较小,体验型旅游活动的碳排放量较大,原因在于观光型旅游活动产生的碳排放量主要来自个人,而体验型旅游活动产生的碳排放量更多来自灯光及其他设备,这些设备需要通过燃烧化石燃料来提供能源。

(六) 旅游业碳排放的形式和强度

旅游业碳排放的形式要与旅游业的关联产业息息相关,主要还是通过化石燃料燃烧的方式为旅游业提供能源,尤其是交通业,汽车保有量呈现持续增长的态势,随着自驾游的兴起,一些旅游者更愿意选择自由度更高的自驾游或者选择到旅游目的地进行租车服务。另外,在旅游景区的建设中,大型机器的碳排放、建筑工程的碳排放也是旅游业的碳排放形式之一。

在酒店住宿业中,主要的碳排放形式还是日常电能、水能的消耗。其中空调、热水、照明和机电四个部分的能耗占酒店总能耗的80%—90%,每万元的总产出需要消耗330.99千克标准煤。我国目前供电结构还是以火电为主,2019年我国电能的72%都来自燃烧煤炭产生的电能,酒店每日的电能消耗产生的碳排放总量还是较大。除了日常的消耗外,酒店配备的应急发电装置消耗的能源也远高于日常使用的商业用电。

旅游活动中整体产生的碳排放量要比交通及住宿少,主要来自游客的呼吸,人均排放强度虽然不大,但是每年数以亿计的游客出行人次产生的二氧化碳总量还是较大的。另外,如旅游活动选择偏远地区,人均耗能会增多,排放量也会增大,偏远地区的生态系统相较发达地区更加脆弱,不能承受过量的游客。

(七) 旅游消费行为与碳排放的关系

旅游消费行为作为旅游者的外在活动形式,反映的是旅游者内心深处的渴望,拥有不同的价值观的游客对旅游消费行为的理解和诉求不同。旅游者的消费行为是指旅游者或旅游群体直接购买旅游产品和服务的消费行为,旅游者在旅游消费的选择中从认识需求开始,通过以个体的旅游经验、联想、判断获取内部需求信息或通过以营销活动、相关群体、公众信息为主的外部信息追溯旅游信息来源。随后进行分析、整理、评估,以获得旅游活动的判断选择,最后通过评估对比相关信息等确定购买决策,如果没有其他信息干扰,旅游者的旅游消费决策即可完成。因此,旅游者的消费行为和旅游碳排放的关系主要有以下三点。

其一,环境认知与碳排放的关系。从认知的角度来看,认知会影响到旅游者的消费行为,旅游者对气候变化的反应是矛盾的,人们对于气候变化带来的危害都有充分的认识,但旅游者在旅游消费的过程中,不愿意改变其消费行为,人们在进行旅游活动的时候往往不会关注到个人选择对碳排放的影响,从而对碳排放影响气候的具体结果产生认知偏差,这种偏差使旅游者进行旅游活动的选择时会选择碳排放量较高的方式,因此环境认知会影响旅游碳排放的总量。

其二,旅游决策与碳排放的关系。从决策的角度来看,旅游者在进行旅游决策的时候往往会受到外部因素的影响,这些外部因素包括:旅游企业提供的相关信息、政府政策提供的相关约束、其他旅游者给予的相关反馈等。这些因素影响着旅游者的最终决策方案,也影响着旅游者在决策旅游活动时产生的碳排放总量。

其三,消费形式与碳排放的关系。从消费的形式来看,旅游消费分为保健型旅游消费、基础型旅游消费、文化型旅游消费、享乐型旅游消费和纪念性旅游消费。保健型旅游消费以康养为主,在进行康养旅游的过程中,康养方式的选择会影响旅游者的人均碳排放量;基础型旅游消费则是进行旅游活动必须要做的,它在住宿、饮食、交通等方面的要求不高,产生的人均碳排放量也不高;选择文化型旅游消费和纪念性旅游消费的旅游者则更追求旅游的精神品质,旅游选择以更低的价格为主,因此人均碳排放量相对较低;而在享乐型旅游活动中,旅游者更追求具有奢华品质的旅游体验,选择也是以高品质、高价格为主,人均排放量相对较高。

三、旅游业碳减排的措施与路径

在碳中和的目标下,旅游业碳减排的路径与措施应围绕与旅游相关主体进行,由于碳中和目标提出的时间较晚,但是2060年这个时间点是确定的,为了完成2060年碳中和目标,旅游业也需要有明确的措施和明晰的路径。碳中和目标于2019年确定,但没有提出相关政策,旅游业碳减排的整体机制也并未完善。因此,基于国家层面的决策部署、绿色低碳的发展趋势,创建环境友好型社会,与自然和谐共处的原则,本研究认为旅游业碳减排需要更新观念、创新模式、制定标准、构建体系、完善机制,这些路径是符合我国目前旅游业发展的切实可行的路径,这些路径的实现方式还需进一步探讨。

(一)更新观念:革新旅游业碳减排认知概念

当下,气候变化所带来的各种不良影响,已经切实威胁到了人类的生存,国内外频繁发生的不同类型的极端天气事件是环境恶化的现实呈现。人类的行为往往受思想观念的管束,因此公众对旅游业的碳减排情况应有新的认识,增强对碳中和理念的认知,绿色、低碳教育必须落实到社会中去,多角度地促进旅游者自觉地参与低碳旅游及履行旅游碳减排的具体措施,以创建旅游业生态环境友好型行为。

从政府层面来看,一是要贯彻发展的理念,坚持系统的观念,合理通过政府的管理职能,发展旅游业碳减排相关知识的推广;二是要确立制度创新意识,确定旅游发展的绿色低碳道路,并坚定不移地实施低碳发展的方案;三要优化政府管理意识,加强旅游业各部门学习碳中和相关理论知识,对各部门的管理层面进行高要求。

从企业层面来看,一是要坚持低碳发展理念,深化旅游企业对碳减排的认知;二是要正确认识经济收益与碳减排的关系,旅游企业在规划与开发时,要增强环境责任心,不能因为企业的利益而完全置环境于不顾;三是要清楚认识旅游企业的宣传功能,旅游活动的开展可以让更多人通过旅游来认识环境保护、能源保护的重要性。

从游客角度出发,一是要反对传统的个体旅游虚荣心,要认识到生态环境是人类赖以生存的重要载体,在旅游活动中要尊重自然、爱护自然;二是要改变在旅游活动中铺张浪费、奢侈享受的行为,节约资源,从个人做起,逐渐让游客树立环境保护的意识;三是要转变消费观念,在消费选择上,倡导绿色低碳的旅游方式。

(二)创新模式:提升旅游业碳减排要素效益

碳中和目标下,旅游业的部门形式的创新,有利于旅游业碳减排行动的实施。国家将碳中和纳入新的战略与计划中,这对旅游业目前的消费模式既是挑战也是机遇,应创新旅游模式,从供给上进行能源替代,减少化石能源的燃烧量;从需求上,改变传统的旅游部门的形式,降低旅游活动中高排放的频率。

在旅游交通方面,利用电能车、氢能车代替传统燃油汽车,据《中国新能源汽车产业发展报告(2018)》统计,我国2018年新能源汽车有105.3万辆,未来也将持续增加,目前已证实新能源汽车从生产到行驶的碳排放量要远低于传统燃油汽车的碳排放量,因此,在旅游交通中利用新能源汽车进行运输可以有效地减少旅游业的碳排放量。

在旅游住宿方面,利用光能发电替代传统火力发电能对酒店的供给,使用低碳材料修建旅游酒店。照明上利用较大的透视窗覆盖客房,保障日间照明功能,晚上采用低能耗的LED灯,保障夜间照明。创新酒店服务形式,倡导低碳经营,呼吁游客可遵循"一物多次用"的原则使用酒店产品及减少餐饮服务中的浪费。传统酒店应积极进行技术创新,积极配合旅游业碳减排政策。

在旅游活动方面,改良目前的旅游活动模式,倡导游客进行低碳旅游体验型活动。企业在创新模式和产品组合进行优化决策时充分考虑碳排放这一关键指标,在旅游产品制造上将更多的资源分配到相对环保的创新模式与产品中,另外,旅游企业为了实现低碳创新,应加强与其他相关企业的合作,将旅游活动的碳减排水平提到最优,这能更有效地实现旅游业碳减排目标。

(三)制定标准:规范旅游业碳减排行为准则

目前,我国旅游业针对旅游各要素部门还未制定标准的行为规范,目前虽然《绿色饭店(GB/T 21084—2007)》已经实施,但它本身只是评定标准而非强制标准。旅游景区中的《旅游景区质量等级的划分与评定》也只是对旅游景区在等级和规范上进行了界定。而在碳排放量较大的旅游交通中,目前推行的只有"国六标准",超标的汽车并未完全实施强制报废,因此制定旅游业碳减排的行为规范是必要的。

首先在推进制定旅游碳减排的规范中,要做到增加旅游业相关各部门的碳减排数据透明度,无论是旅游交通部门还是旅游企业,都应当主动向政府和民众公开碳排放的数据以及各部门要素在碳减排方面实施的具体举措。通过对各省发展委员会、环保部门、旅游相关部门的大力宣传,制定一系列旅游各要素部门的行为规范,有效地提升旅游部门的碳排放效率。

其次是加强政府部门对旅游各要素部门碳排放的监管力度,加大监控旅游相关企业在碳排放量及实际减排应用上的数据真实性,政府部门应在加强自身监督的基础上协调管理旅游相关企业的碳排放举措,积极完成旅游业碳中和目标。

最后是制定多项管理政策,旅游业是多行业组合而成的产业,细化旅游业各部门的碳排放规则,制定各部门合理的政策,按照旅游政策管理旅游企业的原则,多方面完善旅游的政策导向,引导旅游企业合理地完成碳减排目标。

(四)构建体系:推动旅游业产业融合效率

旅游业各部门的分布相对零散,旅游业关联的产业较多,整体管理难度较大,构建低碳减排体系是实现旅游业碳中和目标的重要组成部分。体系构建的难点在于如何将旅游业进行分层构建以及如何耦合旅游相关要素部门共同协调管理,我国虽然将旅游的主要管理权交于文旅部门,但是旅游业碳排放中的其他要素是由其他部门管理的,因此构建旅游业碳减排体系主要要完成以下几个层级的工作。

一是构建旅游业碳减排的总目标层,贯彻"坚持绿色发展,改善生态环境就是发展生产力"的理念,确定旅游业碳减排就是构建生态文明和谐社会的合理手段,也是实现2060年旅游业碳中和的终极目标的方式。

二是确定旅游业碳排放的子系统层,对应构建旅游业碳排放的分项目标,可以分为低碳发展、低碳运营、能源转型和规范创新四个子系统。

三是实现路径层,实现上述分项目标的路径选择,例如实现能源转型的路径就是优化产业结构,调节能源配给。

四是碳排放指标层,制定合理的指标体系,完善旅游业各部门碳减排的评判措施。

(五)完善机制:落实旅游业碳减排激励政策

我国目前碳减排的补贴仅在较少的省市落实,并且补偿标准普遍低于企业的减排成本。碳中和目标的提出一方面可以改善目前的生态环境,从另一方面来看,增加了企业的经营成本。在碳排放权开放的初期,参与碳交易的企业大多为国企和规模较大的民企,而一些中小型企业,尤其是地方性的旅游企业在碳减排的技术上根本无法投入更多的资金。

国家在旅游业碳减排方面,可以适当扩大企业的补贴范围和增加补贴力度,制定旅游业碳减排补偿的专项资金,增强国内旅游企业在碳减排方面的积极性,引进更多有科技含量的旅游相关设施。同时,要完善碳税制度,碳税是以环境保护为目的对碳排放所征收的税款,其目的是通过征收税款的方式来减少二氧化碳的排放量。在旅游消费中,碳税可以对单位旅游商品或服务进行征收,也可以从企业或个人的角度进行征收。

另外,要加速完善旅游业碳交易市场的构建,目前的碳交易市场中大多数为能源企业,原因是在碳交易市场创建初期,能源企业的碳排放量较大。随着碳交易市场规模的扩大,更多的企业会参与到碳交易市场中,不同产业的碳排放权应有一定的差异。构建旅游业碳交易市场有利于对碳交易市场上的产业进行细分;构建后再逐步完善,可加大旅游业碳交易市场的监管力度,对于违规操作、虚假操作的旅游企业采取相应的处罚措施。

参考文献

[1] 侯春梅,张志强,李明,等.气候变化的影响与长期气候目标的建立研究进展[J].地球科学进展,2005,20(11).

[2] 胡北明,黄俊.中国旅游发展70年的政策演进与展望——基于1949—2018年政策文本的量化分析[J].四川师范大学学报(社会科学版),2019,46(6).

[3] 夏杰长,徐金海.中国旅游业改革开放40年:回顾与展望[J].经济与管理研究,2018(6).

[4] 朱虹.把旅游业建设为国民经济战略性支柱产业[J].江西社会科学,2014,34(8).

[5] 马勇,陈小连.低碳旅游发展模式与实践创新[M].北京:科学出版社,2011.

[6] 周振东.旅游业不是"无烟工业"——对旅游与环境关系的再认识[J].财经问题研究,2001(10).

[7] 王群,杨兴柱.国外旅游业碳排放研究综述[J].旅游学刊,2012,27(1).

[8] 吴普,岳帅.旅游业能源需求与二氧化碳排放研究进展[J].旅游学刊,2013(7).

[9] 余凤龙,黄震方,侯兵.价值观与旅游消费行为关系研究进展与启示[J].旅游学刊,2017,32(2).

[10] 张朝枝,屈册.旅游是什么——基于社会大众视角的反思[J].旅游科学,2015,29(1).

[11] 古希花,马艺芳.旅游业低碳化发展研究进展[J].中国集体经济,2011(7X).

[12] 马勇,何彪,郭强.旅游者的碳消费效用评价研究[J].中国人口·资源与环境,2013(12).

作者简介：

江函哲,湖北大学商学院博士研究生,中国旅游研究院生态旅游研究基地主任助理。

Ⅱ 区域发展报告

B3 湖北省生态旅游与绿色发展报告

李志飞 吴锦超

摘 要：近年来，生态旅游作为一种实现旅游业可持续发展的重要形式，受到越来越多的关注，它注重生态保护，强调对旅游资源的保护性开发。湖北省生态资源数量丰富、类型多样，发展生态的旅游优势明显。报告从生态环境、生态资源总量、生态资源分布特征、产业发展、市场需求五个方面阐述湖北省生态旅游的发展现状，通过分析发现湖北省在生态旅游发展过程中面临着生态旅游资源闲置、交通基础制约、产业结构单一、景区开发不合理、管理水平不足五大困境，并提出了加强综合开发利用、完善交通基础设施、实施可持续发展战略、加大产业融合、提高管理人员素质五个方面的发展建议。报告旨在为湖北省生态旅游发展做出有益贡献。

关键词：湖北省；生态旅游；绿色发展；现状；对策建议

Abstract: In recent years, ecotourism, as an important form to realize the sustainable development of tourism, has attracted more and more attention. It focuses on ecological protection and emphasizes the protective development of tourism resources. Hubei Province has abundant ecological resources and various types, and has obvious advantages in developing eco-tourism. The report expounds the current situation of ecotourism development in Hubei Province from five aspects: ecological environment, total amount of ecological resources, distribution characteristics of ecological resources, industrial development and market demand. Through analysis, it is found that Hubei Province faces five major difficulties in the process of ecotourism development, such as idle ecotourism resources, lack of transportation foundation, single industrial structure, unreasonable scenic spot development and insufficient management level. It also puts forward five development suggestions: strengthening comprehensive development and utilization, improving transportation infrastructure, implementing sustainable development strategy, increasing industrial integration and improving the quality of managers. The report aims to make beneficial contributions to the development of ecotourism in Hubei Province.

Keywords: Hubei Province; Ecotourism; Green Development; Present Situation; Countermeasures and Suggestions

一、引 言

湖北省位于我国中部地区,长江中游,因地处洞庭湖以北而得名,素有"九省通衢"的别称。湖北东接安徽,西邻重庆,西北与陕西接壤,南靠江西、湖南,北毗河南,地理区位为东经 108°21′42″—116°07′50″、北纬 29°01′53″—33°6′47″。在地势上,湖北省处于我国二级阶梯和三级阶梯的过渡区域,呈现为三面高起、中间低平、向南敞开、北有缺口的不完整盆地。湖北省有着多样的地形,同时兼备湖泊、平原、丘陵、山地等,在全省总面积中,山地地形占比为56%,丘陵地形占比为24%,平原湖区占比为20%,因此湖北省的地形结构大体呈现"七山一水两分田"的特征。湖北省山地地形主要可以划分为几大部分：鄂东北方向的桐柏山、大别山，鄂西北的秦岭山脉的东延部分和大巴山的东段，鄂西南方向的云贵高原的东北延伸部分。省内丘陵主要分布于鄂中地区和鄂东北地区。省内主要平原为江汉平原和鄂东沿江平原，由长江及其支流冲积而成，地势平坦，土壤肥沃，沟渠交错。湖北属古云梦泽，河流纵横交错，湖泊星罗棋布，有"千湖之省"的美称。截至2021年，湖北省省内河流总长达到6.1万千米，其中河长5千米以上的有4200余条。我国最长的河流长江及其最大支流汉江穿境而过，长江西起巴东县，东至黄梅县，流经26个县市，并与汉江交汇于武汉。截至2021年，省内湖泊总面积2706.851平方千米，面积1平方千米以上的湖泊有231个。此外，湖北省还拥有丰富的湿地资源，截至2021年，湿地总面积逾2175万亩，重点湿地20余处。

湖北省多样的地形地貌和良好的自然环境为生态旅游的发展提供了得天独厚的优势。通过描述湖北省生态旅游的发展现状，分析其发展过程中存在的问题，并提出相关建议，以期为湖北省生态旅游发展提出有益建议。

二、生态旅游发展现状

早在"十一五"期间，湖北省政府就制定了"坚持发展生态经济，改善生态环境，倡导生态文明"的方针，全省致力于发展生态经济。2008年湖北省政府提出要打造"两圈一带"的新发展格局，并发布了《鄂西生态文化旅游圈发展总体规划》，正式将生态旅游以纲领性文件的形式纳入了政府工作，全力建设宜昌、恩施、十堰、襄樊、神农架等8个地区54个县级行政单位组成的"鄂西生态旅游圈"，旨在整合资源，协同联动，绿色发展，跨越式发展。自此，湖北省将生态旅游放在了战略高度，确立以生态资源为基础，以旅游业为引擎，发展生态经济的目标。在湖北省"十二五"规划中，湖北省政府又进一步确立了"生态立省"的战略方针，提出要兼顾经济效益与生态效益，倡导发展绿色低碳经济。湖北省旅游业发展"十三五"规划纲要强调要以城市为依托，以交通为支撑基本，构建"一带两极三廊道四板块"的旅游格局，充分发挥旅游业在国民经济中的积极作用。

（一）生态环境

生态旅游是城市居民为追求诗意地栖居,在良好的生态环境中进行一系列活动,从而达到亲近自然等目的,因此,生态旅游离不开良好的生态环境。湖北省森林资源丰富,省政府也一直将对生态资源的保护放在首要位置,自"十三五"开始,湖北省实施了省县两级林地保护利用规划,严格管理林地和林木资源,对森林资源展开实时监测,同时,湖北省政府还建立了湖北省林业资源数据管理平台,以全省林业资源数据库为支撑,利用大数据管理等工具实现林业资源的动态管理和使用。根据国家统计年鉴数据显示（见图1）,2011年,湖北省林业用地面积849.85万公顷,森林面积713.86万公顷,森林覆盖率38.4%,活立木总蓄积量3.13亿立方米,森林蓄积量2.87亿立方米;到2020年,林业用地面积876.09万公顷,森林面积736.27万公顷,森林覆盖率39.6%,活立木总蓄积量3.96亿立方米,森林蓄积量3.65亿立方米。通过2011年至2020年湖北省森林面积和森林覆盖率的变化情况可以看出,湖北省的生态保护和修复工作做得比较到位,森林面积和森林覆盖率总体上都实现了增长。

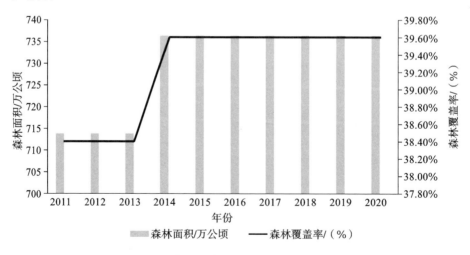

图1　2011—2020年湖北省森林面积和森林覆盖率变化情况

（数据来源:根据国家统计局官网数据整理。）

（二）生态资源总量

湖北省拥有丰富的生态旅游资源，具有发展生态旅游的先天优势。湖北省地处亚热带季风区。全省除高山地区外，大部分为亚热带季风性湿润气候，光能充足，热量丰富，雨热同期，平均降水量为800—1600毫米。良好的气候条件造就了丰富的自然资源，据湖北省第二次林木种质资源调查统计，湖北省有木本植物有125科550属2783种（亚种、变种）。截至2021年，国家一级保护树种有水杉、珙桐、秃杉等8个品种，二级保护树种包括香果树、连香树、金钱松、鹅掌楸等43个品种。截至2021年，全省有陆生脊椎动物约893种，被列为国家重点保护野生动物112种，其中，国家一级保护动物23种，例如金钱豹、白冠长尾雉、金丝猴、羚牛等；国家二级保护动物89种，例如大鲵、胭脂鱼、江豚等。此外，全省共有鱼类206种。

独特的自然条件决定了其丰富资源禀赋，湖北省生态资源类型多样、种类丰富，具备发展生态旅游的优势。据统计，截至2021年，湖北省拥有世界遗产4处、国家森林公园37处、国家级风景名胜区7处、国家级自然保护区22处、国家湿地公园66处、国家地质公园11处、国家水利风景区31处（见表1）。长江三峡是中国十大风景名胜之一，被誉为"天然画廊""人间仙境"，三峡工程是世界上最大的水电工程，三峡大坝的雄姿和高峡平湖美景可谓双珠合璧，绝无仅有；"华中屋脊"神农架是我国著名的原始森林和自然保护区，以其生物多样性、生态完好性以及震惊世界的"野人"之谜而享誉海内外；素有"天下第一仙山"之称的武当山是世界著名的道教圣地，武当山的自然景观以雄为主，兼有险、奇、幽、秀等特征，武当山的古建筑群是融合了我国古代建筑优秀法式，集我国古建筑之大成，达到了自然和建筑的高度融合。从生态资源的数量上来看，湖北省国家湿地公园数量位居全国第三，仅次于湖南省和山东省，湖北省的生态资源赋存总量位居全国省级行政单位的中上游，与其他省、直辖市、自治区相比，在生态资源的数量上并不占优。

表 1 湖北省生态旅游资源统计表

类别	名单	数量/个
世界遗产	武当山古建筑群、明显陵、唐崖土司城址、神农架	4
国家森林公园	九峰国家森林公园、鹿门寺国家森林公园、玉泉寺国家森林公园、大老岭国家森林公园、大口国家森林公园、神农架国家森林公园、龙门河国家森林公园、薤山国家森林公园、清江国家森林公园、大别山国家森林公园、柴埠溪国家森林公园、潜山国家森林公园、八岭山国家森林公园、沧水国家森林公园、三角山国家森林公园、中华山国家森林公园、太子山国家森林公园、红安天台山国家森林公园、坪坝营国家森林公园、吴家山国家森林公园、千佛洞国家森林公园、双峰山国家森林公园、大洪山国家森林公园、虎爪山国家森林公园、五脑山国家森林公园、沧浪山国家森林公园等	37
国家级风景名胜区	武汉东湖风景名胜区、武当山风景名胜区、大洪山风景名胜区、隆中风景名胜区、九宫山风景名胜区、陆水风景名胜区、丹江口水库风景名胜区	7
国家级自然保护区	青龙山恐龙蛋化石群国家级自然保护区、神农架国家级自然保护区、五峰后河国家级自然保护区、石首麋鹿国家级自然保护区、长江天鹅洲白鱀豚国家级自然保护区、长江新螺段白鱀豚国家级自然保护区、星斗山国家级自然保护区、九宫山国家级自然保护区、七姊妹山国家级自然保护区、洪湖湿地国家级自然保护区、龙感湖国家级自然保护区、赛武当国家级自然保护区、木林子国家级自然保护区、堵河源国家级自然保护区、十八里长峡国家级自然保护区、洪湖国家级自然保护区、南河国家级自然保护区、大别山国家级自然保护区、巴东金丝猴国家级自然保护区、长阳崩尖子国家级自然保护区、大老岭国家级自然保护区、五道峡国家级自然保护区	22

续表

类别	名单	数量/个
国家湿地公园	神农架大九湖国家湿地公园、东湖国家湿地公园、汉江国家湿地公园、赤龙湖国家湿地公园、陆水湖国家湿地公园、漳河国家湿地公园、遗爱湖国家湿地公园、浮桥河国家湿地公园、惠亭湖国家湿地公园、莫愁湖国家湿地公园、保安湖国家湿地公园、天龙湾国家湿地公园、金沙湖国家湿地公园、天堂湖国家湿地公园、长寿岛国家湿地公园、返湾湖国家湿地公园、武山湖国家湿地公园、大溪国家湿地公园、青山国家湿地公园、潘集湖国家湿地公园、藏龙岛国家湿地公园、竹山圣水湖国家湿地公园、青龙湖国家湿地公园、竹溪龙湖国家湿地公园、策湖国家湿地公园等	66
国家地质公园	长江三峡国家地质公园、木兰山国家地质公园、神农架国家地质公园、郧阳恐龙蛋化石群国家地质公园、武当山国家地质公园、大别山(黄冈)国家地质公园、五峰地质公园、咸宁九宫山-温泉地质公园、恩施腾龙洞大峡谷地质公园、长阳清江地质公园、远安化石群地质公园	11
国家水利风景区	漳河风景名胜、天堂湖景区、天河旅游区、百里荒高山草原旅游区、观音湖生态文化旅游度假区、北闸旅游风景区、龙麟宫风景区、丹江口大坝旅游区、丹江口松涛水利风景区、明山水库、惠亭湖风景区、毕升湖水利风景区、清江水利风景区、大同水库、白莲河水库、温峡湖水利风景区、江滩水利风景区、浮桥河水库、水镜湖水利风景区、漶水水利风景区、富水湖水利风景区、金银湖水利风景区、梅川水库水利风景区、夏家寺水库、丹江口大坝水利风景区等	31

(数据来源:根据湖北省林业局官网、湖北省文化和旅游厅官网、湖北省水利厅官网数据整理。)

(三) 生态资源分布特征

世界遗产、国家森林公园、国家级风景名胜区、国家级自然保护区、国家湿地公园、国家地质公园、国家水利风景区共同构成了湖北省生态资源的框架,这些高品质的生态旅游资源是湖北省发展生态旅游的中坚力量,因此,分析优质的生态旅游资源有利于深化对湖北省生态旅游发展的认知和理解。有利于分析当前生态旅游发展中不合理的地方,并从省域层面重新制定生态旅游的发展战略。

核密度分析是一种计算要素在其周围邻域中的密度的分析工具,此工具既可计算点要素的密度,也可计算线要素的密度,使用核密度分析可以了解分析目标在空间上的集聚与离散的程度。为了解湖北省生态旅游资源的空间分布情况,通过使用百度地图拾取各个国家级湖北省生态旅游资源的地理坐标信息,使用 ArcGIS 10.5 软件对收集到的地理坐标信息进行核密度分析,从而得到湖北省国家级生态旅游资源分布核密度图(见图 2)。

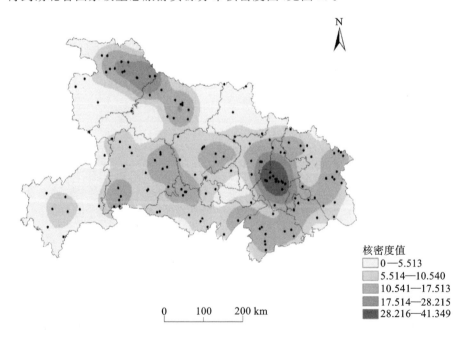

图 2　湖北省国家级生态旅游资源分布核密度图

(数据来源:根据湖北省林业局官网、湖北省文化和旅游厅官网、湖北省水利厅官网数据自绘。)

核密度分析结果显示：

在湖北省生态旅游资源的分布中,武汉为核密度高值地区,并呈现中间向周围扩散的特征,其次是鄂西北核密度值较高,说明武汉附近和鄂西北地区生态旅游资源较为丰富。进一步分析发现,武汉位于长江和汉江交汇处,地处平原地区,降水量丰富,江河纵横,湖泊库塘星罗棋布,具备良好的湿地生态环境和优质的湿地景观资源,武汉还率先实施湿地生态补偿,不断加大对湿地的保护力度。第二次全国湿地资源调查结果显示,武汉市湿地面积16.25万公顷,占国土面积的18.9％,这一比值是全国和世界平均比值的3倍,居全球内陆特大城市前三位,同时,武汉还是我国国家级湿地公园数量最多的城市,其中最具有代表性的就是武汉东湖国家湿地公园。

鄂西北地处山地区域,是汉江河谷冲击带,背倚秦岭东延和大巴山余脉,主要属大巴山褶皱带,为古生代构造单元,地质以元古界区域变质岩地层为主,这里有被誉为"道教仙山"的武当山和南水北调中线工程的调水源头丹江口水库,山川风光雄奇秀美。总体而言,湖北省生态旅游资源分布聚集趋势不明显。

(四)产业发展

湖北省2020年统计年鉴数据显示,湖北省2019年全年共接待国内游客60143.70万人次,比上年增长12.3％,实现国内旅游收入6743.99亿元,增长12.0％;共接待国外游客450.02万人次,比上年增长11.1％,实现国际旅游外汇收入265415.75万美元,同比上升11.5％。

由于当前湖北省未进行生态旅游相关数据的统计,因此为了了解湖北省生态旅游的相关数据,依据湖北省A级景区中与生态旅游相关景区的比例,通过比例法将湖北省旅游收入转换为湖北省生态旅游收入。

截至2019年11月,湖北省有5A级景区12个,4A级景区142个,3A级景区219个,2A级景区38个,1A级景区1个,共计A级景区412个,其中与生态旅游相关的5A级景区9个,4A级景区97个,3A级景区148个,2A级景区11个,1A级景区0个,与生态旅游相关的A级景区共计265个,占全省A

级景区数量的 64.32%。(见表 2)

表 2　湖北省 A 级景区统计(截至 2019 年 11 月)

等　级	景区总数/个	与生态旅游相关景区数量/个
5A	12	9
4A	142	97
3A	219	148
2A	38	11
1A	1	0
总计	412	265

(数据来源:中商情报网。)

本文以 64.32% 作为参考估计值,将湖北省旅游收入换算为生态旅游收入。

从湖北省生态旅游国内收入可以看出(见图 3),2011—2019 年湖北省生态旅游国内收入呈现快速上升趋势,收入从 2011 年的 1242.53 亿元增长到 2019 年的 4337.73 亿元,每年增长幅度基本保持稳定,生态旅游规模不断扩大,但是增速逐年下滑,2011 年湖北省生态旅游国内收入增速为 37.6%,2019 年生态旅游国内收入增速为 12%。2020 年,疫情暴发,武汉是疫情的中心城市,整个湖北的旅游业都遭受到了严重打击,全省范围内公共文化场所暂时关闭,A 级旅游景区暂定营业,旅行社暂停经营活动,旅游业一度处于停摆状态,行业景气度低迷。湖北生态旅游国内收入年发生断崖式下跌,整个湖北省旅游产业受到重创。

从湖北省生态旅游外汇收入可以看出(见图 4),2011—2019 年湖北省生态旅游外汇收入呈现逐年增长趋势,收入从 2011 年的 60472.38 万美元增长至 2019 年的 170715.41 万美元,增长幅度达到 110243.03 万美元,年均增长率 6.9%,其中 2013 年和 2014 年受国际局势的影响,生态旅游外汇收入涨幅最小,2015 年后又进入快速增长阶段。

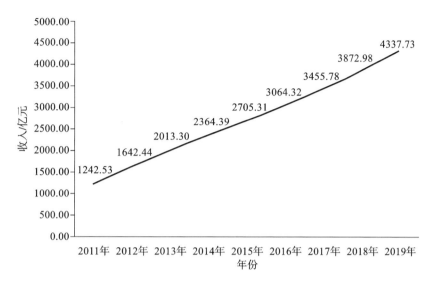

图 3 2011—2019 年湖北省生态旅游国内收入变化图

（数据来源：湖北相关统计年鉴。）

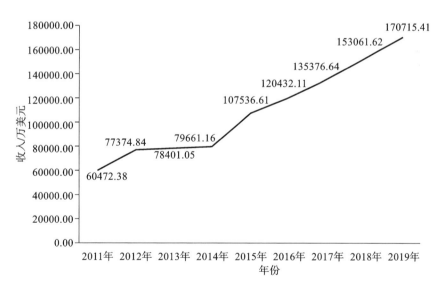

图 4 2011—2020 年湖北省生态旅游外汇收入变化图

（数据来源：湖北相关统计年鉴。）

（五）市场需求

受疫情的影响,湖北旅游业受到严重打击,生态旅游市场需求特征也发生变化,国外旅游市场严重下滑,出境旅游也近乎停滞,在面临国外旅游市场低迷、国内旅游市场起伏不定的困境时,掌握生态旅游需求特征对于当前湖北省的生态旅游市场恢复与发展来说尤为重要,由于当前缺乏专门统计生态旅游市场的数据,报告通过百度指数对湖北省的生态旅游市场需求特征进行分析,以"湖北＋生态旅游"作为关键词,在百度指数官网进行检索,检索时间为2021年1月1日至2021年12月31日。根据百度指数人群画像进行分析。

1. 全国市场

2021年1月1日至2021年12月31日,从区域层面上来看,华中地区的网民关于湖北省生态旅游的搜索次数最多,其次是华东和华南地区,这说明这三个区域的旅游者对湖北省生态旅游的关注度较高。从省域层面上来看,对湖北省生态旅游搜索次数由多到少排名前几位的省份(直辖市、自治区)依次是湖北、广东、江苏、浙江、山东、河南、北京、上海、湖南、四川,这说明湖北省生态旅游在这十个省(直辖市、自治区)的市场潜力较大。从城市层面上来看,武汉、北京、上海、深圳、黄冈、广州、杭州、成都、宜昌、长沙是搜索指数较高的十个城市,这说明湖北省生态旅游对这十大城市的民众的吸引力较强。因此,湖北省在进行生态旅游市场营销时,在区域层面重点针对华中区域,在省域层面则关注湖北、广东、江苏的旅游者,城市层面关注武汉、北京、上海。

2. 省内市场

2021年1月1日至2021年12月31日,湖北省内对生态旅游关注度较高的城市是武汉,并且武汉的搜索指数远高于其他城市,这说明武汉是湖北省内最大的生态旅游客源市场,进一步分析得出这可能与武汉在湖北的经济发展水平有关,据2020年湖北统计年鉴数据显示,2020年武汉市GDP为15616.1亿元,占全省比重35.95%,人均GDP为74440.47元,远远领先于省内其他城市。第二名至第五名的城市依次是黄冈、宜昌、十堰、孝感。因此湖北省在发展生态旅游省内市场时应重点关注武汉,其次是黄冈、宜昌、十堰、孝感(见图5)。

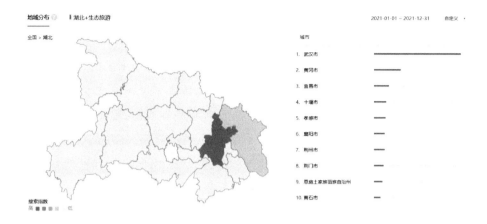

图 5　省内市场人群画像

(数据来源:百度指数。)

三、存在问题

(一)生态资源闲置

湖北地区拥有丰富的生态旅游资源,包括分布广泛的自然生态旅游景观、别具一格的地质地貌生态旅游资源、纵横交错的江河湖泊水体生态旅游资源、种类繁多的生物生态旅游资源、多姿多彩的人文生态旅游资源。虽然湖北拥有众多高品质的生态旅游资源,但是生态资源的旅游化率并不高。湖北省生态资源主要集中于武汉附近和鄂西北地区,江汉平原拥有良好的生态资源,湿地公园和水利风景区数量众多,但 A 级景区数量稀少,许多生态资源处于开发的初级阶段或尚未开发。这可能是由于江汉平原位于长江中游,光照充足,雨水充沛,土地肥沃,物产丰富,区位优势明显,在农业时代和工业时代,江汉平原居民相对富足,当地也非常重视第一产业和第二产业的发展。然而,鄂西北地区多山地,土地相对贫瘠,第一产业和第二产业发展较为落后,因此更加重视旅游业的发展。

（二）交通基础制约

交通是旅游产业与经济发展的重要基础。鄂西地区是中国南北气候的过渡带和中西结合的生态走廊，其独特的地理位置孕育了数量丰富、类型多样的优质生态旅游资源，这里拥有巍峨的武当山、神秘的神农架、雄起的长江三峡、险峻的恩施大峡谷等生态旅游资源。但鄂西地区地理特征以山地为主，地形崎岖，受此影响鄂西地区的交通基础设施薄弱，区域内部公路和铁路密度较低，公路等级和路况较差。虽然近年来湖北省政府不断加快区域内交通基础设施的建设，但其仍然难以适应当地快速发展的旅游业的需求，无法满足城市居民的出游需求，因此交通基础设施成为制约鄂西地区生态旅游快速发展的瓶颈。

（三）产业结构单一

湖北省生态景区对于产业结构比较单一，新兴业态开发不足，景区收入主要依赖门票和景区内部交通消费，游客购物消费、娱乐消费占比较低，另外，旅游景区发展产业比较单一，相应的旅游产业链还未完全形成也是景区产生"门票依赖"现象的重要原因。游客在景区除了买门票，其他消费也比较低，门票收入占游客在景区消费总额的40%，多数景区还停留在"门票经济阶段"。

（四）景区开发不合理

生态旅游资源具有脆弱性的特点，人类活动很容易导致生态旅游资源被破坏，并且短时间内难以恢复，具有不可再生性。目前，湖北省的许多生态旅游景区在开发过程中缺乏环保意识，存在盲目开发的问题。对生态景区而言，可持续发展的旅游规划对指导景区开发建设至关重要，但湖北省内许多生态景区未编制专门的旅游规划或未按照旅游规划严格落地实施，片面追求发展速度，导致景区在开发过程中产生大量违规建设，生态旅游资源遭受严重破坏。

(五)管理水平不足

湖北省目前许多生态旅游景区管理存在管理权限不明、管理体制不健全、管理模式落后的问题,主要表现为景区隶属不同职能部门,管理职责重叠、相互制约,在管理上缺乏协调统一性,管理效率缺失,这造成了省内生态旅游景区秩序混乱,工作人员服务意识薄弱,游客安全感不足。2019年湖北对全省A级景区进行复核检查,对其中严重不达标或存在严重问题的旅游景区做出取消旅游景区质量等级或限期整改的决定,全省共计16家A级景区被摘牌,其中4A级3家,27家景区被限期整改,其中4A级7家。

2019年湖北省摘牌生态旅游景区名单如表3所示。

表3 2019年湖北省摘牌生态旅游景区名单

等级	景区	数量/个
4A	襄阳市凤凰温泉景区、十堰市武当峡谷漂流旅游区、利川市佛宝山大峡谷漂流景区	3
3A	武汉市黄陂区农耕年华景区、武汉市黄陂区木兰古门景区、十堰市女娲天池旅游区、十堰湖北诗经源国家森林公园、武穴市层峰山景区、孝感市新景园生态旅游度假区、随县林泉生态园长寿谷景区	7
2A	宜昌市枝江沙浪奇观景区、利川福宝山生态综合开发区	2

(数据来源:根据中国政府网相关数据整理。)

四、湖北省生态旅游发展建议

(一)加强综合开发利用

湖北省各级政府应该提高对生态旅游产业的重视程度,明确旅游业在国民经济中的带动作用,增加政府人力、物力、财力的投入,对省内生态旅游资源进行合理开发和利用，充分考虑旅游者的需求，挖掘闲置的生态旅游资源的经济价值、社会价值和生态价值，注重对旅游资源的深度利用，避免不合理开发对资源的浪费，充分提高现有旅游资源的利用率，发挥对其他行业的促进作用。

（二）完善交通基础设施

全省要以提高景区可进入性为目标，加大重点景区的交通设施建设力度，构建湖北交通网络，特别是加快鄂西北交通网络的建设。在制定合理旅游交通规划的基础上，重点弥补旅游交通规划、建设、等级、标识、服务等短板，打通旅游交通"最后一公里"，全面提升旅游交通服务能力，延展交通的观光休憩价值。重点是建立快捷的旅游交通网络、完善的旅游交通标识系统、便利的旅游集散服务体系、"慢游"的旅游体验服务设施、配套的交通游憩服务功能和舒适的特色旅游交通产品体系等。力争通过高铁、航空、高等级公路等"快速"交通方式中的一种以上覆盖4A级景区，两种以上覆盖5A级景区。重点旅游城市通高速，并有高等级公路通向主城区。旅游名镇通达二级以上旅游公路、旅游名村通达三级以上旅游公路。

（三）实施可持续发展战略

实施生态旅游的专门立法，使生态旅游的决策规划设计、开发利用和旅游行为有法可依。要建立专门的旅游执法机构和执法队伍，负责对旅游尤其是生态旅游进行法制宣传和执法检查，做到有法必依。要清理整顿旅游管理队伍，定期、有系统地对管理人员进行法制、政策，以及旅游学、生态学、环境学、管理学等方面的培训，并要求旅游管理人员具备一定的素质和岗位任职条件，以提高管理人员的专业技能和管理水平，提高管理效益。

切实加强生态旅游的行政监管力度，建立旅游监管机构和机制，对管理人员的管理行为实施督查，对旅游培训及各种资格考试实施督查，对其他旅游从业人员的资质和行为实施督查，控制和约束生态旅游按着规范的方向健康发展。

（四）加大产业融合

旅游业是一个融合度极高的产业，其行业边界越来越宽，要牢固树立大旅游资源观，加快推动旅游业与第一、第二、第三产业的融合，坚持第一产业围绕旅游调结构，第二产业围绕旅游转方式，第三产业围绕旅游上档次，推动旅游与各大产业之间的资源性、生产性和服务性融合。在生态旅游与相关行业资源性融合上，着力发展乡村旅游、红色旅游、生态旅游、森林旅游、体育旅游、工业旅游、农业旅游、康体旅游。

（五）提高管理人员素质

开展管理人员和干部的岗位培训，特别是要加强景区保护知识与专业技术的教育。提高管理人员的综合素质，重要的或业务性强的岗位应实行持证上岗制度。按科学发展观的要求，建立景区领导干部任职资格制度和保护景区的目标考核责任制，推进管理干部培训工作的开展和景区管理水平的提高。只有景区管理部门自身队伍素质得到提高，才能更加有效地开展景区的管理工作，使景区更加完善地发展。

参 考 文 献

[1] 冯耀慧.论生态旅游资源的脆弱性及其保护[J].现代经济信息，2017(19).
[2] 宋雄伟，邓楚雄.新世纪以来湖南省旅游经济—交通发展—生态环境耦合协调度分析[J].中南林业科技大学学报（社会科学版），2018(4).

作者简介：

李志飞，湖北武汉人，湖北大学旅游学院教授，博士生导师，研究方向为旅游行为、乡村旅游与旅游目的地管理。

吴锦超，湖北孝感人，湖北大学旅游学院硕士研究生，研究方向为旅游目的地管理。

B4　海南省生态旅游与绿色发展报告

唐海燕

摘　要：生态旅游是美丽中国建设的重要抓手，能够促进产业结构优化升级，对推动社会经济高质量发展有着重要意义。海南省生态资源得天独厚、区位条件优越、资源条件特色鲜明，这些优势共同推动其生态旅游建设发展。作为中国第一个生态示范省，海南省积极推动生态旅游发展与生态文明建设，其生态文明建设水平和生态环境质量走在全国前列。报告综合回顾了海南省生态旅游发展的四个阶段，在对其生态旅游资源存量情况以及生态环境质量分析的基础上，阐述了海南省生态旅游发展的现状，针对海南省生态旅游发展存在的问题提出建议，以期对海南省生态旅游绿色可持续发展提供参考。

关键词：生态旅游；资源概况；发展现状；对策建议；海南省

Abstract：Ecotourism is an important starting point for the construction of a beautiful China, which can promote the optimization and upgrading of industrial structure and is of great significance to promote the high-quality development of social economy. Hainan Province is endowed with favorable ecological resources, superior geographical conditions and distinctive resource conditions, which jointly promote the construction and development of its ecological tourism. As the first ecological demonstration province in China, Hainan actively promotes the development of ecological tourism and the construction of ecological civilization, and its ecological civilization construction level and ecological environment quality are in the forefront of the country. The report comprehensively reviewed the four stages of ecotourism development in Hainan Province. Based on the analysis of the stock of ecotourism resources and the quality of ecological environment, this paper expounds the current situation of Hainan's eco-tourism development, and puts forward some suggestions on the existing problems of Hainan's eco-tourism development, in order to provide reference for the green and sustainable development of Hainan's eco-tourism.

Keywords:Ecological Tourism;Resource Overview;Development Status;Countermeasures and Suggestions;Hainan Province

一、引　言

海南省位于我国南端、热带北缘,属于热带季风气候,年平均气温在22—27℃,全年雨量充沛,光、热、水等资源丰富,素有"热带宝地"之称。海南省陆地总面积为3.54万平方千米,海域面积约200万平方千米,是我国最年轻的省份和最大的经济特区。海南岛地形地貌整体上四周低平,中间高耸。海南三面隔海,北隔琼州海峡与广东省隔海相望,背靠粤港澳大湾区,同时也是我国面向印度洋、太平洋的重要对外开放门户,是中国与东南亚、南亚、大洋洲、中东等地区合作交流的前沿阵地。海南得天独厚的区位优势、生态优势、人文优势使其享有"生态岛""阳光岛""花果岛""海鲜岛""健康岛""欢乐岛""猴子岛""火山岛"等美誉。

在当前生态建设和环境保护新常态背景下,生态旅游是实现生态文明建设与旅游业可持续发展相协调的重要抓手。自然生态环境为旅游业发展提供广阔空间和持续动力,是吸引消费市场的重要因素之一,良好的自然生态环境是海南省发展最强优势和最大本钱。近年来,海南省积极放大旅游业生态效应,始终坚持生态优先、绿色发展建设道路,将自身生态优势充分转化为产业优势,推动生态旅游景区和生态旅游产品建设,正在打造以观光旅游为基础,休闲度假旅游为重点,以体育旅游、海滨旅游和康养旅游为特色的生态旅游产业体系。海南省生态旅游得到了快速发展,产生了良好的社会效益、经济效益和生态效益。

二、海南省生态旅游发展历程

自 1988 年建省以来,海南省就针对生态建设与旅游业发展开展了一系列积极探索。海南一直坚持"生态立省"的发展思想,其生态旅游建设发展经历了一系列发展阶段(见图 1),为加深理解,可以进行以下解析。

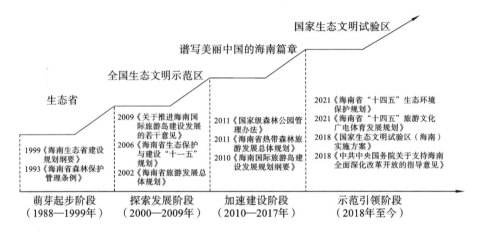

图 1 海南生态旅游发展政策阶梯式演进趋势

(注:"阶梯"内为部分具有代表性的政策文件。)

(一) 萌芽起步阶段(1988—1999 年)

生态省建设是海南省生态旅游在起步探索阶段的重要目标。海南省是林业资源非常丰富的省份,为社会生产和经济发展提供了必要的原材料。然而,前期大量森林采伐活动造成海南省天然林面积锐减,生态环境遭到严重破坏。

为加强生态环境保护,1993 年 8 月,海南省公布实施《海南省森林保护管理条例》,并全面禁止对天然林进行商业性采伐。

1998 年,海南省启动国家天然林资源保护工程,以促进天然林恢复、保护和发展,这在很大程度上改善了生态环境质量。

1999 年 2 月,为有效协调生态环境保护与社会经济发展的难题,海南省人大通过《关于建设生态省的决定》,形成了生态保护优先的共识,并将"生态省"建设作为实现可持续发展的重要战略决策。同年7月,《海南生态省建设规划纲要》的发布为生态保护、经济增长、社会发展实现共同进步提供指导,推动了海南生态示范省建设。与此同时,海南开始关注自身资源优势,发展旅游业。

1996年,海南推动"一省两地"(新兴工业省、热带高效农业基地和热带海岛休闲度假旅游胜地)产业发展战略,随后经过旅游设施改善、旅游服务提升、市场知名度扩大,海南省休闲度假旅游目的地的形象在社会上形成较为广泛的认知。

这一阶段,海南省重点开展了生态环境修复和保护工作,找准自身优势发展旅游业,注重对热带资源、海滨资源开发利用,旅游业对社会经济的贡献不断提高。但生态与旅游的联系不够密切,处于初级探索发展阶段,社会生态旅游意识普遍薄弱,生态旅游特征不明显。

(二)探索发展阶段(2000—2009年)

"全国生态文明示范区"是海南省在生态旅游探索发展阶段致力实现的发展定位。

2002年,海南省政府和世界旅游组织共同编制了《海南省旅游发展总体规划》,提出生态旅游发展战略,确定了旅游业可持续发展原则。

2005年修编后的《海南生态省建设规划纲要》中强调要加快发展生态旅游业,以高标准建设兴隆热带花园、南山文化旅游区、尖峰岭等国家森林公园,以及海口石山火山群国家地质公园、兴隆热带植物园、五指山生态旅游区、西沙群岛等共9个生态旅游示范区,打造具有海南特色的生态经济体系。

为进一步推进态环境的保护与建设,2006年8月,海南省生态环境厅公布《海南省生态保护与建设"十一五"规划》,同时在规划中提出要引导鼓励发展生态旅游,提升生态经济效益。

国家旅游局将2009年确定为"生态旅游年",并提出了"走进绿色旅游、感受生态文明"的主题口号,将启动仪式安排在三亚市。海南紧抓发展契机,持续发力建设"生态旅游在海南"旅游品牌,大力开发农业与旅游相结合的生态旅游产品,包括生态文明村、农业旅游示范区、休闲农庄等特色旅游产品。

2009年底,《国务院关于推进海南国际旅游岛建设发展的若干意见》下发,该意见明确赋予海南"国际旅游岛"的国家战略定位,海南生态旅游迎来新的发展机遇。在海南"生态立省"的基础上,对海南国际旅游岛生态文明建设与旅游产业发展提出系列要求,推动"海南成为全国人民的四季花园"。此后,"生态文明"成为海南国际旅游岛建设、生态旅游发展的主导理念。

这一阶段,海南省充分认识到生态环境优势是海南发展旅游业的巨大本钱和先天优势,在深入推进海南生态省建设过程中对生态旅游建设予以极大关注。为提升生态旅游品质、推进生态旅游经济发展,海南旅游管理部门和旅游企业积极打造了一批生态旅游景区和产品,塑造了生态示范省、生态旅游目的地的社会形象。

(三)加速建设阶段(2010—2017年)

"谱写美丽中国的海南篇章"是海南省生态旅游在加速发展阶段的重要指导理念。海南国际旅游岛建设上升为国家战略以来,海南省继续坚定以生态优化主导发展之路。

2010年海南省委省政府共同组织编制《海南国际旅游岛建设发展规划纲要(2010—2020)》,明确提出要坚持生态优先,实现生态环境保护和旅游资源开发有机结合,重点建设海口国家地质公园、海口国家湿地公园、文昌木兰头国际体育休闲园、昌江霸王岭旅游区、保亭七仙岭温泉旅游度假区等生态旅游景区和度假区,大力发展森林旅游、海洋旅游和乡村旅游,打造海南旅游的核心竞争力。

2011年,《海南省热带森林旅游发展总体规划》《国家级森林公园管理办法》等文件相继出台,它们为提升海南省森林旅游发展水平、丰富生态旅游产品结构提供了具体指导,对海南打造"山海互动"生态旅游新格局起到了推动作用。

党的十八大以来,生态文明建设是社会主义现代化建设总体布局的重要内容,为推动美丽中国建设提供了方向指导。海南加快转变发展理念,积极推动生态文明建设,聚焦培育绿色生态产业体系,着力打造生态宜居、社会和谐、经济繁荣的新型社会。

2013年,习近平总书记在海南调研考察时对海南省发展提出展望,要落实好国际旅游岛建设,谱写美丽中国海南篇章。

2017年12月,海南省人民政府办公厅印发《海南省旅游发展总体规划(2017—2030)》,推进"旅游+"建设,探索建立国家公园体制。随后,海南省着力构建品牌化、品质化、精品化的旅游产品体系,重点启动建设体育健身旅游、休闲疗养旅游等旅游产品。

这一阶段,海南省生态旅游产业体系不断扩大,乡村生态旅游、休闲生态旅游、森林生态旅游、海滨生态旅游等旅游产品已经具有较高的市场知名度和影响力。海南省力图通过绿色发展、生态旅游推动海南形成海岛特色鲜明、山海资源互补、城乡协同发展、生态环境良好的现代化发展格局,逐步缩小与发达地区的差距。

(四)示范引领阶段(2018年至今)

"国家生态文明试验区"建设是海南省在新时期进一步发挥其优势、探索生态旅旅游发展之路的重要实践,应将绿色发展、生态文明建设摆在突出位置。

2018年,习近平总书记"4·13"重要讲话强调海南需要坚决贯彻新发展理念,在生态文明建设上发挥好带头作用,使海南真正成为"全国人民的四季花园"。随后,《中共中央 国务院关于支持海南全面深化改革开放的指导意见》,明确赋予海南国家生态文明试验区的战略定位。同年5月,中共中央办公厅、国务院办公厅下发的《国家生态文明试验区(海南)实施方案》中提出要推进生态旅游转型升级和融合发展,开发建设生态型景区和生态型旅游新业态新产品,构建以观光旅游为基础、休闲度假为重点、文体旅游和健康旅游为特色的生态旅游产业体系。

2021年7月海南省人民政府相继印发《海南省"十四五"旅游文化广电体育发展规划》和《海南省"十四五"生态环境保护规划》,推动海南生态旅游高质量发展,提出集中推进包括热带雨林国家公园、海口美舍河湿地公园、海口五源河国家湿地公园、昌江海尾国家湿地公园、陵水红树林国家湿地公园在内的生态旅游工程建设,探索建立国家公园体制。

这一阶段,站在新的历史起点上,海南省始终坚持生态文明建设的战略定力,担当起生态文明建设先行一步、示范全国的重任,力图成为国际国内生态旅游新标杆。

三、海南省生态旅游资源概况分析

(一)生态旅游资源总量分析

生态旅游的资源载体是发展生态旅游的重要物质基础。海南省生态环境优越,自然资源丰富多样,形成了集自然风光、珍稀物种、民族特色风情以及文化古迹于一体的热带海岛生态旅游资源,为海南省生态旅游与绿色可持续发展注入活力。参考相关学者对自然保护地旅游资源类型的划分,可以将海南省生态旅游资源划分为自然保护区、森林公园、地质公园、湿地公园、风景名胜区、水利风景区、国家公园等七种类型。截至2020年,海南省现有49个自然保护区、30个森林公园、6个地质公园、12个湿地公园、19个风景名胜区、7个水利风景区和1个国家公园[①]。

总体来看,海南省富集的森林生态旅游资源、海洋生态旅游资源、湿地生态旅游资源、乡村生态旅游资源、人文生态旅游资源为海南省生态旅游发展奠定良好基础。

---

① 《2020年海南省生态环境状况公报》,海南省人民政府网。

截至2021年12月,海南省森林覆盖率全国排名第三,森林覆盖率为63%,海南省林地总面积3424.86万亩,森林总面积3296.44万亩,森林蓄积量16112.88万立方米。[①] 其中,海南热带雨林国家森林公园(主要包括吊罗山国家森林公园、尖峰岭国家级自然保护区、黎母山省级自然保护区)总面积4269平方千米,森林覆盖率达95.86%,拥有中国分布最集中、连片面积最大、保存最完好的热带雨林。它不仅是世界热带雨林资源的重要组成部分,而且还是海南省最为重要的天然生态屏障,有海南的"生态绿心"之称,有着极为重要的全球保护和地区象征意义。独特的地理位置和气候特征,使得海南岛的植被生长速度快且植被繁多。截至2018年,海南岛有4600多种维管束植物,约占全国总数的七分之一,并且其中490多种是海南特有。良好的生态环境也为动物生存提供了天然庇护所,有珍贵稀少的黑冠长臂猿和坡鹿、水鹿、猕猴、黑熊、云豹等物种,海南省现有660种陆生脊椎动物,其中23种为海南特有。

海南是中国海洋面积最大的省份,管辖海域面积约200万平方千米,近岸海域优良水质面积达99.88%,海岸环岛海岸线全长1944千米,自海口至三亚东岸线有着60多处天然海滨浴场,拥有广袤海洋生态旅游资源。海口湾、亚龙湾、临高角、清水湾、玉带滩、石梅湾、三亚湾、高隆湾等海湾沙滩品质较好,是开展沙滩运动、推进生态旅游与海滨旅游融合发展的理想之地。海南沙滩宽度、砂质、海水水温等总体优良,具备阳光、沙滩、海水空气、绿色等五种要素。在海洋生态系统中,有着典型的珊瑚礁生态系统、岛湖生态系统和红树林生态系统。其中,珊瑚礁富集分布于海南岛沿岸以及南海广阔海域,现有珊瑚礁面积占全国珊瑚礁总面积的98%以上。全省红树林面积达4300公顷,目前已建立琼山东寨港红树林、亚龙湾青梅港红树林、文昌清澜港红树林等保护区。[②] 这些生态系统均具有较高的观赏价值和生态价值,形成环岛沿海独具特色的海岸地貌景观和海滨风光。

---

① 来源:海南省自然资源和规划厅。
② 来源:中国海洋信息网。

在人文生态旅游资源方面,海南省历史悠久,早在汉代就已在海南设珠崖、儋耳两郡,文历史积淀深厚。拥有冼太夫人庙、儋州东坡书院、五公祠、海瑞故里、崖州古城、文昌孔庙、宋氏祖居等历史人文景观。黎族、苗族、回族是海南岛的世居少数民族,这些少数民族的民风民俗和生活习惯保留较为完整,使海南省的民族风情独特且多彩。同时,海南红色旅游资源也较为丰富,海南革命纪念地包括中共琼崖一大旧址、白沙起义纪念园、红色娘子军纪念园、解放海南岛战役烈士陵园、张云逸大将纪念馆、琼崖纵队司令部旧址、陵水县苏维埃政府旧址、宋氏祖居及宋庆龄陈列馆等,海南省已有8处红色旅游景点景区被列入"全国红色旅游景点景区名录"。

(二)生态旅游环境质量

1. 生态质量

生态环境状况指数(Ecological Environment Index)是对评估区域生态环境质量状况系列指数的综合反映,主要包括生物丰度指数、植被覆盖指数、水网密度指数、土地胁迫指数、污染负荷指数、环境限制指数等,根据得分情况生态环境情况通常分为优、良、一般、较差和差五级。2020年,海南省生态环境状况总体表现较好,18个市县(除三沙市外)的EI值为71.84至91.07,全省总体生态状况位列优级,植被覆盖面积大,生物多样性丰富,生态系统较为稳定。分市县看,各市县的环境状况等级均在优良以上水平,除海口市、东方市和临高县的生态环境状况等级为良外,其他市县等级均达到优,琼中黎族苗族自治县、五指山市和保亭黎族苗族自治县生态环境情况位列海南省前三。与2019年相比,全省及各市县的生态环境状况等级未发生变化,整体环境保持较好,呈稳定向前发展的趋向。"十三五"期间,海南省的EI值生态环境状况等级均为优级水平,整体无明显变化。

2. 大气环境质量

2020年,海南省大气环境质量达到空气质量新标准实施以来最优水平,环境空气优良天数比例创新高,主要污染物浓度创新低,图2显示了2016—2020年海南省环境空气不同等级占比变化概况。海南省生态环境厅发布的《2020

年海南省生态环境状况公报》显示,2020年,海南省环境空气质量总体优良,优良天数比例为99.5%,其中优级天数比为86%,良级天数比例是13.5%,轻度污染天数比例仅为0.5%,未有中级污染天数。主要污染物二氧化硫(SO_2)、细颗粒物(PM2.5)、可吸入颗粒物(PM10)、二氧化氮(NO_2)、一氧化碳(CO)均在国家一级标准内。与2019年相比,全省优良天数比例提升2%,其中优级天数比例提升了4%,主要污染物PM10、PM2.5、NO_2浓度有所下降。海南省大气环境质量整体表现优异,三亚市、海口市空气质量更是常年位居中国大陆城市前两名。良好的大气环境质量为开展各项生态旅游活动、开发多种生态旅游产品提供了理想的区域环境。

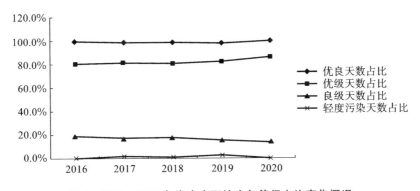

图 2　2016—2020年海南省环境空气等级占比变化概况

(数据来源:根据《海南省生态环境状况公报》(2016—2020年)整理。)

四、海南省生态旅游发展分析

(一)海南省生态旅游发展主要资源载体分布特征

基于对海南省生态旅游资源总量、生态旅游资源主要类型等内容进行的较为充分的分析,为更好反映海南省相关资源的分布情况,本文将通过核密度分析,观测海南省生态旅游资源位置分布、延展性及形状特征,进而对其整体分布状况展开直观清晰的描述。核密度分析是空间分析中一种常用的非参数估计方法,通过计算要素在其周边领域内密度来反映要素分布态势和空间集聚状况。在统计分析海南省生态旅游资源时,部分景区既是自然保护区也是森林公园,统计存在重叠。而海南省 A 级景区则较为全面地统计了海南省生态旅游资源,同时,海南省椰级乡村旅游点名录则全面统计了其乡村生态旅游景点,不存在资源统计重复的情况,因此,本报告将通过对海南省 A 级景区、椰级乡村旅游点核密度分析反映海南省生态旅游发展主要资源载体分布特征。通过百度拾取景区景点地理坐标,利用 ArcGIS 10.5 软件进行计算分析。

1. A 级景区

截至 2021 年,海南省共有 77 个 A 级旅游景区[①],其中包括 6 个 5A 级景区,28 个 4A 级景区,29 个 3A 级景区,14 个 2A 级景区(见表 1)。利用 ArcGIS 10.5 软件中核密度分析工具,生成海南省 A 级景区空间分布核密度图。发现海南省 A 级景区分布形态具有以下特征:

(1)形成 3 处高密度集聚圈。其中海口市 A 级景区最为密集,三亚市和琼海市也形成了密集区。

(2)形成 3 处低密度集聚圈,主要集聚在儋州市、文昌市及琼中县这 3 个城市。

(3)总体来看,海南省 A 级景区分布自东向西递减分布,呈现较为明显的空间集聚特征。A 级景区在海南省东北地区分布最丰富,西北地区幅员辽阔,分布则较为稀疏,形成海口市、三亚市和琼海市 3 处 A 级旅游景区高密度集聚圈,儋州市、文昌市及琼中县 3 个城市 A 级旅游景区密度较低。

表 1　海南省 A 级旅游景区

等　级	景　区　名　称	数量/个
5A	槟榔谷黎苗文化旅游区、海南呀诺达雨林文化旅游区、海南分界洲岛旅游区、大小洞天旅游区、南山文化旅游区、蜈支洲岛旅游区	6

---

① 根据当时官网名录,仅统计 2A 级及以上景区。

续表

等　级	景　区　名　称	数量/个
4A	七仙岭温泉国家森林公园、海南文笔峰盘古文化旅游区、海亚大东海旅游区、三亚西岛海洋文化旅游区、亚龙湾热带天堂森林旅游区、清水湾旅游区、东山岭文化旅游区、兴隆热带植物园、鹿回头风景区、五指山红峡谷文化旅游区等	28
3A	福山咖啡文化风情镇中心区、海南永庆文化旅游景区、海口白沙门公园、海南省民族博物馆、海口市秀英炮台景区、龙寿洋乡村生态旅游区、海南六连岭革命纪念地景区、海南热带雨林国家公园尖峰岭景区、三亚市红色娘子军演艺公园景区等	29
2A	海瑞墓、琼海多河文化谷旅游区、南天热带植物园、圣哒哒旅游景区、海东方沙滩公园旅游景区、毛公山旅游景区、春晖椰子文化观光园、海口丘浚文化公园景区等	14

（数据来源：根据海南省旅游和文化广电体育厅官网资料整理。）

2. 椰级乡村景点

2014年,海南省正式实施椰级乡村旅游景点（乡村生态旅游）等级评定与划分,从低至高依次划分为五个等级：一椰级、二椰级、三椰级、四椰级、五椰级。椰级乡村景点的评定有助于加强对海南省旅游模范村、星级美丽乡村、传统古村落等资源的开发与管理,目前,这些椰级乡村旅游点已经成为海南省发展乡村生态旅游的重要力量。

截至2022年1月,海南省共评定椰级乡村旅游点218家,其中33家五椰级、39家四椰级、63家三椰级、51家二椰级及32家一椰级,具体内容见表2。[①]利用ArcGIS 10.5软件中核密度分析工具,生成海南省椰级乡村旅游点空间分布核密度图,发现海南省椰级乡村旅游点分布形态具有以下特征：

（1）形成两处高密度集聚圈。主要是临高县—澄迈县—海口市交界地带,以及乐东县—五指山市交界地带。

（2）总体来看,海南省椰级乡村旅游点整体空间分布较为均衡,呈现自东

---

① 海南省旅游和文化广电体育厅。

南向西北递减分布态势,存在较为明显的空间集聚特征。

表2 椰级乡村旅游点

等级	名称	数量/个
五椰级	海口市旧州镇世外桃源休闲养生区(墩插村)、海口市永兴镇冯塘绿园(冯塘村)、三亚市凤凰镇抱龙森林公园(抱龙村)、儋州市那大镇石屋村乡村旅游点(石屋村)等	33
四椰级	海口市红旗镇泮边休闲农庄(苏寻三村)、澄迈县老城镇罗驿村乡村旅游点(罗驿村)、海口市红旗镇三角梅农庄(边洋村)、儋州市兰洋镇大皇岭乡村旅游点(大塘村)、海口市长流镇铭投拓展主题山庄(文毓村)等	39
三椰级	海口市美兰区大道湖村乡村旅游点(大道湖村)、三亚市吉阳区亚龙农庄(南丁村)、三亚市天涯区凤凰谷乡村旅游点(抱前村)、儋州市木棠镇铁匠村乡村旅游点(铁匠村)、琼海市大路镇田园梦想乡村旅游点(石桥村)、琼海市会山镇加脑村乡村旅游点(加脑村)等	63
二椰级	保亭三道镇红英山庄(什准下村)、文昌市文教镇水吼村乡村旅游点(水吼村)、保亭响水镇梦圆养生谷(毛岸村)、儋州市木棠镇薛宅村乡村旅游点(薛宅村)等	51
一椰级	乐东尖峰镇山道村乡村旅游点(山道村)、琼中红毛镇南美村乡村旅游点(南美村)、白沙牙叉镇对俄村乡村旅游点(对俄村)、临高县临城镇头星村乡村旅游点(头星村)等	32

(数据来源:根据海南省旅游和文化广电体育厅官网资料整理。)

(二)产品结构特征

海南省生态旅游产品结构较为丰富,主题特色较为突出。初步形成了包括森林生态旅游产品、海洋生态旅游产品、乡村生态旅游产品、康养生态旅游产品在内的产品体系。在森林生态旅游产品中,海南省打造了吊罗山国家森林公园、亚龙湾热带天堂森林公园、呀诺达雨林文化旅游区、霸王岭国家森林公园等森林生态旅游景区。海南省凭借独特的海洋资源,建设了三亚湾度假区、亚龙湾旅游区、清水湾、海棠湾等海湾生态旅游度假区,开展潜水、冲浪等体育活动。随着海南省海洋旅游产业规模逐步壮大,相关基础设施不断完善,海南省逐步树立了热带海岛休闲度假生态旅游胜地品牌形象。目前,海南省积极推出滨海湿地红树之旅、寻梦江东"湿"意之旅、美舍河湿地之旅、登山观海之旅、潭丰洋之旅五条湿地主题生态旅游路线,引导游客走进湿地,树立保护湿地的意识。海南凭靠优越的气候条件与自然环境、完善的医疗基础设施,正在成为重要的康养生态旅游目的地。海南不断提升康养旅游产品品质,例如,呀诺达雨林文化旅游区结合独特的雨林生态环境和南药资源,研发呀诺达清瘟舒解饮,免费提供给入园游客。近年来,海南省积极推动绿色产业扶贫、生态旅游发展,不仅提高了低收入家庭的收入水平和脱贫致富能力,同时也保护了生态环境。围绕全域旅游建设背景,截至2014年海南省建设了206家椰级乡村旅游点,其中五椰级有26家,四椰级有33家,乡村生态旅游基础接待设施的完善和产品特色的挖掘都极大提升了海南省乡村生态旅游品质。总体来看,海南省充分利用自身资源禀赋推动生态旅游建设,积极打造和丰富生态旅游产品,初步形成了较为完善的生态旅游产品体系。

(三)市场增长特征

海南省凭借其竞争力强、品质好、特色鲜明的资源禀赋及地理区位优势,在生态文明建设和旅游业高质量发展背景下,深入挖掘和开发本省旅游资源,不断完善省内旅游项目,提升旅游产品品质。海南省统计局统计数据显示,2010—2019年海南省旅游总收入及旅游接待总量总体呈较为明显的上升趋势(见图3)。2019年,海南省接待游客总量达到8311.2万人次,同比增长9%,旅游总收入突破1000亿元,达到1050亿元,同比增长11%。受疫情影响,海南省2020年旅游总收入及旅游接待总人数较2019年有所下降,但海南省也是全国旅游业恢复较好的省份之一,全年共接待游客6455.09万人次,实现旅游总收入872.86亿元。

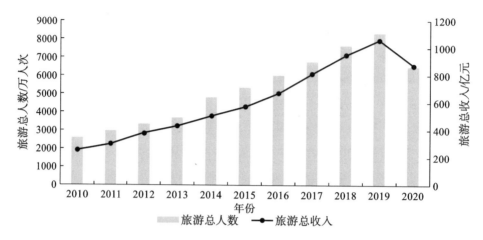

图 3　2010—2020 年海南省旅游总收入及旅游接待总人数变化图

（数据来源：根据 2011—2021 年海南相关统计年鉴数据整理。）

海南省积极推进国际旅游消费中心建设，加快旅游产业转型升级，逐步完善旅游消费业态，旅游消费潜力得到进一步释放。因此。本报告也进一步分析海南省近年来国际旅游接待情况。

海南省统计局统计数据显示，2010—2019 年海南省国际旅游收入及入境游客接待总量总体呈较为明显的上升趋势（见图 4）。其中，2010—2016 年波动趋势较为平缓，2016 年以后至 2019 年国际旅游收入及入境游客接待总量快速增长，可见，2016 年初海南省政府出台的《海南省提高旅游国际化水平和促进入境旅游发展实施方案》在推动海南旅游国际化水平上有较为明显的促进作用。

2020 年，受疫情影响，海南省入境游客接待总量显著萎缩，仅为 22.4 万人次，国际旅游收入为 1.12 亿美元。同时，本报告简要分析了海南省接待国际游客的国籍，受新冠疫情影响，2020 年的统计数据参考价值有限，因而本报告对 2019 年海南省接待国外游客数量前十的国家进行分析（见图 5）。

2019 年，海南省接待国外游客数量前十的国家分别是俄罗斯、韩国、马来西亚、新加坡、美国、澳大利亚、加拿大、德国、日本及法国。对比接待人数发

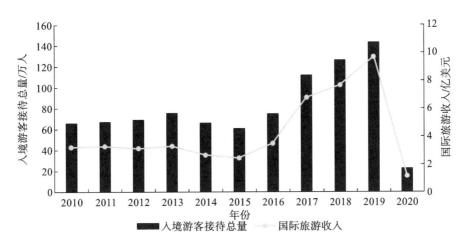

图 4　2010—2020 年海南省国际旅游收入及入境游客接待总量变化图

（数据来源：根据相关年份海南统计年鉴数据整理。）

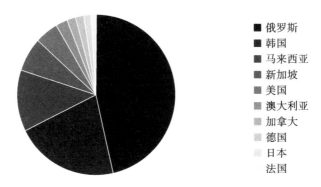

图 5　2019 年海南省接待国外游客量前十的国家占比图

（数据来源：根据《海南统计年鉴》2020 中相关数据整理。）

现,接待俄罗斯游客量约为33万人次,第二名韩国近15万人次接待量与之相比,差距较大,新加坡、美国、澳大利亚、加拿大、德国、日本、法国的游客量不超过5万人次,而第十名法国的游客量不足1万人次。可以简单看出,海南省旅游国际化水平还有待提升。

五、海南生态旅游发展存在问题及发展建议

生态旅游是一种绿色、可持续消费方式,能够增进环保意识、倡导人与自然实现和谐共生。随着消费需求升级和生态旅游产品丰富化,特色突出、体验性强、层次丰富的生态旅游产品得到了市场的青睐。生态旅游在丰富大众生活的同时,促进了社会经济增长,社会的环保意识也得到了明显提升。与此同时,海南省生态旅游发展也存在一些不容忽视的问题。尽管海南是全国较早建设生态省、开展生态旅游的省份,并且拥有得天独厚的生态环境和优越的区位条件,但在当前推进高质量发展背景下,海南省生态旅游发展水平仍待提升。

(一)海南省生态旅游发展存在问题

1. 生态环境质量有待提升,资源利用效率不高

海南省大气环境和生态环境质量在国内处于领先阵地,但在全球排名并不靠前,与"世界领先水平"相比还存在一定差距。海南省空气污染还存在区域性、结构性污染问题,冬春季节空气存在受污染情况。总体来看,海南省生态环境质量改善提升难度较大。以 PM2.5 为例,海南省 PM2.5 浓度值虽远低于全国平均值(海南省 PM2.5 均值为 20 $\mu g/m^3$,全国为 40—50 $\mu g/m^3$),但未达到世界卫生组织规定的第二阶段过渡目标,与夏威夷 PM2.5 均值相差更大(夏威夷 PM2.5 年平均值为 5 $\mu g/m^3$)。从资源利用效率看,海南省生态旅游资源利用效率整体偏低,资源开发利用不当问题突出。2019 年,中央对海南省开展了第二轮中央生态环境保护督察,发现海南省澄迈县围填海破坏红树林现象未得到改善;乐东县马鞍岭、昌江县叉河三狮岭等持续野蛮开采,且未按相关要求开展地质环境修复工作,严重破坏了生态环境。

2. 生态旅游景区规划不当,生态管理能力有待加强

目前,一些地区未充分认识到生态旅游资源存在的重要意义,忽视旅游资

源的可持续发展,只着眼于短期利益、局部利益,不重视资源开发保护、规划设计,进行"竭泽而渔"式的盲目开发,给生态环境带来严重污染和破坏,甚至导致资源枯竭。长时间以来门票收入都是我国景区旅游收入的主要来源,不重视旅游产品开发促进消费者再次消费,而是过多追求"门票经济",轻视旅游环境承载量和资源承载量问题,节假日时游客接待量往往超过其承载量,人为增加了环境保护的压力,也降低了旅游者旅游体验质量。同时,生态旅游业有着很大的社会教育功能,通过旅游的方式能够提高公众环境保护意识,但目前海南省相当大数量的景区在生态科普、教育功能方面发力不足,生态旅游产品开发不深入,景区解说浅显化,未充分发挥生态旅游社会教育功能。社区居民是生态旅游资源的重要享用者和保护者,但目前多数旅游景区社区居民参与程度低,缺乏决策建议权,生态保护监督体系需要完善。

(二)海南省生态旅游发展建议

1. 严守生态红线,建设环境质量全国标杆

生态保护红线保护的是在一定空间范围内必须加强严格保护的具有极其重要生态功能的区域,它是维护、保障区域及国家生态安全的防范线和根本底线。优越的生态环境是海南省发展生态旅游的最大本钱,严守生态保护红线是对海南省自然生态保护地管理与建设的推动,是对海南省社会经济发展原动力的重要保护,海南省生态保护红线由近岸海域生态保护红线与陆域生态保护红线两部分组成,初步形成了"一心多廊、山海相连、河湖相串"的基本生态保护红线空间格局[①]。严守生态保护红线,就必须坚持环境保护优先、自然生态修复为主线,推进重点区域生态系统恢复,提高自然生态系统的质量和稳定性。要建立健全大气污染防治实时监控—精准预判—警惕预警—积极响应工作机制,实现大气污染精细化、精准化管控。对相关行业、企业污染物排放实行最严格的排放标准,推动清洁能源的广泛使用。

---

① 《海南省人民政府关于划定海南省生态保护红线的通告》,海南省人民政府网站。

2. 开发存量资源,释放多元价值

生态保护与资源开发是相辅相成的,随着生态文明建设深入推进,如何盘活生态存量资源,提高资源利用效率将是实现生态旅游高质量发展的必然要求。要统筹生态旅游资源的开发与保护,加快推进全省生态旅游建设。

一方面,建立生态旅游资源分级分类保护体系,依据海南省水文景观、生物景观、气候气象景观、地质景观等景观的不同特性制定相应的保护措施和开发计划,生态保护与规划布局衔接协调,提升生态旅游项目建设的水平和品质,设定合理开发建设规模。

另一方面,景区规划建设要因地制宜,鼓励使用节能环保材料,深入落实生态旅游相关企业环保责任制度,在资源的使用强度和废弃物排放的总量上采取双控行动;建立健全游客客流量实时监控系统,合理科学地确定景区游客承载量,规范景区内工作人员及游客生态行为。积极推动社区居民参与生态旅游资源开发与管理,汲取公众智慧,建立社会监督管理体制机制。在吸收借鉴国外相关成熟生态旅游景区成功经验的基础上,充分发挥生态资源的旅游价值、生态价值及经济价值。

参考文献

[1] 李群绩,王灵恩.中国自然保护地旅游资源利用的冲突和协调路径分析[J].地理科学进展,2020(12).
[2] 韩会然,杨成凤,宋金平.北京批发企业空间格局演化与区位选择因素[J].地理学报,2018(2).
[3] 丘水林,靳乐山.生态保护红线区生态补偿:实践进展与经验启示[J].经济体制改革,2021(4).

作者简介:

唐海燕,湖北大学旅游学院硕士研究生。

B5 福建省生态旅游与绿色发展报告

曾晓庆

摘　要：中国向世界宣布"双碳"目标，这需要旅游业的整体响应。生态旅游作为环境友好型产业，已经成为"绿水青山"向"金山银山"转化的主渠道。与此同时，随着人民生活水平的提高，绿色环保理念也逐渐深入人心，人们更加追求健康的、贴近自然的生活方式，对生态旅游的需求不断增加。福建省生态旅游资源丰富、风景秀丽，是我国发展生态旅游的重点区域，有必要对其生态旅游的发展进行系统研究。本报告通过分析福建省生态旅游的发展规模、发展政策、发展特征，明晰福建省生态旅游发展的现状以及存在的不足。为其生态旅游的未来发展提出了相应的建议，以期为福建省生态旅游的发展提供参考借鉴。

关键词：生态旅游；福建省；研究报告

Abstract：China announces "double carbon" target to the world, which needs the response of tourism industry as a whole. As an environment-friendly industry, ecotourism has become the main channel for the transformation from "clear water" "green mountains" to "mountains of gold and silver". At the same time, with the improvement of people's living standards, the concept of green environmental protection is gradually rooted in people's hearts. People are more in pursuit of a healthy and close to nature lifestyle, and the demand for ecotourism is increasing. Fujian Province is an important ecotourism province in China, with rich ecological resources and beautiful scenery. Hence, it is necessary to make a systematic study on the development of ecotourism in Fujian Province. By analyzing the scale, policies and characteristics of the development of ecotourism in Fujian Province, the report clarifies the current situations and shortcomings of the development of ecotourism in Fujian Province. In order to provide reference for the development of ecotourism in Fujian Province, some suggestions are put forward for the future development of ecotourism.

Keywords：Ecotourism；Fujian Province；Research Report

一、引　言

福建省简称"闽"，位于我国的东部沿海地区。公元711年，设闽州都督府，领闽、建、泉、漳、潮五州。公元733年，设立军事长官经略使，从福州、建州各取一字，名为福建经略军使，福建由此得名。福建省依山傍海，在地理位置上，福建省地处北纬23°31′—28°18′，东经115°50′—120°43′；东隔台湾海峡与台湾省相望，东北与浙江省毗邻，西北横贯武夷山脉与江西省交界，西南与广东省相连。福建省是东海与南海的交通要道，是中国十分重要的出海口，同时也是中国与世界沟通交流的重要窗口。福建省境内峰岭耸峙，丘陵连绵，山地、丘陵占全省总面积的80%以上，素有"八山一水一分田"之说。在气候上，福建省属于亚热带海洋性季风气候，温暖湿润。由于福建省靠近北回归线，受季风环流和地形的影响，全省雨量充沛，光照充足，是我国雨量较丰富的省份，气候条件优越，适宜人类聚居以及多种作物生长。①

福建省是全国旅游大省之一，历史悠久，气候温暖湿润，旅游资源得天独厚。根据福建省文化和旅游厅官方统计数据显示，截至2021年12月31日，全省共有5A级旅游景区10个、4A级旅游景区104个、3A级景区259个。2018年第九次全国森林资源清查结果显示，福建省森林覆盖率为66.80%，居全国首位。福建省生态环境状况公报显示，2020年，全省生态环境质量继续保持全优，良好的自然条件为福建省发展生态旅游奠定了坚实的基础。

---

① 根据福建省人民政府网站有关资料整理。

二、福建省生态旅游发展分析

（一）福建省生态旅游资源概况分析

1. 生态旅游资源类型分析

福建省是生态旅游大省，丰富的自然资源、独特的生态环境为其发展生态旅游打下了坚实的基础。经过多年的发展，福建省已经初步形成了由森林公园、风景名胜区、自然保护区、地质公园、湿地公园、水利风景区、历史文化名城、历史文化名镇、历史文化名村等为主要载体的生态旅游体系。

在自然生态资源方面，福建省属于亚热带海洋性季风气候，适合多种作物生长。福建省自然景观众多，包括素有"奇秀甲东南"美誉的武夷山；自然景色秀丽、人文景观荟萃的清源山等。此外，福建省野生动植物资源丰富，生物多样性高度丰富。福建省生态旅游资源和生态旅游景区统计情况如图1所示。

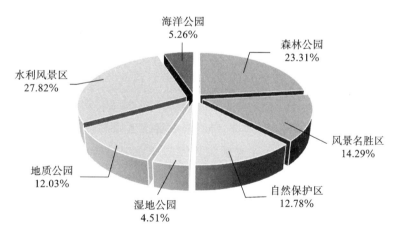

图1 福建省生态旅游资源种类统计图

（数据来源：根据中华人民共和国中央人民政府、国家林业和草原局、福建省文化和旅游厅等官网数据整理。）

在人文生态旅游资源方面，福建省历史源远流长，文化底蕴深厚，福建土楼、"三坊七巷"、南普陀寺、云水谣古镇、漈下村、长汀店头街等一大批历史人文景观极大地丰富了福建省的历史文化宝库。福建省是红军长征的重要出发地、两次古田会议的召开地，红色旅游资源丰富。2004年，福建省被列入"湘赣闽红色旅游区"。2016年底，福建省共有9处红色旅游景区被列入"全国红色旅游经典景区名录"。

福建省民俗生态旅游资源十分丰富。福建省56个民族成分齐全，是一个少数民族散杂居省份。畲族、回族、满族、蒙古族是主要的世居少数民族，各个民族在语言、服饰、建筑、节日等方面各有特色，如畲族的畲歌，回族的开斋节、古尔邦节、圣纪节等。福建省的民俗旅游资源具有典型的民族性、知识性与娱乐性，形成了福建省独特的旅游资源体系，淳朴的民风和优越的自然环境，形成了福建省独具特色的民俗旅游资源。

2. 生态旅游资源结构分析

截至2020年，福建省拥有世界级自然遗产2处（泰宁丹霞、武夷山），拥有国家森林公园30个、国家级风景名胜区19个、国家级自然保护区17个、国家湿地公园8个、国家级海洋公园7个、国家地质公园15个、国家水利风景区19个；此外，福建省还拥有历史文化名城4个、中国历史文化名镇19个、中国历史文化名村57个。为了反映福建省优质旅游资源的分布情况，以福建省的国家级生态旅游资源为样本，通过百度拾取坐标系统来获取地理坐标，并应用ArcGIS软件对坐标数据进行处理，得到福建省生态旅游资源现状分布情况。

核密度分析工具用于计算要素在其周围邻域中的密度，为了解福建省生态旅游资源的分布密度情况，利用ArcGIS软件分别对福建省自然生态旅游资源及人文旅游资源进行核密度分析，分析结果显示：在福建省自然生态旅游资源的分布中，核密度高值地区有两个，一个是福州东南部地区，另一个是厦门西北部地区；核密度中值地区有多处，包括龙岩市、漳州市、泉州市、三明市西部及北部、宁德市中部及中东部地区；核密度较低的地区集中在南平市、三明市东部及东南部。

总体来说，福建省自然生态旅游资源主要分布在福建省的东部、南部以及西北地区,围绕中心呈现出多点、多片区的空间布局。

在福建省人文生态旅游资源的分布中,核密度高值地区呈现出一个核心,即龙岩市西北部地区,呈现这种分布的主要原因是龙岩市的红色文化旅游资源丰富;核密度中值地区有多处,包括南平市北部、宁德市中部地区和三明市北部地区;核密度较低的地区集中在三明市东南部、泉州市、漳州市、福州市的西部地区。

总体来说,福建省人文生态旅游资源主要分布在福建省西南部和东北部地区,呈现出多点空间布局。

(二)福建省生态旅游发展政策分析

随着我国生态文明建设的持续深入和全国旅游工作会议的全面展开,生态旅游迎来了黄金发展期和战略机遇期。党的十八大首次将生态文明建设作为"五大建设"进行布局,提出建设美丽中国,实现中华民族永续发展的目标。党的十九大报告明确了"两山"的重要性,党的十九届五中全会提出,推动绿色发展,促进人与自然和谐共生。习近平在福建工作的十七年半,提出了一系列生态文明的创新理念并进行了多次实践,为福建省的生态文明建设奠定了稳固的政治基础、思想基础和现实基础,福建由此成为习近平生态文明思想的重要孕育地。国家层面、省级层面出台多个政策支持生态旅游的发展,例如2014年印发的《国务院关于支持福建省深入实施生态省战略加快生态文明先行示范区建设的若干意见》提出福建要加快生态文明先行示范区建设,增强引领示范效应;2018年福建省人大常委会通过了《福建省生态文明建设促进条例》,将坚持"绿水青山就是金山银山"写入地方性法规。各种权威的政策为福建省生态旅游的发展创造了良好的条件。

(三)福建省生态旅游发展特征分析

1. 旅游规模不断扩大

福建省生态旅游发展规模逐渐壮大。从福建省旅游收入及增速、旅游人次及增速变化情况可以看出,2010—2019年福建省旅游收入总体呈现快速上涨的趋势,如图2所示,其中2010—2015年增速较为缓慢,2016—2019年增速较快,除2020年外,年增速均在15%以上;2010—2019年福建省旅游者人次总体上也呈现出稳步上升的趋势,如图3所示,其中入境旅游者人次的增速相对较为缓慢。受2020年疫情的影响,我国的旅游收入和旅游人次均出现断崖式下滑,福建省旅游收入相较于2019年降低了37.40%,在旅游人次方面,国内旅游者相较于2019年降低了29.80%,入境旅游者人次相较于2019年降低了74.80%。

图2 2010—2020年福建省旅游收入及增速变化

(数据来源:福建省历年国民经济和社会发展统计公报。)

2019年福建省国民经济和社会发展统计公报的资料显示,福建省2019年全年接待海外入境游客958.28万人次,比上年增加6.30%,实现国际旅游外汇收入102.43亿美元,比上年增长12.70%。全年接待国内游客52697.08万人次,比上年增长16.70%,国内旅游收入7393.43亿元,比上年增长22.60%。旅游总收入8101.21亿元,比上年增长22.10%。国际生态旅游协会(TIES)的测算显示,生态旅游收入以每年10%—12%的速度快速增长,而我国生态旅游的发展与国际发展几乎同步。按照这一比例测算,得出福建省2019年生态旅游全年总收入为810.12亿元—972.15亿元,可见生态旅游将成为未来福建

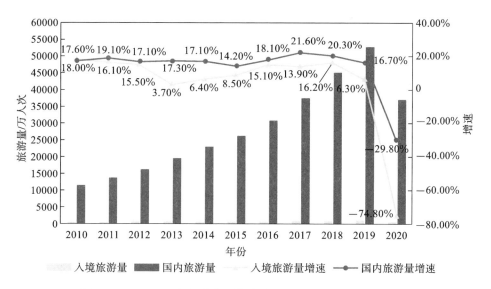

图 3 2010—2020 年福建省入境旅游量、国内旅游量及增速变化

（数据来源：福建省历年国民经济和社会发展统计公报。）

省旅游业发展的方向。

2. 旅游环境不断好转

20 世纪末以来，我国各地区大力发展经济而忽视了环境保护，福建省也不例外，山清水秀的福建开始出现污染物排放超标等问题，福建省委、省政府开始环境整治，推进对闽江、九龙江、敖江、汀江、晋江、交溪、木兰溪以及全省近海岸海域的保护治理，使福建省的环境质量得到改善，走上了健康发展之路。

中华人民共和国生态环境部发布的中国生态环境状况公报显示，主要污染物包括废水污染物、废气污染物和工业固体废物等，本报告通过这三个部分的有关指标分析福建省生态旅游环境状况。

从废水废气的排放情况来看（见图 4），从 2011 年至 2019 年福建省废水排放总量整体呈现下降趋势，废气中二氧化硫和氮氧化物排放量在 2011 年至 2017 年均呈现下降趋势。值得注意的是，各个指标在 2017 年至 2019 年均出现小幅度的增长，有关部门需要加强警惕，不放松对废水、废气排放的监督与管理，为福建省发展生态旅游提供良好的环境。

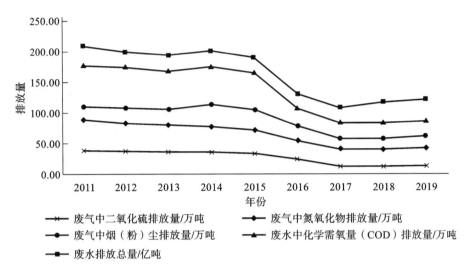

图 4　福建省 2011—2019 年废水废气排放情况

(数据来源:中经网统计数据库。)

从一般工业固体废物的排放和治理情况来看(见图 5),2011 年至 2015 年,福建省一般工业固体废物的各项指标总体上呈现下降趋势,但是在 2016 年至 2018 年出现了增长态势,2018 年至 2019 年,工业废物产生量和综合利用量出现急剧下滑,出现这种情况的原因可能是 2017 年党的十九大提出了统筹推进经济建设、政治建设、文化建设、社会建设和生态文明建设,福建省积极响应国家的相关政策。

3. 旅游资源不断增长

森林和自然保护区等是主要的生态旅游资源,分析森林资源与自然保护区的数量可以得出福建省生态旅游环境变化的有关情况。通过查询 EPS DATA、中经网统计数据库,得到 2011—2020 年福建省造林面积与林地面积变化情况、2011—2020 年福建省自然保护区和国家级自然保护区数量变化情况。

2011—2020 年,福建省年均造林面积为 17.83 万公顷,福建省林地面积由 2011 年的 914.81 万公顷增至 2020 年的 926.67 万公顷,林地面积的变化特征为稳定—增长—平稳—下降—增长,造林面积的波动较大,说明福建省还需要

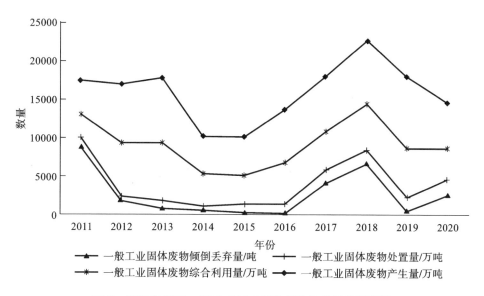

图 5　福建省 2011—2020 年工业固体废物排放及治理情况

(数据来源:中经网统计数据库。)

进一步加强森林生态旅游资源的恢复与保护工作。

根据图 6 可以看出,2011—2020 年福建省自然保护区的数量总体呈现平稳上升趋势,但 2014 年自然保护区的数量减少至 90 个,2019 年自然保护区的数量由 2018 年的 93 个增至 112 个,2020 年自然保护区的数量没有变化,保持在 112 个,这说明,福建省政府高度重视自然保护区的建设,并且取得了一定的成效。

4. 旅游关注度不断增加

随着人们生活水平的提高,人们更加追求健康、绿色环保、贴近自然的生活方式,而生态旅游作为旅游中的新兴产业,凭借其绿色环保、贴近自然等显著优势逐渐成为人们日常休闲旅游的首要选择方式,并且在近年来持续发展壮大。生态旅游是绿色发展和生态文明建设的重要载体和有效途径,大力发展生态旅游能促进旅游目的地生态环境的可持续发展。福建省是生态文明先行示范区,生态旅游资源丰富,受到越来越多旅游者的青睐,2019 年福建省旅

图 6　2011—2020 年福建省自然保护区和国家级自然保护区数量变化情况

(数据来源：EPS DATA。)

行社接待国内游客量为1131.98万人次,在31个省、市、自治区中排名第五[①]。

通过词云图了解旅游者对福建旅游景区的关注度,将时间设置为2021年1月1日至2021年12月31日,利用百度搜索检索关于福建省旅游景区有关的网页内容,将其汇总后导入词云图文在线制作网页进行词频分析,如图7所示,武夷山、鼓浪屿、三坊七巷、太姥山、泰宁等旅游景区排名较为靠前,其中武夷山的搜索次数多达60次,武夷山是世界自然和文化双重遗产,生物资源丰富,森林系统完整,深受旅游者青睐。总体而言,旅游者对福建旅游的关注度高,这与福建省高度重视旅游业的发展密不可分。

---

① 来源:《2019年度全国旅行社国内旅游接待人数排行榜(附榜单)》,中商情报网。

图 7　2021 年福建省受旅游者欢迎旅游景区的词云图

(数据来源:根据相关资料整理。)

三、福建省生态旅游存在的问题

(一)生态意识和环保意识不强

旅游业是朝阳产业,自十八届五中全会倡导绿色发展理念以来,福建省的旅游业也由此迎来了发展高潮,但仍然存在许多为了追求经济效益而忽视乃至破坏自然资源和生态环境的现象。例如开发商为了建设景区,未经林业主管部门批准,擅自挖掘、平整林地,使大量林地遭到破坏[①]。

部分旅游者生态环境保护意识不强。一方面,有少部分旅游者只关注自己的精神需求是否得到满足,而忽视了整个旅游活动中个人行为可能会对旅游业的可持续发展产生不利影响。例如部分旅游者自我约束力不强,在旅游过程中乱扔垃圾、破坏植被,直接破坏生态环境。另一方面,政府为了拉动内需,促进消费,而忽视了对绿色低碳理念的倡导。以上各种因素都不利于福建省生态旅游的发展。

(二)管理体制机制不健全

我国保障旅游管理运行的法律制度主要有宪法、生态环境保护法、环境标准等,虽然取得了一定的进步,但是旅游管理的法律制度建设仍然有很大的提升空间。尤其是近年来的生态旅游,在快速发展的同时暴露出旅游行业管理方面存在的问题,森林公园、自然保护区和地质公园等生态旅游资源在归属上存在多头管理的问题,如旅游部门、农业部门、林业部门等相关单位,各部门多用本部门的标准和制度来规划衡量生态旅游景区的建设。这最终会导致管理层次叠加、管理目标不清晰、管理机制混乱等问题;单位之间权责界限不明晰,不能很好地协作,从而导致旅游管理无序;无法确保生态旅游收入用于环境保护和景区建设,更难以保障游客和社区群众的合法权益。

生态旅游的行业制度建设还比较薄弱,对旅游景区的破坏者缺少必要的惩罚制度,规章制度不完善导致在面对污染景区环境的行为时难以追究责任。旅游景区的同行业竞争激烈,容易引发恶性竞争,这会在扰乱行业市场的同时,让游客对福建旅游的印象变差,势必会对福建省的生态旅游品牌效应产生负面影响。

(三)营销宣传不充分

从福建省旅游客源的来源可以看出福建省的旅游宣传还不够充分。目

---

① 《福建泉州公布生态环境司法保护典型案例》,中国经济网。

前,福建省的客源结构呈现出国内多、入境少、省内多、省外少的特点,"福建人游福建",2019年福建省接待入境游客958.28万人次,只占全年接待旅游量的1.8%,这与福建省旅游对外宣传不足有较大的关系。

利用百度指数,以"福建+生态旅游"为搜索关键词,时间设置为2021年1月1日至2021年12月31日,分析结果显示旅游搜索指数从高到低依次是福建省、广东省、江苏省、浙江省、山东省、河南省、北京市、上海市、四川省、河北省。对福建省旅游关注度最高的是福建省,其次是与福建省邻近的广东省,其他对福建省旅游关注度较高的省份分布于我国的华东、华中和华南地区,西北、西南、华北和东北地区对福建省旅游的关注度不高。可见,福建省对外宣传不充分,导致上述地区对福建省的旅游关注度较低。

(四) 基础服务设施待完善

生态旅游对交通、道路、商业及公共服务设施都有一定的要求,旅游投入不够,难以推动地区生态旅游的发展。

1. 交通方面

近年来,随着航空、铁路、公路设施和相关技术的完善,福建省的旅游基础设施有了很大的变化。福建省已初步形成了以干带支、以支促干、干支结合的机场航线网络,2020年福建省公路通车里程110118.21公里,铁路营业里程3774.34公里。虽然交通设施较以前更加完善,但是很多旅游景区"最后一公里"的问题依然存在。

2. 商业设施方面

游客数量的增加导致原有的生态居民住宅、宾馆难以满足需求,为了留住游客,景区兴建了宾馆、餐厅,为了盈利还增设了各种娱乐设施。这些设施缺乏政府合理的规划,既破坏了当地的生态环境,又在一定程度上影响了当地居民的生活。

3. 公共服务设施方面

福建省旅游资源分布较分散,有很大一部分景区规模相对较小,基础设施不够完善,未达到应有的标准。随着我国进入大众旅游和全域旅游时代,游客的结构和需求发生了很大的变化,从以往的旅行社组团游转向以自驾游为主,游客的需求也朝着个性化、品质化迭代升级。目前,福建省生态旅游基础设施方面投入力度不大,滞后于旅游者的发展需求,游客服务中心、游客休闲功能区以及标示、标牌等一系列服务设施,难以满足旅游者逐渐升级的需求,制约着福建省生态旅游的发展。

此外,信息发布系统、预警预报系统、旅游智能化水平等与旅游者日益迭代升级的旅游需求之间还存在差距。

(五)品牌效应待加强

生态旅游产品不同于一般的旅游产品,其旅游产品应该是高品位、高层次的。福建省可开发的旅游产品层次齐全,需要根据生态旅游发展统筹规划福建省的生态旅游布局,形成集观光游览、休闲度假、文化熏陶和生活体验于一体的生态旅游发展格局。但是到目前为止,福建省缺乏科学系统的规划,生态旅游开发程度不高,仍然将主要精力集中于自然生态资源的开发上,旅游产品附加值不高,经营效益不高,未深入挖掘文化资源,忽视了核心文化,导致福建省的旅游产品特色不鲜明,体验感、参与性和娱乐性不强;生态旅游同质化严重,景区之间相互模仿,从而导致福建省生态旅游市场吸引力不强,产品生命周期短暂,难以在激烈的竞争中立足。

福建省生态旅游资源丰富,知名度较高的景区景点比较多,但整体品牌效应不足。一方面,旅行社提供的产品大都是"某地至某地几日游"的模式,未能突出生态旅游的特色和产品的价值,品牌的形象不够鲜明。因此,亟待整合形成统一有效的生态旅游品牌并对外推广,从而扩大福建省的生态旅游品牌效应。另一方面,大多数生态旅游景区以自然风光为主,品牌内涵不够丰富;部分生态旅游景区缺乏品牌概念,缺少对景区的包装,导致游客无法识别生态旅游景区的品牌;生态旅游行业缺乏大型、规范的企业管理引导,导致生态旅游景区的品牌塑造和推广工作不到位,影响了福建省生态旅游的品牌效应。

四、福建省生态旅游发展建议

(一) 树立绿色可持续发展理念

生态旅游是一种以可持续发展理念为原则,以保护环境为前提的旅游方式,发展生态旅游就是要坚持走绿色、可持续发展的道路。

其一,要坚持"先保护再开发"的整体原则,坚持生态优先、保护第一,在保护生态环境的基础上发展生态旅游。具体来说,政府要树立绿色发展的理念,推进完善相应的政策体系和法律法规,引导生态旅游有序发展,坚决打击以破坏生态环境为代价的旅游行为,为生态旅游营造良好的发展环境。在全民范围内加强对生态旅游的宣传,提升群众绿色可持续发展的旅游意识,筑牢生态旅游发展的基石。

其二,要遵循先规划再开发的原则,习近平强调发展旅游业要坚持规划先行,在发展生态旅游时要发挥规划的导向作用,通过制定科学的旅游规划来保障旅游资源的合理开发,达到实现经济、环境、社会三大效益协调发展的目的。

(二) 完善管理机制体制

生态旅游并没有明确的标准,许多号称是生态旅游产品的并不一定是真正的生态旅游产品,企业为了吸引游客会将"大众旅游"说成"生态旅游"。生态旅游必须上升到大生态旅游,注重生态环保是对所有旅游活动的总体要求。生态旅游是未来旅游发展的热土和新方向,要将生态旅游提升至全局的高度。将生态旅游区、旅游项目的规划纳入社会经济发展总体规划中,对其进行统一规划部署。

加快完善生态旅游综合管理机制体制。旅游业管理部门要不断完善对旅游行业的监督,全方位、多层次地加强对旅游资源开发、旅游景区运营等的监督管理,坚决制止破坏生态环境的旅游开发行为。

旅游业管理部门还要加强与林业、水利、交通等有关部门的协调合作,依法规范旅游市场。旅游景区要完善集体表决制度,在涉及旅游资源开发、项目建设等重大决议时,坚持集体投票表决。推进景区人员管理体系建设,开展有关培训,以提升工作人员的素质,促进生态环保,将持续发展理念入脑入心。

建立舆论监督机制,以及向群众公开举报与投诉的渠道,鼓励群众积极参与到旅游管理部门和旅游景区建设的工作中来,通过社会舆论和监督促进旅游业持续健康发展。

(三)树立品牌形象,改进市场营销手段

旅游产品的品牌是核心,福建省的旅游产品要想在日益激烈的竞争中站稳脚跟就必须实施品牌化。福建省经过多年的发展,已逐渐成为旅游大省,实施品牌战略是占领市场的关键,该如何实施品牌战略呢?

一是打造福建省多民族文化特色的核心品牌,辅以其他生态旅游资源,打造生态旅游品牌,旅游地品牌的核心是塑造旅游地总体形象,而旅游形象塑造包括总体形象和视觉形象两个方面的内容,福建省要树立易于识别、便于传播且突出福建特色的生态旅游品牌形象。

二是增强与外部生态旅游行业企业的衔接,开发生态旅游特色产品,生态旅游持续发展壮大的一个很重要的原因是其旅游产品带有浓郁的生态气息。福建省要全方位、多层次地开发设计生态旅游产品,从而提高其在市场中的竞争力。

推出不同层次的旅游产品,避免新产品推出后的模仿,充分保护生态旅游市场,做到合理开发,实施规模化经营的道路,在降低成本的同时,利用集中的品牌吸引旅游者,扩大客源市场。此外,旅游者越来越重视体验感,增强旅游者的体验感也是吸引、留住旅游者的有效手段。福建省要加强生态旅游产品开发的专业性和科学性,提高生态旅游业的行业品质,获得旅游者的青睐。

三是完善营销渠道。构建宣传平台,利用多种渠道向目标客源市场传递信息,展示生态旅游品牌形象。通过邀请行业知名专家、媒体、旅行社的人员实地体验;通过电视、期刊等信息手段发布旅游广告信息,展示福建省丰富的生态旅游资源。此外,还需要结合网络影响,通过发展网络营销不仅有利于增

加生态旅游的收入,还能为游客提供多样化的选择。景区要与旅行社、OTA(在线旅行社)平台、酒店强强联合,在各个景区之间形成联动,生态旅游与交通运输业、文化产业和休闲娱乐业、信息业关系密切,通过实行联动管理可以更好地满足旅游者个性化、多样化的需求。管理好网站服务信息,做好及时更新,保障信息全面、准确、可靠,同时确保游客在线交易的安全性。

(四)完善基础设施与公共服务体系

推动生态旅游景区、旅游小镇、旅游特色村的建设,改造一批游客服务中心。完善主要交通干道、交通节点的生态旅游标识;完善生态旅游景区、生态旅游城镇、生态旅游特色村的引导标识、景点说明和景点导览图等。深入实施"厕所革命",通过科学规划、明确职责、政策支持和资金补助等措施在主要旅游城市和城镇游客聚集公共区域、旅游交通线路沿线新建或改进旅游厕所。推进公共休闲设施建设,重点加强生态旅游景区景点、旅游城镇的休闲街区、广场、步道系统、文化场馆等公共休闲设施的建设。

优质便捷的交通设施是生态旅游发展的基础,福建省交通运输厅提出要加快构建"三纵六横两联"综合立体交通网,加快建成福建"211"交通圈,优化省内交通互联互通,加快形成综合交通"一核三支"的布局。除此之外,还要重点打通主要景区的生态旅游专线、景区之间和生态旅游环线的道路,有效解决旅游交通"最后一公里"的衔接问题。从全域旅游的视角出发,结合高速路、旅游轻轨和铁路建设,有效整合和统筹,利用沿线旅游资源、线路产品,实现区域联动,以更好地满足生态旅游发展的需要。

(五)丰富旅游业态

推进生态旅游产业与大健康、农业等产业,医疗、金融、科技等要素深度融合,培养经济新的增长点和产业竞争力。依托福建省的气候和生物多样性等优势,推动生态旅游产业与养生养老产业结合,开发一批康体养生项目、建设一批生态休闲度假基地,鼓励发展居住养生、医疗养生、文化养生、生态养生、运动养生等,不断丰富生态旅游的内容和形式,围绕福建"健康生活目的地"的发展定位,打造从养生养老产品及设施到养生养老服务体系的养生养老产业链,抢占中国大健康产业发展领域的制高点,实现生态与居民需求、养生养老、休闲度假等生活方式的融合。具体可以从以下几个方面来打造。

1. 康养旅游

康养旅游是指通过养颜健体、营养膳食、修身养性、关爱环境等各种手段,使人在身体、心智和精神上都达到自然和谐的优良状态的各种旅游活动的总和。福建省应该充分利用其森林资源丰富的优势开发森林康养旅游产品。

在康养旅游产品开发方面,福建省拥有得天独厚的气候条件,是天然的氧吧。可以打造包括林地康养旅游、林中康养旅游及空中森林康养项目在内的立体化的森林康养模式。打造林地康养旅游产品,可以细化为林地漫步、森林负离子浴、游憩驿站、山林营地等具体的旅游项目;林中康养旅游产品应侧重人文环境资源的开发,打造森林音乐厅、野趣体能训练营等增强心智、强健体魄的项目;空中森林康养项目的主要功能在于给旅游者带来挑战自我、突破自我的体验,可以打造高空书屋、森林索道等项目。

2. 低空旅游

低空旅游指借助通用航空器,在1000米高度下开展的休闲、观光、娱乐及商务等形式的旅游活动。福建省要充分挖掘并发挥区域内森林、湖泊、生态等特色旅游资源优势,尤其是在交通不便利、地域范围广阔、景点相对分散的旅游区域,通过直升机、热气球、滑翔伞、雪橇飞机、固定翼初级飞机等低空飞行器开发空中游览、航空运动、飞行体验等多种形式的低空飞行旅游产品,构建"空中观光+静态游览+飞行体验+休闲娱乐"的低空旅游产品体系。在开发的过程中秉承可持续发展的理念,高效保证安全运行,最大限度地保护自然生态环境,保护景观完整。

3. 房车旅游

房车旅游是一种以房车为载体的新型旅游方式。福建省要大力推进房车营地的建设,将自然风光优美、人文底蕴深厚的目的地打造为房车营地建设的示范区域,打造房车旅游精品线路。福建省房车旅游需要房车租赁企业就房车旅游群体进行专业、系统和耐心的服务,通过线上和线下活动宣传,普及房车知识和房车旅游资讯,使客源群体对房车旅游有正确的认识。

参 考 文 献

［1］ 陈秋华,刘森茂,修新田.福建生态旅游管理机制创新研究［J］.福建农林大学学报(哲学社会科学版),2014(3).

［2］ 胡静,王蓉,李亚娟,等.基于网络信息的民族地区旅游资源吸引力评价——以贵州省黔东南州为例［J］.经济地理,2018(4).

［3］ 陈秋华,修新田.构建具有中国特色的旅游生态经济管理体制［J］.旅游学刊,2016(9).

［4］ 司家慧,陈广强,王欣.基于 CiteSpace 的我国旅游消费研究［J］.江南大学学报(人文社会科学版),2017(4).

［5］ 潘虹.旅游业开发要遵循可持续发展原则［J］.人民论坛,2018-12-28.

作者简介:

曾晓庆,湖北大学旅游学院硕士研究生。

B6　河南省生态旅游与绿色发展报告

邓帆帆

摘　要：在各位学者的不断探索和实践中，生态旅游的研究与发展逐步趋于成熟，目前已经成为国际旅游发展的主流。2011—2020年河南省各项生态旅游数据分析显示：①河南省拥有总量丰富、类型多样的生态旅游资源，但各区域生态旅游发展联动性低；②生态旅游景区分布较为集中，具有明显的规模效应，东南西北四大区生态旅游发展差异化显著；③生态旅游开发规划建设过程中未能对全省旅游资源进行统筹安排，全面规划，生态旅游产品的错位和深度开发不足，创新性不足，个性彰显不够，类型趋同，品牌效应有待加强；④河南省生态旅游营销覆盖面窄，营销手段与营销方式存在不足。本报告根据河南省生态旅游发展的现状及其存在的问题"如何有效推动河南省生态旅游发展"提出相应建议。

关键词：生态旅游；河南省；发展现状；发展评价

Abstract：In the continuous exploration and practice of scholars, the research and development of ecotourism gradually tends to mature, and has become the mainstream of the current international tourism development. According to the ecological tourism data analysis of Henan Province from 2011 to 2020, the results show that：① There are abundant and diverse ecological tourism resources in Henan Province, but the correlation of ecological tourism development is low；② The distribution of ecotourism scenic spots is concentrated and has obvious scale effect. The development of ecotourism in different regions is differentiated significantly. ③In the process of eco-tourism development planning and construction, there is no overall arrangement and comprehensive planning of tourism resources in the whole province, the dislocation and deep development of eco-tourism products are not enough, the innovation is not enough, the personality is not enough, the type of convergence, the brand effect needs to be strengthened; ④ The coverage of eco-tourism marketing in Henan province is narrow, and the marketing means and methods are insufficient. Based on the current situation and existing problems of eco-tourism development in Henan Province, this report puts forward corresponding suggestions on "how to effectively promote the development of eco-tourism in Henan Province".

Keywords: Eco-tourism; Henan Province; Development Status; Development Evaluation

一、引　言

著名学者贺兹特在建议对文化、教育及旅游进行再反思时首次提出"生态旅游"一词。1986年，墨西哥召开的国际性环保会议上正式确认这一概念。近年来，随着旅游业的崛起以及人们生态环境保护意识的逐步提升，传统大众旅游对环境的负面影响日益突出，生态旅游受到了更多的重视。越来越多的国家逐渐意识到生态旅游是将旅游发展和生态环境保护进行融合的旅游形式，它们在推进经济社会和环境协调发展时纷纷将生态旅游作为其战略选择。

生态旅游有别于传统大众旅游，它将旅游活动与生态保护、环保教育、文化体验和区域发展密切结合，虽然它只发展了几十年的时间，在各位学者的不断探索和实践中，逐步趋于成熟，目前已经成为国际旅游发展的主流。我国于1993年在《东亚保护区行动计划概要》中首次以文件形式提出"生态旅游"的概念，之后，我国生态旅游迅速发展。2001年，发布《国务院关于进一步加快旅游业发展的通知》（国发〔2001〕9号），该通知明确要求"大力发展生态旅游"。2003年，出台了《中共中央 国务院关于加快林业发展的决定》（中发〔2003〕9号），提出要加强生态建设，加快林业发展；2016年，国家发改委、国家旅游局发布《全国生态旅游发展规划（2016—2025年）》，明确了未来我国要加强对国家重点旅游区域的指导,抓好集中连片特困地区旅游资源整体开发,引导生态旅游健康发展。据国家林业和草原局统计,2021年上半年我国生态旅游游客达11.21亿人次,占国内旅游总人次18.71亿的59.91%,较2020年上半年的7.08亿人次,同比增加58.33%,这说明生态旅游在旅游业中占据越来越重要的地位。

河南省位于我国华中地区,交通便利,自然资源丰富,旅游业发展迅速。2020年河南省实现GDP 54997.07亿元,全省全年共接待国内外游客55064.37万人次,旅游总收入达4812.85亿元,较2010年旅游总收入2294.8亿元增长率超过100%。河南素有"九州腹地、十省通衢"之称,是推动我国旅游业迅速发展的重要之地。

二、河南省生态旅游发展现状

河南省位于北纬31°23′—36°22′,东经110°21′—116°39′,自然资源丰富,生物具有多样性。植物兼有南北种类,动物资源丰富,具有典型性和代表性的特色生态资源。良好的自然生态环境是支撑河南省发展生态旅游的有利条件之一。

20世纪80年代便有学者对河南省生态旅游发展展开研究。2008年河南省政府提出"旅游立省"发展战略,全省积极响应,共推出了"黄河风情""梦醉花都""神游太行""探寻伏牛"等十条生态旅游精品线路和开封菊花花会、国际黄河旅游节、黄河小浪底观瀑节、郑州樱桃文化节等十二项生态旅游节庆活动。2009年推出河南省"生态旅游年"活动。2010年举办绿色骑行自行车比赛。2012年河南省人民政府发布《河南省"十二五"旅游产业发展规划》,明确提出依托山地、水利湖泊等生态环境资源,打造一条集世界文化遗产、中华古都群、黄河湿地生态于一体的黄金生态文化旅游带。2017年印发的《河南省"十三五"旅游产业发展规划》中提出创建多个国家生态旅游示范区,全省4A级及以上旅游景区全部建设生态停车场,80%以上的旅游厕所实现生态化,建立健全绿色旅游标准体系。近年来,河南省也在不断开展以"回归自然"为主题的生态旅游活动,大力倡导人与自然、旅游与生态保护和谐发展,推动绿色旅游升级,促进旅游业可持续健康发展。

截至2020年底,河南省共拥有A级景区580个,其中3A级以上(不含3A级)景区共有204个[1],5A级景区数量在我国31个省(直辖市、自治区)中排名第三,在中部地区排名第一,新造林面积374万亩。[2] 2020年河南全省环境空气质量优良天数245天(不含济源市),同比2015年增加63天。[3] 利用2019年河南省相关数据绘制地级市生态环境质量等级分布图(见图1)。2019年以全省18个省辖市(示范区)为评价单元,其中三门峡市生态环境状况等级为"优",洛阳、信阳、南阳、平顶山和驻马店等13个地级市(示范区)等级为"良";开封、商丘和濮阳3个省辖市等级为"一般",未出现"较差"等级和"差"等级。

水乃生命之源,生态旅游资源中很重要的一部分就是水资源。河南省入境河流有洛河、沁丹河,以及史河,过境河流有黄河、漳江河以及丹江,入过境水量丰富,且地表水体天然水质基本良好。2020年全省水资源总量为408.59亿立方米,其中地表水资源量294.85亿立方米,地下水资源总量189.37亿立方米,水资源总量相比2019年增加141.9%。其中省辖海河、黄河、淮河、长江流域水资源总量分别为18.63亿立方米、42.00亿立方米、289.69亿立方米、58.27亿立方米,图2为2020年河南省流域分布水资源总量组成图。

河南省2020年全省湿地总面积942万亩,已建立湿地类型自然保护区11处(国家级3处、省级8处),省级以上湿地公园(含试点)98处(国家级35处、省级63处),总面积184万亩;全省已建立省级以上自然保护区30处,面积1154万亩,占全省面积的4.6%,其中国家级自然保护区13处,面积671万亩,省级自然保护区17处,面积483万亩;有省级以上森林公园129个,其中国家森林公园33个,森林覆盖率达25.07%。

---

[1] 来源:河南省文化和旅游厅数据,2019年11月6日。
[2] 《河南:明年计划营造林699万亩》,中华人民共和国中央人民政府网,2020年12月3日。
[3] 来源:河南省人民政府网,2021年4月2日。

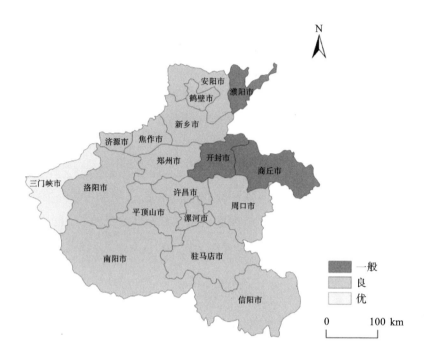

图 1　2019 年河南省地级市生态环境质量等级分布图

(数据来源:《2020 年河南省生态环境状况公报》。)

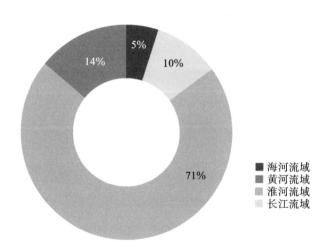

图 2　2020 年河南省流域分布水资源总量组成图

(数据来源:《2020 年河南省水资源公报》。)

河南省拥有国家级、省级等各个级别的生态旅游资源,层次分明,是我国唯一地跨海河、黄河、淮河、长江四大流域,北靠太行山脉、南临桐柏山脉、西接伏牛山脉的省份,复杂的地形地貌使其形成了各具特色的生态旅游类型。由2020年河南省国家级生态旅游资源种类统计图(见图3)可以看出,河南省国家水利风景区在全省国家级生态旅游资源中所占比例最高,其次是国家湿地公园和国家森林公园。这说明,河南省能够合理利用自身地理优势,以丰富的资源为基础,积极发展生态旅游。

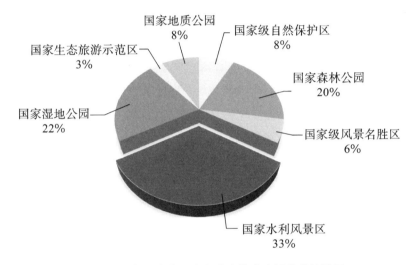

图3　2020年河南省国家级生态旅游资源种类统计图

(数据来源:根据中华人民共和国水利部、河南省文化和旅游厅相关数据整理。)

表1为截至2020年底河南省国家级生态旅游资源概况。河南省生态旅游资源数量多、种类全、特色鲜明,各景区生态旅游资源多种多样,常常"一地多用",既是自然保护区,又是地质公园或森林公园,例如云台山风景区,既是国家森林公园,又是国家地质公园,还是国家生态旅游示范区。河南省以山、水为主要生态旅游资源。山景、峡谷等地文景观形成河南省地质公园、森林公园等景区体系,此类资源宜开展登山、徒步、地质地貌考察等生态旅游活动;河流、湖泊等水域风光构建河南湿地公园、水利风景区等景区体系,此类资源宜开展观光、漂流、休闲度假等生态旅游活动。河南省充分利用已有资源,开展各色旅游活动。

表 1 河南省国家级生态旅游资源一览表

类　型	资　源	数量/个
国家级自然保护区	河南鸡公山国家级自然保护区、河南豫北黄河故道湿地鸟类国家级自然保护区、河南大别山国家级自然保护区、河南焦作太行山猕猴国家级自然保护区、河南南阳恐龙蛋化石群国家级自然保护区、河南伏牛山国家级自然保护区、河南丹江湿地国家级自然保护区、河南高乐山国家级自然保护区等	13
国家森林公园	河南神灵寨国家森林公园、河南云台山国家森林公园、河南铜山湖国家森林公园、河南天目山国家森林公园、河南棠溪源国家森林公园、河南花果山国家森林公园、河南嵖岈山国家森林公园、河南龙峪湾国家森林公园等	33
国家级风景名胜区	嵩山风景名胜区、鸡公山风景名胜区、林虑山风景名胜区、郑州黄河风景名胜区、王屋山-云台山风景名胜区、桐柏山-淮源风景名胜区、洛阳龙门风景名胜区、尧山（石人山）风景名胜区等	10
国家水利风景区	南阳市鸭河口水库风景区、陆浑湖水利风景区、驻马店市薄山湖水利风景区、南阳市龙王沟水利风景区、铜山湖风景区、石漫滩国家水利风景区、济源沁龙峡水利风景区、许昌鹤鸣湖水利风景区等	55
国家湿地公园	河南濮阳金堤河国家湿地公园、河南睢县中原水城国家湿地公园、河南虞城周商永运河国家湿地公园、河南新县香山湖国家湿地公园、河南伊川伊河国家湿地公园、河南禹州颍河国家湿地公园、河南鄢陵鹤鸣湖国家湿地公园、河南汝州汝河国家湿地公园等	36
国家生态旅游示范区	鹤壁市淇河生态旅游区、驻马店市嵖岈山旅游景区、云台山国家生态旅游示范区、尧山-大佛国家生态旅游示范区、河南省洛阳市重渡沟风景区	5

续表

类型	资源	数量/个
国家地质公园	河南遂平嵖岈山国家地质公园、河南洛宁神灵寨国家地质公园、河南郑州黄河国家地质公园、河南信阳金刚台国家地质公园、河南关山国家地质公园、河南汝阳恐龙国家地质公园、河南嵩山国家地质公园、河南西峡伏牛山国家地质公园等	14

(数据来源:根据中华人民共和国水利部、文化和旅游部相关资料和《2020年河南省环境统计公报》整理。)

三、河南省生态旅游发展特征

(一)资源空间分布特征

河南省生态旅游主要依托其水利风景区、森林公园、湿地公园。生态旅游发展离不开优质、丰富的生态旅游资源。2020年河南省新增A级景区82个,其中3A级以上景区新增19个。全省A级景区总数排名前五的地级市分别为洛阳市、平顶山市、信阳市、郑州市、南阳市,其中洛阳市5A级景区数量最多,占全省5A级景区的33.3%(见表2)。

表2 河南省地级市A级景区数量一览表

区域	5A	4A	3A	2A	A	合计/个	占比/(%)
郑州市	1	24	22	4	—	51	8.79
开封市	1	10	5	6	—	22	3.79
洛阳市	5	27	26	5	—	63	10.86
平顶山市	1	13	33	7	1	55	9.48
安阳市	2	6	15	12	—	35	6.04
鹤壁市	—	9	9	1	—	19	3.28
新乡市	1	10	14	—	—	25	4.31

续表

区　　域	5A	4A	3A	2A	A	合计/个	占比/(%)
焦作市	1	6	13	13	—	33	5.69
濮阳市	—	4	6	8	—	18	3.10
许昌市	—	11	15	8	—	34	5.86
漯河市	—	5	9	1	—	15	2.59
三门峡市	—	14	4	4	—	22	3.79
商丘市	1	4	9	6	—	20	3.45
周口市	—	3	13	13	—	29	5.00
信阳市	—	14	38	—	—	52	8.97
南阳市	1	21	20	5	—	47	8.10
济源市	—	4	4	1	—	9	1.55
驻马店市	1	5	16	9	—	31	5.35

（数据来源：根据河南省文化和旅游厅官网资料整理。）

由2020年河南省3A级以上景区分布图可以看出：河南省3A级以上景区空间分布差异大，具有明显的集聚特征，西部、北部、南部三大地区内包括省内三大山脉和四大河流两类重要生态资源，景区分布更为聚集，而东部地区资源相对贫乏，因而景区分布较少。

河南省生态旅游资源分布情况：核密度高值地区主要为河南北部安阳市以及南部信阳市两地，而信阳北部以及东部地区的周口市、开封市核密度值较低，三门峡市、洛阳市、南阳市等西部地区则核密度处于中值。这说明，河南省的生态旅游资源分布呈现明显差异化，其中生态旅游资源主要分布在南部、北部、西部三大区域，而东部地区则相对较少。

（二）资源增长特征

森林公园和水利风景区是河南省的主要生态旅游资源，通过河南省森林资源与水域资源变化情况，对河南省生态旅游资源增长特征展开分析，衡量近年来河南省政府对生态旅游资源保护重视程度，以及对生态旅游发展的推动状况。由河南省近十年统计年鉴与统计公报发布的数据整理得到2011—2020年河南省森林公园数量变化情况、2011—2020年河南省森林覆盖率变化情况、2011—2020年河南省水资源总量变化情况。

河南省森林公园主要分布在西部、南部和北部地区。由图4可知,2011—2020年河南省森林公园总数基本呈相对稳定增长趋势,除2016年有小幅下降。2011—2015年以及2019—2020年增长幅度相对较大,2015—2018年变化相对平缓。这说明河南省在森林公园管理与建设中制定了科学的规划,能够有效地、合理地管理与建设生态旅游景区。

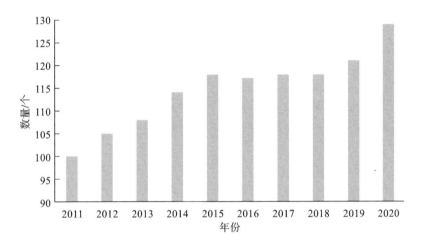

图4 2011—2020年河南省森林公园数量变化趋势图

(数据来源:《河南省国民经济和社会发展统计公报》。)

近年来,随着低碳理念深入人心,生态旅游的快速发展,我国对于森林资源的重视程度逐步加深,2020年底全国森林覆盖率达到23.04%。由图5可以看出,2011—2020年,河南省森林覆盖率呈相对稳定增长趋势,除2013年有小幅下降,2019年与2018年持平,由2011年的22.7%上升到2020年的25.1%,已超过我国整体森林覆盖率。森林公园与森林覆盖率的双重递增显示河南省森林资源保护与利用,以及生态环境与生态旅游可持续发展的意识在不断提高。

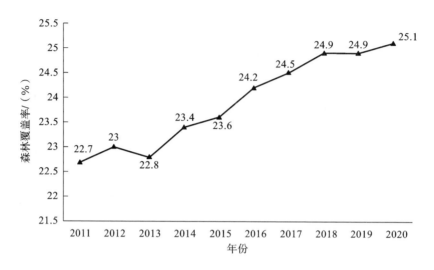

图 5　2011—2020 年河南省森林覆盖率变化趋势图

（数据来源：相关年份河南省国民经济和社会发展统计公报。）

（三）市场需求特征

河南省是中华文化的摇篮，具有良好的区位优势、丰富的生态资源，与湖北、安徽、江苏、山东、陕西等旅游业发达地区相邻，旅游市场庞大。

以"河南+生态旅游"为关键词进行检索，百度指数结果显示：年龄在20—39岁的群体比例高达69.43%，即该年龄段对河南省生态旅游的相关话题更加关注，且相较于女性而言，男性关注者的人数更多，关注者具体年龄分布如图6所示。

通过对2021年1月1日至2021年12月31日河南省外百度指数检索人群画像发现，搜索期间广东、江苏、浙江三省的人对河南省生态旅游搜索次数较多，这说明这些省份的人更为关注河南省生态旅游状况。在开发河南省生态旅游发展省外客源市场时，可将广东省、江苏省、浙江省作为重点发展对象。

图7表明，搜索期间河南省内郑州市、洛阳市、南阳市、新乡市、商丘市等城市市民更为关注本省生态旅游，主要原因可能是郑州市为河南省省会城市，而洛阳市、南阳市等是河南省经济较为发达的地级市。就河南省生态旅游发

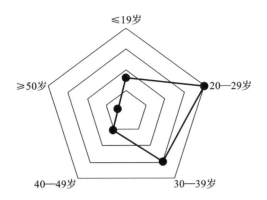

图 6　河南省"河南+生态旅游"用户年龄分布图

(数据来源:百度指数。)

展省内客源市场而言,应以郑州市为主,洛阳市、南阳市、新乡市、商丘市为重点发展对象,其他城市协同发展。

图 7　2021 年河南省省内市场人群画像

(数据来源:百度指数。)

四、河南省生态旅游发展评价

（一）生态旅游区域发展联动低

河南省拥有总量丰富、类型多样的生态旅游资源，独特的山川地貌、水域风光，多样化的生物景观共同为发展河南省生态旅游奠定基础。

通过对河南省生态旅游资源总量分析发现：河南省各类生态旅游资源原生性保存良好，特色鲜明，国家级生态旅游资源中如云台山、嵖岈山、黄河故道等既能保持其原有的动植物多样性，又能保持其独特的风光地貌，云台山、嵖岈山不仅被评为国家生态旅游示范区，还是国家地质公园和国家森林公园；黄河故道不仅被评为湿地鸟类国家级自然保护区，还是国家水利风景区、国家湿地公园。景区之中如龙潭大峡谷景区，经过12亿年的地质沉积和260万年的水流切割旋蚀形成，以典型的红岩嶂谷群地质地貌景观为主，成为王屋山-黛眉山世界地质公园的核心景区，谷内关峡相望，潭瀑联珠，壁立万仞，峡秀谷幽，高峡瓮谷、山崩地裂奇观，堪称世界一绝，人间少有，享有"中国嶂谷第一峡""古海洋天然博物馆""峡谷绝品"和"黄河水画廊"等美名；尧山-大佛景区集雄、险、秀、奇、幽于一体，瀑布众多，森林茂密，温泉优良，人文景观丰富，被称为"中原独秀"。

这些生态旅游资源丰富且保存良好的景区可以为游客提供观光游、登山游、休闲度假游、科考探险游等多种生态旅游方式，满足省内外市场对生态旅游产品多元化的需求。

通过河南省生态旅游资源空间分布研究发现：河南省生态旅游资源分布相对较为集中，具有明显的规模效应，聚集连片，四大区生态旅游发展差异化显著。西部连接伏牛山，北部拥有太行山，南部毗邻桐柏山，海河、黄河、淮河、长江四大流域主要经过东南两大区域，因而生态旅游资源分布呈现西南北三大区聚集，东部地区资源相对贫瘠，没有明显区位优势与客源基础，生态旅游景区分布相对分散，生态旅游发展在省内处于落后地位。各区域之间生态资源联动性差,东北两大区域靠近海域,生态旅游以水域风光为主,而西南两大区域偏向内陆,主要以山川林地为主。虽然河南省生态资源丰富,但联动不足,各区域之间生态旅游资源未能相互结合,而是各自规划,地区间生态旅游发展呈现显著差异,互补性弱,不利于河南省生态旅游整体建设与规划。

(二)生态旅游资源利用较单一

河南省生态旅游资源丰富,但开发规划建设过程中主要以森林资源与水域资源为依托。截至2020年底河南省拥有三大山脉、四大河流,几千种植物和动物,具有典型性、代表性的特色生态资源,国家A级风景区共有580个,国家级生态旅游资源166处,其中A级风景区中超过70%的为山水风光,而动物园、地貌气象、园林艺术等类型景区较少,国家级生态旅游资源中水域风光共有91处,森林公园共有33处,两类资源占比高达74.70%。虽然河南省生态旅游发展过程中能够充分利用其主要资源,但在规划建设过程中,缺乏深入调查和全面科学论证,缺乏科学的规划,开发方式粗放,资源依赖性较强,对生态旅游的规划和开发仍按照传统大众旅游的方式进行,未能对全省旅游资源进行统筹安排和全面规划,部分生态旅游资源并未得到充分利用。河南省生态旅游景区多处于深山地区,基础设施不够完善,景区可进入性差,生态旅游活动以观光休闲为主,大多数生态旅游资源的功能没有被充分利用,造成生态旅游资源开发形式单一,特色不明显,在区域内分布过于集中,导致游客逗留时间短,景区缺乏对客源市场的吸引力,难以形成集聚效应和规模效应。

(三)生态旅游品牌建设待加强

生态旅游是以生态资源为载体,以资源特色及其文化为对象,用以吸引游客的一种服务和消费模式。河南省生态旅游的发展,离不开经济、政策以及技术等有利条件的支持。从2011—2019年,河南省生态旅游收入一直持续增加,呈现出良好的发展态势。但河南省已有生态旅游景区受其资源种类与数量、经济利益等因素影响,生态旅游产品的深度开发不足、创新不足、个性彰显不够,产品开发随意性较大,缺乏前瞻性。森林公园、湿地公园、风景名胜区带给旅游者的印象大有"千景一面"之感,森林公园活动内容以烧烤、赏花、采果、自行车骑行为主;湿地公园活动内容以生态观光、科普教育为主,提供的产品层次较低,服务的项目大同小异。这种设计类型趋同、千篇一律的活动模式,未能打造出景区特有的品牌,无法给游客提供多元化的体验。这种生态旅游产品不仅会让游客日久生厌,而且会造成彼此间激烈的竞争,增加了市场风险,导致一些地区开发效益下降。

(四) 生态旅游营销力度需加大

"好客山东""桂林山水甲天下""不到长城非好汉"等旅游宣传口号深入人心。从2021年河南省生态旅游关注人群画像数据来看,广东省、江苏省、浙江省为主要关注群体,而河南省周围地区如湖北省、安徽省、陕西省等关注度则相对较低,说明河南省生态旅游营销覆盖面窄,相邻省份对河南省生态旅游关注不足,而且目前河南省生态旅游的营销手段还存在很多的不足之处,宣传方式更多还是借助报纸、广播、电视以及网络,营销成本高且营销策略老旧,不仅效果不突出,而且无法吸引游客。各景区也缺乏专业营销人才来精准把握景区游客的客源市场与消费需求,缺乏对目标市场的合理分析,使河南省生态旅游营销无法达到预期效果。

五、河南省生态旅游发展建议

(一) 合理统筹与联动发展,提高生态旅游区域协调性

在河南省生态旅游发展过程中,全民参与、全省推动对生态环境的改善和保护起到了积极的作用,各地区间生态旅游协调发展共同推进河南省生产总值增长,但目前河南省各区域之间生态旅游资源管理、生态旅游景区规划与建设相对独立,要加强区域间的联动,首先需要建立专门的统筹协调部门,加强各地区、各部门间的交流与合作。借鉴川、滇、藏联合打造"中国香格里拉生态旅游区"的做法,构建以"郑州—平顶山—漯河—开封—许昌"为核心的、不断

向外扩散的生态旅游网络体系,同时建设一批精品生态旅游区和生态旅游精品线路,配套完善的生态旅游基础服务设施,建立区域生态旅游合作机制,各部门定期研究区域旅游合作的重要事项,共同推动区域旅游的发展。

(二)切实保护与充分利用,提高生态旅游资源利用率

大力发展生态旅游,最大限度地利用其原有生态资源基础。河南省生态旅游资源种类丰富,数量庞大,若能将资源保护与生态建设工作有机结合起来,则能有效推动河南省生态旅游的发展。河南省打造生态旅游产品应在切实保护好生态旅游资源与生态环境的前提下,加快生态旅游产品的体系化建设,包括建立多元化的产品体系、培育完善的市场体系、形成严格的管理体系等,同时依托当地现有生态资源,发挥自然优势,将山、水、物与文化等融合发展,打造"一山一特色,一水一创意,一物一景观"的生态旅游发展模式,形成集休闲、绿色、生态于一体的特色产品。将发展休闲生态旅游产品作为支撑,充实建设内容,融入多样化、创新化的观光、体验、娱乐等项目,通过独特的生态特色景观、个性化的服务、与众不同的休闲内容,深度开发具有河南特色的多元化生态旅游产品以吸引游客,提高河南省生态旅游资源利用率,增加游客停留时间,提高重游率,有效提升河南省各生态旅游资源的价值。

(三)优化产品与求实创新,提升生态旅游品牌知名度

生态旅游品牌建设中旅游产品的品质、独特性是根本,提升河南省生态旅游品牌的知名度,首先需要找准生态旅游发展的定位,确定具体的客源市场,通过精准定位打造不同层级的生态旅游产品,设计特有的旅游标志与宣传口号,扩大市场知名度,建立品牌形象;其次需要深层次发掘河南省的各类旅游资源、民俗风情及其特色文化,将其充分结合,并开发利用,确立核心的生态旅游吸引物,并加以优化与创新,以体验性为主,观赏性为辅,提高活动的娱乐性和游客的参与度,错位发展,避免发生生态旅游产品同质化现象。多元化体验中要尤其注重生态旅游产品的多元化,避免单一。

（四）加强普及与充分宣传，强化生态旅游营销推广度

生态旅游的大力发展既符合当下经济发展局势，又顺应我国发展潮流。生态旅游的营销推广不仅仅是信息的广泛散布，加强河南省生态旅游信息宣传既关系到河南省的经济发展，又可以加快实现碳达峰、碳中和，推动"双碳时代"的到来。

随着互联网时代的到来，开放的媒体环境丰富了各种文化内容的传播渠道和形式，可以利用报刊、书籍、广播、电视、网络等传播媒介，积极宣传生态旅游的作用和生态旅游资源保护的意义，增强社会公众对于生态旅游的认知，推动生态旅游的发展。同时，建立多样化、可开发的传播体系，加强生态旅游发展体制机制和人才队伍建设，成立河南省生态旅游发展宣传部门，积极开展宣传工作，如通过举办特色生态旅游产品交流会、生态旅游文化节等活动，增进全民认识生态旅游和参与生态旅游的意识。省内外推动"保护生态环境，推动生态旅游"的主题宣传活动，将环境教育和自然知识普及作为核心内容，推动河南省生态旅游发展，弘扬生态文化，普及生态旅游知识，促进河南省生态旅游的可持续发展。

参考文献

[1] 陈仙波.旅游业发展之探索[M].杭州:浙江工商大学出版社,2019.

[2] 马勇,郭田田.践行"两山理论":生态旅游发展的核心价值与实施路径[J].旅游学刊,2018(8).

[3] 张洪,孙雨茜,司家慧.基于知识图谱法的国际生态旅游研究分析[J].自然资源学报,2017,32(2).

作者简介：

邓帆帆,湖北大学旅游学院硕士研究生。

B7 江苏省生态旅游与绿色发展报告

张 腾

摘 要：经济的发展使人们的物质生活得到了极大的满足，但是也造成了环境的破坏，引起了一系列资源、环境和生态危机，人们越来越重视保护自然，生态旅游能使人与自然的关系和谐发展，具有广阔的前景。江苏省是旅游大省，各类生态资源丰富，报告对其资源特征、产业现状和市场需求等现状进行分析，指出江苏省生态旅游发展存在的问题，并从生态旅游环境建设、生态旅游经济建设、生态旅游文化建设、生态旅游社会建设和生态旅游制度建设这五个方面对江苏省生态旅游未来发展提出建议。

关键词：生态旅游；江苏省；发展建议

Abstract: The development of the economy has greatly satisfied people's material life, but it has also caused environmental damage, caused a series of resources, environment and ecological crises, people pay more and more attention to the protection of nature, eco-tourism can make people and nature relationship harmonious development, has broad prospects. Jiangsu Province is a large tourism province, rich in various types of ecological resources, the report analyzes its resource characteristics, industrial status and market demand, points out the problems existing in the development of eco-tourism in Jiangsu Province, and makes suggestions for the future development of eco-tourism in Jiangsu Province from five aspects: eco-tourism environment construction, eco-tourism economic construction, eco-tourism culture construction, eco-tourism society construction and eco-tourism system construction.

Keywords:Keywords;Ecotourism;Jiangsu Province;Development Advice

一、引　　言

　　"生态旅游"一词首次出现是在1980年Moulin发表的文章中,随后,1983年,世界自然保护联盟(IUCN)特别顾问谢贝洛斯正式提出生态旅游的概念,并得到政府、学界和社会人士的响应与重视。1993年,国际生态旅游协会将生态旅游定义为具有保护自然环境和维护当地人民生活双重责任的旅游活动。

　　我国的经济发展由高速增长阶段转向高质量发展阶段,生态旅游的发展越来越受到重视。2016年12月,国务院印发《"十三五"旅游业发展规划》,提出绿色发展路径,高度重视旅游生态文明建设;党的十九大报告对生态文明建设进行多方面的论述,明确指出必须树立和践行"绿水青山就是金山银山"理念,坚持节约资源和保护环境的基本国策,建设人与自然和谐共生的现代化。国家"十四五"规划,提出向绿色发展转型,以生态文明建设为主导,实现生态优先、绿色发展。2021年4月,中共中央办公厅、国务院办公厅印发《关于建立健全生态产品价值实现机制的意见》,提出要推进生态产业化和产业生态化,推进生态产品价值实现。在国家大力推进绿色转型和生态发展的背景下,生态旅游发展迎来新的契机。

　　生态旅游与传统的大众旅游不同,这种旅游活动将旅游与生态保护、环境教育和经济发展、文化建设等环节相结合,使旅游者在旅游活动中实现身心健康、知识增长,又能做到保护环境实现可持续发展。江苏省是旅游大省,各类生态旅游资源丰富,具有发展生态旅游的良好基础。本报告对江苏省生态旅游的发展现状和问题进行分析,并以此对江苏省生态旅游发展提出相关建议,以促进江苏省生态旅游发展。

二、江苏省生态旅游发展现状

(一)研究区域概况

江苏省简称"苏",省会城市南京,江苏省湖泊众多,地势平坦,地貌由平原、水域、低山丘陵构成;东临黄海,地跨长江、淮河两大水系,拥有独特的江河湖海资源。江苏是我国古代文明的发祥地之一,自古经济繁荣、教育发达、文化昌盛,有13座国家历史文化名城,文化底蕴深厚。江苏地理上跨越南北,气候、植被同时具有南方和北方的特征,属于东亚季风气候区,雨水充沛,自然人文风光秀美。

江苏省生态旅游发展起步早、起点高。1999年12月,国家环保总局批准扬州市为全国生态示范区建设试点地区,并编制了《扬州生态市建设规划》。2003年,江苏省推出国家级珍禽自然保护区生态旅游开发项目,扬州凤凰岛生态旅游区和江心洲生态旅游观光区。2014年,江苏盐城荣获"最美中国·生态旅游"和"特色魅力旅游目的地城市"称号。2019年7月,大丰麋鹿国家级自然保护区被列入世界自然遗产中国黄(渤)海候鸟栖息地(第一期)遗产区域名单。

政府不断加大对生态旅游的投入力度。2008年,江苏省投资70多亿,实施生态旅游建设项目170多个。贯彻旅游可持续发展的理念,在生态环境保护方面做了大量工作,到2014年投入53.27亿元对农田、水源地、生态湿地和林地进行专项保护。在生态保护和建设方面政府陆续出台相关政策法规与规划。2014年,出台《苏州市生态补偿条例》,该条例成为全国范围内首个生态补偿地方性法规。2020年,江苏省政府发布《江苏省生态空间管控区域规划》,高度重视生态红线区域划定和保护工作。2021年,江苏省生态环境厅、江苏省财政厅发布《江苏省保护和奖励生态环境违法行为举报人的若干规定》,鼓励公众参与生态环境保护,举报各类生态环境违法行为,持续改善生态环境质量,着力构建以政府为主导、企业为主体、社会组织和公众共同参与的生态环境保护社会共治大格局。

中国生态旅游与绿色发展报告(2022)

(二) 生态资源总量特征

1. 生态资源赋存现状

江苏省拥有深厚的历史文化底蕴、独特的江河湖海资源以及秀美的自然人文风光,已经形成由世界遗产、国家生态旅游示范区、国家A级旅游景区、国家历史文化名城、国家级风景名胜区、国家级旅游度假区、国家级自然保护区、国家地质公园、国家森林公园、国家海洋公园、国家湿地公园、国家水利风景区等生态旅游资源组成的多种类型的生态旅游体系。根据江苏省生态旅游景区类型统计图(见图1)可以看出,江苏省生态资源类型多样①。截至2022年,江苏省旅游资源如表1所示。

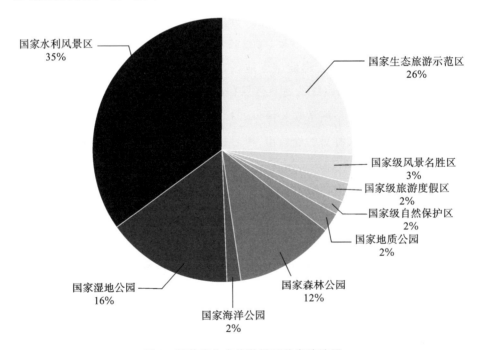

图1 江苏省生态旅游景区种类统计图

(数据来源:根据江苏省文化和旅游厅官网资料整理。)

---

① 来源:江苏省文化和旅游厅,2022年12月。

B7 江苏省生态旅游与绿色发展报告

表1 江苏省旅游资源一览表

类别	名单	数量/个
世界遗产	苏州古典园林、明孝陵、大运河、中国黄(渤)海候鸟栖息地(第一期)	4
国家生态旅游示范区	徐州潘安湖湿地公园、常熟尚湖风景区、无锡蠡湖风景区、天目湖旅游度假区、苏州镇湖生态旅游区、姜堰溱湖旅游景区	6
国家级风景名胜区	太湖风景名胜区、南京钟山风景名胜区、连云港云台山风景名胜区、蜀岗瘦西湖风景名胜区、镇江三山风景名胜区	5
国家级旅游度假区	南京汤山温泉旅游度假区、溧阳天目湖旅游度假区、苏州阳澄湖半岛旅游度假区、宜兴阳羡生态旅游度假区	4
国家级自然保护区	江苏盐城湿地珍禽国家级自然保护区、大丰麋鹿国家级自然保护区、泗洪洪泽湖湿地国家级自然保护区	3
国家地质公园	苏州太湖西山国家地质公园、南京六合国家地质公园、江宁汤山方山国家地质公园、连云港花果山国家地质公园	4
国家5A级旅游景区	南京夫子庙秦淮风光带、南京钟山风景名胜区-中山陵园风景、南通市濠河景区、宿迁泗洪县洪泽湖湿地公园、常州市环球恐龙城休闲旅游区、常州市天目湖景区、常州市中国春秋淹城旅游区、徐州市云龙湖景区、扬州瘦西湖风景区、无锡市太湖鼋头渚景区等	25
国家森林公园	虞山国家森林公园、上方山国家森林公园、徐州环城国家森林公园、宜兴国家森林公园、惠山国家森林公园、东吴国家森林公园、云台山国家森林公园、江苏盱眙第一山国家森林公园、江苏南山国家森林公园、宝华山国家森林公园、江苏西山国家森林公园、铁山寺国家森林公园、南京紫金山国家森林公园、太阳山国家森林公园等	21
国家海洋公园	连云港海州湾国家海洋公园、小洋口国家海洋公园、海门蛎蚜山国家海洋公园	3

续表

类别	名　　单	数量/个
国家湿地公园	姜堰溱湖国家湿地公园、扬州宝应湖国家湿地公园、苏州太湖湖滨国家湿地公园、无锡长广溪国家湿地公园、沙家浜国家湿地公园、苏州太湖国家湿地公园、无锡梁鸿国家湿地公园、南京长江新济洲国家湿地公园、太湖三山岛国家湿地公园、扬州凤凰岛国家湿地公园、无锡蠡湖国家湿地公园、溧阳天目湖国家湿地公园等	27
国家水利风景区	溧阳天目湖旅游度假区、江都水利枢纽旅游区、徐州云龙湖风景区、瓜洲古渡风景区、三河闸水利风景区、泰州引江河风景区、苏州胥口水利风景区、淮安水利枢纽风景区等	60
国家历史文化名城	南京、苏州、扬州、徐州、镇江、淮安、无锡、南通、泰州、常州、常熟、宜兴、高邮	13
省级历史文化名城	兴化、江阴、高淳、如皋、连云港	5
省级生态旅游示范区	南京高淳国际慢城生态休闲旅游区、南京中山陵园风景区、溧水无想山森林公园、南通狼山景区、宿迁三台山森林公园、宿迁泗洪洪泽湖生态旅游区、宿迁古黄河风景区、常州金坛市长荡湖生态旅游区等	39

（数据来源：根据江苏省文化和旅游厅官网资料整理。）

2. 生态资源分布特征

截至 2021 年，江苏省拥有世界遗产 4 个、国家生态旅游示范区 6 个、国家级风景名胜区 5 个、国家级旅游度假区 4 个、国家级自然保护区 3 个、国家地质公园 4 个、国家 5A 级旅游景区 25 个、国家森林公园 21 个、国家海洋公园 3 个、国家湿地公园 27 个、国家水利风景区 60 个、国家历史文化名城 13 个、省级历史文化名城 5 个、省级生态旅游示范区 39 个，如图 2 所示。

B.7 江苏省生态旅游与绿色发展报告

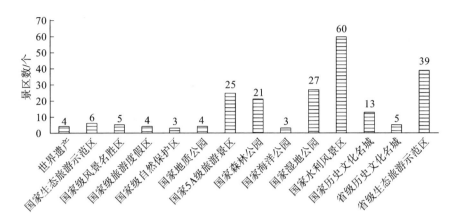

图 2　江苏省生态旅游景区统计图

（数据来源：根据江苏省文化和旅游厅官网及百度资料整理。）

为了更好地反映江苏省生态旅游资源的分布情况，本报告以江苏省的生态旅游景区为样本，利用百度地图获得各景区的经纬度坐标信息，并用 ArcGIS 软件对坐标数据进行处理，得到江苏省生态旅游资源现状分布图（见图3）。

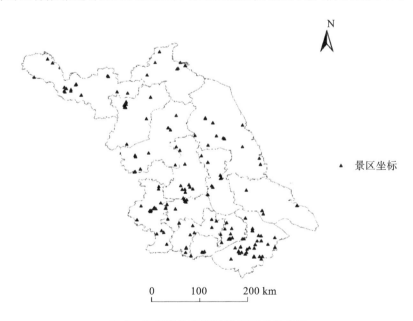

图 3　江苏省生态旅游资源现状分布图

（数据来源：根据江苏省文化和旅游厅官网数据自绘。）

为了了解江苏省生态旅游资源的分布密度情况,利用 ArcGIS 软件进行核密度分析,分析结果如下:

在江苏省生态旅游资源的分布中,核密度高值地区主要是南京、苏州、无锡等地,生态资源丰富,具有良好的发展生态旅游的基础;核密度中值地区,主要是徐州、宿迁、连云港、淮安等地;核密度值较低地区为中部地区和东南地区,主要是扬州、泰州、盐城等地。

(三)产业现状

根据《2020年江苏省国民经济和社会发展统计公报》显示,江苏省2020年全年接待国内游客4.7亿人次,比上年下降46.3%;国内旅游总收入8250.6亿元,比上年下降42.4%;接待入境游客77.0万人次,比上年下降80.7%。[①]旅游外汇收入16.6亿美元,比上年下降65.1%。2020年受疫情影响,旅游人次和旅游总收入均有所下降,但消费潜力巨大,人们的出游意愿强烈。由于当前没有专门生态旅游收入统计数据,以江苏省和生态旅游相关的A级景区数量为依据,将旅游总收入与生态旅游收入进行转换。根据江苏省文化和旅游厅的旅游名录,江苏省有国家5A级旅游景区25个、国家4A级旅游景区209个、国家3A级旅游景区265个、国家2A级旅游景区102个,合计601个。[②]对601个景区进行筛选区分,与生态旅游相关的5A级旅游景区17个、4A级旅游景区108个、3A级旅游景区172个、2A级旅游景区43个,如表2所示。

表 2 江苏省国家 A 级景区统计

等　　级	总数/个	与生态旅游相关景区数/个
5A	25	17
4A	209	108
3A	265	172
2A	102	43
合计	601	340

① 《2020年江苏省国民经济和社会发展统计公报》。
② 此处只收录2A级及以上景区,数据来自2020年江苏省文化和旅游厅相关资料。

以 A 级景区中生态旅游相关的景区数量占总数量之比进行生态旅游收入转换。江苏省生态旅游相关景区为 340 个,A 级景区总量为 601 个,生态旅游景区占比为 56.57%。在此以江苏省旅游业发展总体情况的 56.57% 分析生态旅游的发展情况。

由江苏省生态旅游国内收入概况(见图 4)可以看出,江苏省生态旅游收入整体上呈逐年增长趋势,2020 年受疫情影响,有所下滑。江苏省在全国范围内属于经济发展较好的省份,旅游资源丰富,生态旅游带来的收益高。随着人们的环境保护意识和健康生活意识增强,生态旅游产业的规模将逐渐扩大。

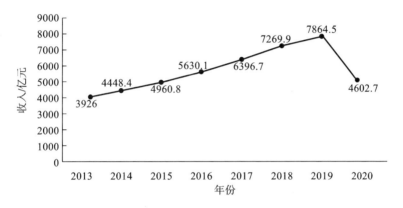

图 4　2013—2020 年江苏省生态旅游国内收入概况

(数据来源:根据近年江苏省国民经济和社会发展统计公报整理。)

由江苏省生态旅游外汇收入概况(见图 5)可知,生态旅游在入境市场整体上也是处于上升的状态,2020 年受疫情影响,有较大下滑。江苏省作为东部沿海地区,对外交流频繁,旅游外汇收入高,受疫情影响较大。在未来的产业发展中,要重视国内大循环,增强抵御风险的能力。

此外,江苏省顺应新时代发展趋势和潮流,推动文化和旅游高质量发展,为文旅融合注入新的内涵。《江苏省"十四五"文化和旅游发展规划》提出:到 2025 年,文化和旅游融合发展的体制机制更加完善,涌现更有影响力的文旅精品产品,文化遗产保护传承利用水平提升,公共服务更加便捷高效,文旅产业作为支柱性产业地位进一步巩固,生态旅游、智慧旅游蓬勃发展。突出江苏"水+文化"的特质,建设"两廊两带两区"特色文旅空间体系,打造世界级运河文化遗产旅游廊道、世界级滨海生态旅游廊道、扬子江世界级城市休闲旅游

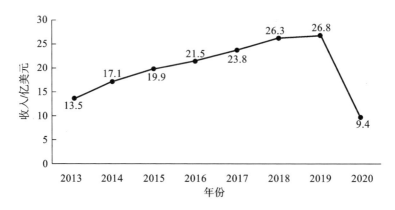

图 5 2013—2020 年江苏省生态旅游外汇收入概况

(数据来源:根据相关年份江苏省国民经济和社会发展统计公报整理。)

带、陆桥东部世界级丝路旅游带、沿太湖世界级生态文化旅游区、沿洪泽湖世界级生态文化旅游区,推动江苏成为充分彰显水韵人文魅力的世界著名旅游目的地(见图 6)。

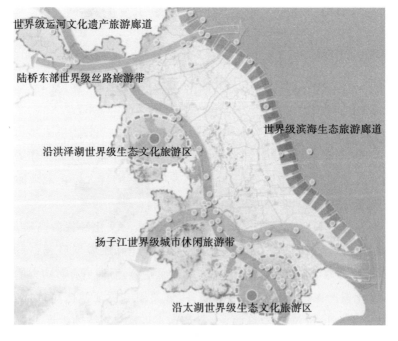

图 6 江苏省"十四五"文化和旅游发展空间体系规划

(资料来源:《江苏省"十四五"文化和旅游发展规划》。)

(四)市场需求特征

以"江苏省"和"生态旅游"为关键词进行百度指数检索,时间为2021年1月5日到2021年12月5日,数据表示人群对关键词的关注和变化情况(见图7)。将两者进行对比可知,大众对生态旅游的关注度较低,媒体机构和相关部门应加大宣传力度,进行环境教育,提高大众对生态旅游的参与度。

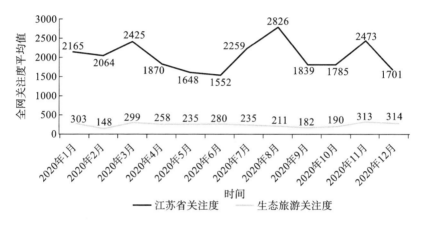

图7 江苏省和生态旅游关注度对比

(数据来源:百度指数。)

以"江苏省+生态旅游"作为关键词进行百度指数搜索,对用户的年龄进行分析,可以发现20—29岁年龄段的网民占比最高,这说明年轻人对生态旅游的关注度比较高。50岁以上人群占比最低,但是这并不能说明他们不关注生态旅游,可能是其使用网络的频率低于年轻人,生态旅游与50岁以上人群的康养需求相契合,所以他们是潜在客源。

根据百度指数显示的结果,2021年1月5日到2021年12月5日时间段内,江苏、广东、山东、浙江、北京、河南、上海、四川、河北、安徽这十个省级行政单位搜索江苏生态旅游较多。值得注意的是广东省排名第二,广东省和江苏省距离较远,但是关注较多,可将广东省作为重要的客源市场,开展一些针对性强的营销活动。山东、浙江、河南、上海均与江苏相邻,可作为机会市场,吸引省外游客前来旅游。

对省内市场人群进行分析,搜索指数前十由高到低分别为南京、苏州、无锡、徐州、南通、常州、盐城、扬州、泰州、淮安。南京和苏州经济发展水平相对较高,消费能力更强,是重点客源市场,无锡、徐州、南通等城市次之。

三、江苏省生态旅游存在问题

生态旅游作为人与生态环境和谐共处的一种可持续的旅游方式,发展前景巨大,并且正逐步成为消费热点。江苏省良好的经济发展状况、区位优势以及丰富的旅游资源为生态旅游发展奠定了基础,在生态旅游建设方面取得了一定成就,但在生态旅游环境建设、生态旅游经济建设、生态旅游文化建设、生态旅游社会建设和生态旅游制度建设等方面依然存在问题。

(一)生态旅游环境保护力度不够

生态旅游环境建设是指对目的地在资源和环境保护、环境治理等方面的建设。生态旅游环境容易受到破坏,一是开发商为了追求短期利益,对旅游新项目进行盲目开发,在生态旅游地大肆修建人造景观、硬化路面,不考虑景区环境的承载力,对自然生态环境进行过度利用和改造。如周庄古镇的最大环境承载力只有 6000 人,旺季平均每天要承载 7000 到 8000 人。同时,在景区周边修建了大量的接待设施,例如餐厅、宾馆和娱乐场所,对自然环境和天然景观造成破坏。二是游客的旅游活动对生态造成破坏,游客缺乏生态旅游知识,环境保护意识较差,随地乱扔垃圾、践踏花草树木等现象时有发生。

(二)生态旅游开发经济效益有限

生态旅游经济建设是指在开发过程中产生经济效益的项目的建设和管理,包括项目开发、运营管理和公共服务等方面。江苏省与生态旅游相关的景区非常多,但是大部分景区都处于初级开发阶段,只有简单的观光项目,缺乏体验性的旅游产品。精品和高质量的生态旅游产品数量较少、类型单一,不具备知名度和影响力,导致生态旅游开发经济效益有限。经费投入不足、规划布局不够合理,导致游客服务中心、停车场、旅游厕所、旅游标识标牌等基础设施建设与整体生态环境不够契合,在一定程度上影响了游客的环保意识,引发了游客破坏景区环境、乱扔垃圾等不文明行为。

(三)生态旅游文化教育尚待提升

生态旅游文化建设是指在生态理念、生态知识和环境保护价值观方面的建设。现有的环境教育体系不成熟,没有统一的标准和教育方式,以导游讲解和标识标牌解说提示为主,形式单一等问题,难以对游客行为产生较大影响;生态文化旅游地环境教育内容浅显,仅停留在不乱扔垃圾、不践踏草坪等基本要求,缺乏结合景区具体情况的环境教育,没有因地制宜场景化设计寓教于乐的生态文化教育内容;生态文化教育的对象也只局限于游客,而忽视了其他人群,例如景区管理人员、旅游从业人员和社区居民,他们是景区的主体,也是进行环境保护的重要责任人。一些一线员工素质参差不齐,生态旅游地需要重视这一问题,对相关主体加强教育。

(四)生态旅游社会环境氛围不足

生态旅游社会建设是指在文明环境、文明氛围、文明观念和社区参与等方面的建设,引导绿色消费,促进环境保护。目前,旅游目的地居民的知识水平和文化素养不够高,生态文明观念淡薄,在参与旅游经营活动时只关注眼前的利益,对旅游业赖以持续发展的生态环境漠不关心。同时,居民的参与程度和参与积极性不够高,居民参与旅游经营活动的能力不强,开发商为追求自身的效益而忽视当地居民的诉求,出现社区关系紧张和文化异化现象,没有形成良好的生态旅游社会环境氛围,威胁到当地人文生态环境,影响游客的旅游满意度。

(五)生态旅游制度建设有待完善

生态旅游制度建设是在生态环境保护政策、法规和制度等方面进行完善,这是保障生态旅游长远发展的基础。

首先,江苏省生态旅游制度体系目前还不够完善,存在制度建设滞后的问题,在旅游规划、生态补偿和生态文明绩效考核等方面需要进行优化。在生态旅游开发过程中,缺乏相应的保护法规,开发商在核心区内修建观光设施和商业设施,会对生态环境造成不利影响。

其次,在景区运营管理过程中,信息公开、旅游监督和环境破坏责任追究的机制不完善,影响生态环境保护工作的效果。

最后,政策法规要落实到位,没有详细的实施细则和落实到人的监督机制,使景区环境容量、带薪休假等法规形同虚设。相关部门监管不力,执行不严,游客存在不文明行为。

四、江苏省生态旅游发展建议

江苏省开发生态旅游,需要综合考虑环境、经济、文化、社会和制度等诸多方面,以确保生态旅游持续性发展,基于江苏省生态旅游发展现状和存在问题,提出以下五点发展建议。

(一)合理保护生态环境

生态旅游环境建设是对生态资源进行保护,治理生态污染,做好生态旅游地各环节的保护工作。在开发前,要进行合理评估,做好生态环境保护的基础工作,适当提高生态旅游地开发的准入门槛。在开发过程和运营过程中,设施建设要因地制宜、融于自然,严格依据旅游环境承载力招揽游客,完善游客预约、流量预警和提前预测等智慧系统。政府要依据合理的生态旅游指标对生态旅游地进行考核和管理,严格惩罚破坏环境的行为,完善生态补偿制度。

严格依据国家标准进行国家级和省级生态旅游示范区评定,国家先后出台了《国家生态旅游示范区建设与运营规范》(GB/T 26362—2010)、《国家生态旅游示范区管理规程》(旅发〔2012〕第111号),江苏省已有6个国家生态旅游度假区。2016年,江苏省印发《江苏省生态环境保护工作责任规定(试行)》,推进生态文明建设。2020年发布《江苏省生态空间管控区域规划》,生态环境保护工作还有长远的发展之路,以生态旅游示范区建设为龙头,落实保护工作,推动江苏省生态旅游可持续发展。

(二)提升资源开发效益

生态旅游经济建设就是要以可持续发展的方式对旅游产品进行优化。旅游产品的开发需要依据当地特色资源和环境承载力,开发特色鲜明、体验性强的产品,吸引更多高质量游客,提升生态旅游资源开发的经济效益。完善生态旅游基础设施,借助游客服务中心、标识系统和互联网媒体等工具进行环境教育,让游客树立生态环境保护意识。在进行景区建设时,积极利用清洁能源,例如风能、水能和太阳能等可再生能源,使用电瓶车等比较环保的交通工具,重视旅游区的厕所建设、垃圾分类回收、循环污水处理等,注重环境卫生,促进生态旅游地的可持续发展。

(三)宣传生态文明理念

生态旅游文化建设要树立生态文明理念,并将理念转化为行为,在日常出游中做到"尊重自然、顺应自然、保护自然"。

首先,增强对游客的环境教育,通过导游讲解、导览牌展示、互联网解说等方式,让游客了解生态旅游。严格遵守《中国公民国内旅游文明行为公约》,引导游客在亲近环境、放松心情的同时做到保护生态,自觉参与生态旅游文明建设。

其次,加强非游客生态文化环境教育,即对生态旅游景区管理者、运营者和当地居民都进行环境教育。使管理者承担起教育的责任,强化对导游和其他景区工作人员的生态旅游知识培训。引导目的地居民参与生态社区共建,形成文明的生活方式,营造良好的环境氛围。

最后,建立旅游环境行为约束机制,推进诚信体系建设,贯彻落实《国家旅游局关于旅游不文明行为记录管理暂行办法》,设立必要的监控点和管理人员,引导环境友好行为,对不文明行为进行监管和惩罚。

（四）形成良好的社会生态环境

生态旅游社会建设就是要创造低碳环保和环境友好的人居环境。鼓励居民参与社区共建，引导居民将生态环境、传统习俗、饮食文化等融入生态旅游目的地，真正意识到这些资源对旅游者的吸引力，提升生态建设的积极性；建立目的地居民的监督渠道，扩大居民对生态旅游目的地的知情权和参与权，鼓励居民进行监督，促进开发与建设决策的科学化、民主化。加强对旅游市场的综合治理，工商管理部门加大对不合理的低价旅游活动、强迫购物行为、欺诈行为等的打击，同时发挥旅游行业协会等机构在秩序维护、环境治理等方面的作用。

（五）有效管理生态运营

旅游生态制度建设就是要以政策法规来引导、规范企业和个人在生态旅游中的行为。健全景区相关生态旅游制度，建立健全环境影响评估、生态补偿、生态教育、环境保护和修复等制度体系，引导各主体积极履行生态文明建设责任。加强对行业协会的管理，完善旅游相关从业人员的诚信记录，建立合适的奖惩制度，对不良行为予以合理惩罚，抓典型、树代表，对表现优异的企业进行奖励，以此约束和规范生态旅游目的地的开发和运营管理。

完善政府管理制度，一方面完善政府人员的考核标准，不将经济发展作为唯一的考核标准，建立符合区域发展现状的考核方式，提高生态效益相关指标权重；另一方面建立生态环境破坏责任追究制度，对不考虑长远发展、破坏生态环境的旅游项目进行问责，实施生态环境损害责任终身追究制度，根治生态旅游开发中的短视行为和急功近利行为。

参 考 文 献

[1] 杨开忠,许峰,权晓红.生态旅游概念内涵、原则与演进[J].人文地理,2001(4).

[2] 张玉钧,高云.绿色转型赋能生态旅游高质量发展[J].旅游学刊,2021(9).

[3] 郭来喜.中国生态旅游——可持续旅游的基石[J].地理科学进展,1997,16(4).

[4] 孙伟,曹诗图.旅游生态文明建设的困境、路径与对策[J].生态经济,2020,36(9).

作者简介:

张腾,湖北大学旅游学院硕士研究生。

B8 安徽省生态旅游与绿色发展报告

段言蹊

摘　要：生态旅游因其经济效益、环境效益与生态效益相结合的特性，已成为当今旅游发展的主流。安徽省生态资源丰富，是我国生态旅游发展的重点区域。本报告对安徽省生态旅游发展进行了回顾，对其资源现状和产业现状进行了描述，从资源分布、资源增长、市场需求、市场增长四大方面进行了分析，指出安徽省生态旅游发展的现状以及存在的问题，并对安徽省生态旅游未来的发展提出相应的建议。

关键词：生态旅游；安徽省；研究报告；对策建议

Abstract: Ecotourism has become the mainstream of today's tourism development due to its combination of economic, environmental and ecological benefits. Anhui Province is rich in ecological resources and is a key area for the development of ecological tourism in my country. This report reviews the development of ecotourism in Anhui Province, describes its resource status and industrial status, and analyzes the four major aspects of resource distribution, resource growth, market demand, and market growth, point out the current situation and existing problems of the development of ecological tourism in Anhui Province, and put forward corresponding suggestions for the future development of ecological tourism in Anhui Province.

Keywords: Ecotourism; Anhui Province; Research Report; Countermeasures and Suggestions

一、引　言

安徽省地处华东腹地，公元 1667 年因江南省东西分置而建省，得名于"安庆府"与"徽州府"之首字。东邻江苏、浙江，南连江西，西靠湖北、河南，北接山东，东西宽约450公里，南北长约570公里。地处长江、淮河中下游，是沿海与内陆腹地的过渡带，跨越了中国的南方与北方。在区位条件上，安徽省沿江通海，承东启西、连南接北，是长三角经济区的重要组成部分，处于全国经济发展的战略要冲和国内几大经济板块的对接地带，经济、文化同长三角经济区其他地区有着历史和天然的联系。其内拥长江黄金水道，外承沿海地区经济辐射，具有得天独厚的发展条件。在地形地貌上，长江和淮河将安徽省分为皖南、皖中与皖北三个区域，安徽省地貌类型复杂多样，总体呈西南高、东北低态势，包括淮北平原、江淮丘陵、皖西大别山区、沿江平原以及皖南山区。淮北平原湖泊较多，土地肥沃；江淮丘陵西连皖西大别山区，地势自西北向东倾斜，东南部由灰岩组成的琅琊山；皖西大别山区蜿蜒于鄂豫皖边境，由西北向东南延伸；沿江平原位于中南部长江沿岸和巢湖附近，平原土地肥沃，河湖星罗棋布；皖南山区是我南方丘陵山地的组成地方，以黄山、九华山为主。安徽境内水网密布，湖泊星罗棋布，主干有长江与淮河两大水系，其中长江水系湖泊众多，较大的有巢湖、龙感湖、南漪湖，其中巢湖面积近800平方公里，为中国五大淡水湖之一。以淮河为界，分为淮南、淮北。淮南属于亚热带湿润季风气候，淮北属暖温带半湿润季风气候，省内气候温和湿润，四季分明，雨量充沛，是典型的山水江南，省内发展生态旅游具有得天独厚的优势。

安徽是全国范围内最早开始探索生态旅游和生态环境保护的省份。二十世纪八九十年代起，便在黄山、天堂寨、天柱山等地开展生态旅游，并开发了"两山一湖自然绿色之旅""皖西大别山生态旅游区"等生态旅游路线，具有一定的产业发展基础。目前，安徽省凭借其丰富的生态旅游资源、多样的地形地貌以及秀丽的自然风光，开发包括森林研学、温泉度假、乡村旅游、地质科考等多种不同形式的生态旅游活动。形成了以皖南山地、长江水道、大别山、江淮丘陵、淮河湿地为生态旅游目的地的地理布局。同时，为了保护生态资源，使生态资源实现可持续发展，安徽省率先全面开展生态补偿，统筹推进山水林田湖草系统治理。深入推进生态环境"大保护大治理大修复、强化生态优先绿色发展理念落实"专项攻坚行动。2020年4月，安徽省印发了《安徽省生态环境保护督察工作实施办法》,进一步规范安徽省生态环境保护督察工作,压实生态环境保护责任。在良好的旅游基础与政策支持下,为安徽省生态旅游进一步发展提供了广阔的空间。

二、发展现状

(一)资源现状

安徽省总面积达 14.01 万平方千米,截至 2020 年底,安徽省森林面积 417.53 万公顷,占全省面积的 30.22%,湿地面积 104.18 万公顷,占国土总面积的 7.47%,生态腹地广阔,是全国南方集体林区重点省份。此外,安徽省还拥有国家级自然保护区 8 个,省级自然保护区 30 个;有国家森林公园 34 个,省级森林公园 38 个;有世界地质公园 3 个,国家地质公园 14 个,省级地质公园 2 个;有国家湿地公园 27 个,省级湿地公园 24 个。这些丰富的生态资源为安徽省生态旅游全面发展提供了有力支撑。[①]

根据安徽省生态旅游景区种类统计图(见图1)可以看出,安徽省的生态旅游资源以森林公园和湿地公园为主,占据全省生态旅游资源的六成以上,其次是国家水利风景区,占比 22%。由此可见,安徽省的高森林覆盖率为发展生态旅游提供了良好的资源基础。由于安徽省大多生态旅游景区兼具多种资源特色,因而部分旅游景区会同时划分在不同性质的载体之中,这充分体现了安徽省生态旅游资源类型的多样性、分布的广泛性以及资源载体的丰富性。

(二)产业现状

根据安徽省 2021 年统计年鉴数据显示,安徽省 2020 年全年全省接待国内旅游者 47046 万人次,国内旅游收入 4221.5 亿元。接待入境旅游者 69.3 万人次,国际旅游外汇收入 27465.8 万美元,受疫情影响,国内外旅游数据相

---

① 根据安徽省林业局相关数据整理,数据统计截止时间 2022 年 4 月。

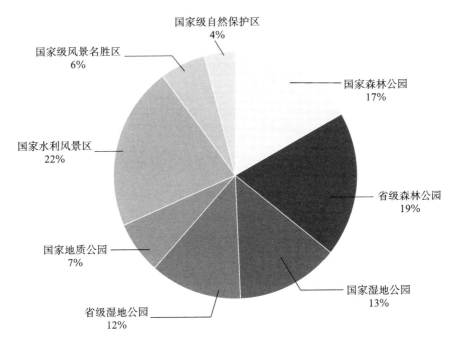

图 1　安徽省生态旅游景区种类统计图

(数据来源:根据安徽省文化和旅游局、林业局官网资料整理。)

较上一年均有所下跌。由于当前生态旅游收入没有专门的统计数据,所以通过旅游总收入进行转换,以安徽省 A 级景区数量为依据,将旅游总收入与生态旅游收入进行转换。根据安徽省文化和旅游厅 2020 年 6 月发布的信息,安徽省共有 605 个 A 级景区[①],其中 5A 级 11 个,4A 级 191 个,3A 级 299 个,2A 级 104 个。对 605 个 A 级景区进行筛选区分,与生态旅游相关的 A 级景区如表 1 所示。

表 1　安徽省 A 级景区数量表

等　　级	总数/个	与生态旅游相关景区数量/个
5A	11	7
4A	191	133

① 根据官网数据,此处只收录 2A 级及以上景区。

续表

等级	总数/个	与生态旅游相关景区数量/个
3A	299	147
2A	104	58
合计	605	345

（数据来源：根据安徽省文化和旅游局官网及百度相关资料整理。）

根据叶文《中国生态旅游发展报告》中生态旅游发展情况的评价依据，以A级景区中与生态旅游相关的景区数量占总数量之比进行生态旅游收入转换。安徽省生态旅游相关景区数量为345，总数量为605，生态旅游景区占比为57%。在此以安徽省旅游业发展总体情况的57%分析生态旅游的发展情况。

根据安徽省生态旅游国内收入变化图（见图2）可以看出，安徽省生态旅游收入逐年增长，且增速越来越快，受疫情影响，2020年安徽省生态旅游国内收入同比下降49.1%。这表明安徽省以其优良的生态环境、优美的自然风景吸引了大批游客前去游玩消费。2020年回落较大，总体来说，疫情之后人们对健康更加重视，生态旅游或将迎来新一轮的发展机遇。因此在未来的产业发展中，需加大对生态旅游的投入，进一步挖掘生态旅游资源，同时，加大对生态环境和自然遗产的有效保护。

由安徽省生态旅游外汇收入变化图（见图3）可以看出，生态旅游收入在入境旅游市场中也基本呈逐年增长的趋势（除2020年），但与国内游客市场不同的是，入境旅游市场的增长速度较为稳定。随着综合国力的增强，各类基础设施的不断完备，生态旅游越来越受到外国游客的青睐，但缺少有知名度和影响力的生态旅游品牌。

此外，在产业定位方面，结合安徽省自然状况和生态资源分布特点，安徽省发改委与安徽省旅发委联合发布的《安徽省生态旅游发展规划（2016—2025）》中提出，安徽拟打造成长三角后花园，即对安徽省空间进行布局，共分为六个区，分别为皖南山水文化生态旅游片区、长江黄金水道生态旅游片区、大别山自然生态旅游片区、江淮丘陵漫岗生态旅游片区、淮河湿地原乡生态旅

B8 安徽省生态旅游与绿色发展报告

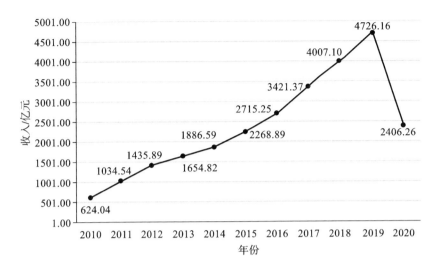

图 2　安徽省生态旅游国内收入变化图

（数据来源：根据 2011—2021 年《安徽省旅游统计年鉴》数据整理。）

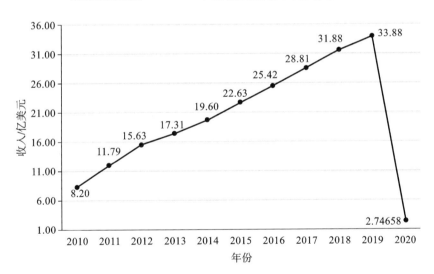

图 3　安徽省生态旅游外汇收入变化图

（数据来源：根据相关年份安徽省旅游统计年鉴数据整理。）

游片区和皖北平原农林生态旅游片区。构建生态旅游合作机制，加强与浙闽赣、大别山、长江流域、淮河流域等区域的合作。

三、发展特征分析

（一）资源分布特征

安徽省地处江淮咽喉，临江近海，旖旎的自然风光和极具特色的人文景观交相辉映，是名副其实的生态旅游胜地。作为中国生态旅游资源极其丰富的省份，安徽省的自然景观和人文景观星罗棋布、灿若星辰。目前，安徽省已初步形成了以各级森林公园、湿地公园、水利风景区、地质公园、风景名胜区和自然保护区为载体的生态旅游目的地体系，分布于皖北、皖中、皖南三大自然地理区域。

对安徽省的旅游景区进行筛选，选出与生态旅游相关的景区。景区筛选完毕之后，在拾取坐标系统中找到每个景区的经纬度坐标，导入 ArcGIS 软件中，得到核密度分析图(见图4)。由核密度分析图可以看出安徽省的生态旅游资源在空间上呈现"皖南热、皖中温、皖北冷"的格局，在资源分布上，呈现依山傍水的特点，皖西大别山区、皖南丘陵山区以及江淮丘陵台地的部分地区分布着大量以山地为主的景区。安徽水系众多，如以淮河和长江为代表的流域，部分景区分布具有沿河流聚集的特征。在数量上，安徽省的生态旅游资源空间集中度较高，主要聚集于皖南地区，且从等级上来看，也具有南高北低的特点。因此，安徽省在发展生态旅游时可以重点发展皖南地区生态旅游。

（二）资源增长特征

生态旅游主要是依托森林公园、自然保护区等自然资源条件发展起来的，高品位的资源是开展生态旅游的基础，是衡量生态文明程度的重要指标。因此以安徽省近年造林面积和自然保护区数量两个维度来探求安徽省资源增长特征。对安徽省统计年鉴数据进行分析，得到安徽省近年造林面积概况(见图5)、安徽省近年自然保护区数量概况(见图6)。

根据图5，从总体上来看，2010—2020年安徽省造林面积呈正增长趋势，

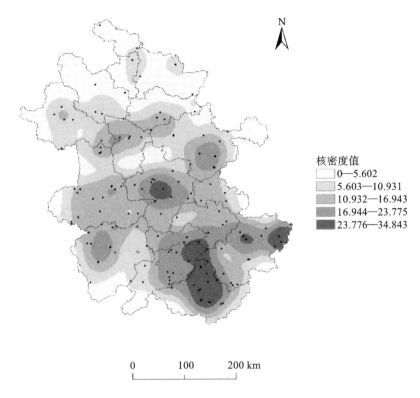

图 4　安徽省生态旅游资源核密度图

（数据来源：根据安徽省文化和旅游厅、安徽省林业局官网数据自绘。）

增长幅度先增大，2012年略有下降，之后呈上下波动状态。安徽省曾是缺林少绿的生态脆弱省份，20世纪80年代开始，安徽先后提出消灭荒山、退耕还林等措施进行绿化。而后，随着一系列改革措施以及植树造林等工作的不断推进，生态文明意识逐渐深入人心，造林面积持续增长，到2012年造林面积创历史新高。2012年，安徽省委、省政府向全省发出"实施千万亩森林增长工程，推进生态强省建设"的动员令，随后几年，造林面积虽有波动，整体状况向好。

根据图6可以看出，安徽省自然保护区的数量总体较为稳定，增幅不大。安徽省自然保护区数量在2018年较2011年增加2个，2019年较2018年增加3个，说明安徽省的自然资源保护工作力度仍有待加强，因此安徽省还需加强对自然资源的保护工作。

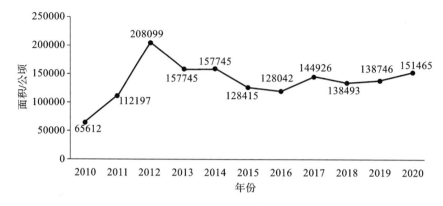

图 5　安徽省 2010—2020 年造林面积概况

（数据来源：安徽省统计局。）

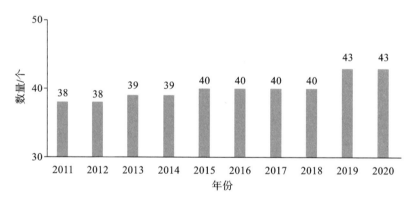

图 6　安徽省 2011—2020 年自然保护区数量变化图

（数据来源：安徽省统计局。）

（三）市场需求特征

安徽省区位优势独特，市场空间宽阔。从地理方面来说，安徽省属于中国华东地区，与浙江、江苏、上海等沿海经济发达省市为邻，位于长三角"3 小时高铁圈"内，与河南、湖北、江西等省份紧密相连。从交通通达性来看，安徽省处于水陆空立体交通网络较为有利的位置。欧亚大陆桥和长江通道，分别贯穿安徽的北部和南部，向西可以挺进中西部腹地开拓市场，向东可从长江抵达上海。京台铁路、京沪高铁南北纵贯全省，北上直达首都北京，南下直达深圳、香港两大城市。同时,合肥已经与北京、上海、深圳、广州等63个国内城市通航。水路方面,省内拥有"800里皖江"的黄金水道,长三角的岸线资源丰富。良好的可进入性加上丰富的生态旅游资源,使安徽省的生态旅游市场需求极大,由于当前没有专门统计生态旅游市场的数据,本报告通过百度指数对安徽省的生态旅游市场需求特征进行分析。

1. 省外市场

以"安徽+生态旅游"进行百度指数关键词检索,时间跨度为2021年1月1日至2021年12月31日,根据百度指数人群画像进行分析。

由数据分析可知,搜索安徽生态旅游次数较多的省(直辖市、自治区)安徽、江苏、广东、浙江、山东、上海、河南、北京、湖北、河北;这说明安徽省省外游客分布广泛,但又具有相对集中性,主要集中于长三角地区。随着交通条件的不断完善,前往安徽省旅游所需时间不断缩短,同时,随着高铁技术水平的加快发展,长三角"1小时至3小时"生活圈正在变为现实,沪苏浙皖"一体化"不断推进。因此对于安徽省来说,可以以长三角地区、广东省为机会市场,吸引省外游客前来旅游。

根据图7可以看出,安徽省国内游客的年龄分布呈中间大、两头小的分布特征。对安徽省生态旅游搜索次数最高的为30—39岁的网民,占到28%,其次为40—49岁、20—29岁的网民,分别占比23%、22%,19岁及以下的网民对安徽省生态旅游的搜索指数最低,仅占9%。由此可以看出,安徽省的游客主要集中于30—39岁游客,20—29岁和50岁及以上游客市场还有待开发。值得注意的是,50岁及以上游客对互联网的熟悉度和使用熟练度也是制约其搜索的原因。随着年轻一代逐渐成为消费主力及社会老龄化的不断加剧,如何吸引青年群体和老年群体,开发出具有吸引力的生态旅游产品,是安徽省迫切需要探索的方向。

2. 省内市场

同样以"安徽+生态旅游"进行百度指数关键词检索,时间跨度为2021年1月1日至2021年12月31日,但将范围从全国缩小为安徽省。

对省内市场人群画像图进行分析,合肥市居民对省内生态旅游的关注度

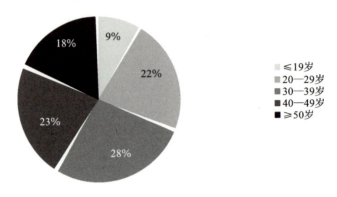

图 7　搜索用户年龄分布图

（数据来源：百度指数。）

最高,其次为滁州市、安庆市、阜阳市、芜湖市、宿州市、六安市等。可能因为合肥市是安徽省省会城市,经济发展水平比较高,其数据遥遥领先其他各城市,其余各城市分布较为均衡。2020 年,安徽省铁路运营总里程达到 5100 公里,其中高速铁路占比超过四成,达到 2165 公里,居长三角地区首位,已实现安徽全省 16 个市"市市通高铁"。基本形成了以合肥为中心、以高速铁路为骨架的现代铁路交通体系,在全国高速铁路网中的枢纽功能进一步凸显。在发展省内生态旅游游客市场时应以合肥市为中心,推动皖北、皖中、皖南协同发展。

（四）市场增长特征

对估计的安徽省生态旅游国内收入与生态旅游外汇收入数据进行分析,可以得到安徽省生态旅游产业市场收入与生态旅游人数的增长特征(见图 8)。

根据图 8 可以看出,国内生态旅游的收入增长趋势与入境生态旅游收入增长趋势高度相似。2011—2013 年安徽省国内生态旅游收入与入境生态旅游收入均逐年放缓。2013—2019 年增长率呈相对稳定波动,2019 年后因疫情的冲击,均出现负增长。

从图 9 可以看出,除去不可抗力因素,2011—2020 年来安徽省国内生态旅游游客数量每年都呈增长状态,2011—2013 年增速放缓,而后稳步增加,直到 2020 年出现负增长。2011—2019 年安徽省入境生态旅游游客数量也处于增

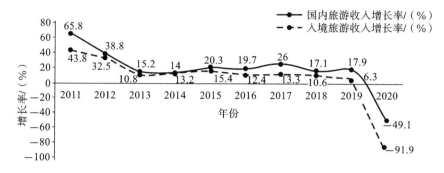

图 8　安徽省生态旅游收入增长趋势图

(数据来源:根据 2011—2020 年安徽省旅游统计相关年鉴数据整理。)

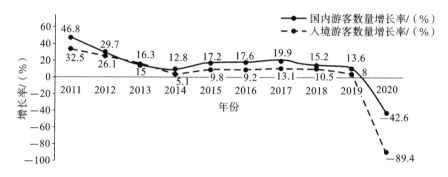

图 9　安徽省生态旅游游客数量增长趋势图

(数据来源:根据 2011—2020 年安徽省旅游统计相关年鉴数据整理。)

长状态,相较于国内游客增长数量,增量较小。且 2011—2014 年增速变缓,随后几年增速有所上升,但 2018 年增速又变缓,2020 年出现负增长的情况。

四、发 展 建 议

(一) 南打生态旅游,北主文化旅游

根据核密度分析图可以看到,安徽省生态旅游资源主要分布在皖南地区,皖南地区作为安徽生态旅游发展的黄金区域,资源丰富、知名度高、开发力度大。因此,安徽省在发展生态旅游时可以以皖南地区良好的生态旅游资源为

依托,借黄山、九华山、天柱山的名山效应,太平湖、升金湖、花亭湖的生态效应,以及西递宏村、杏花村等"最美乡村"的国际效应,构建皖南生态旅游产业圈。皖北地区缺少像皖南地区的名山大川,可以走精品旅游的发展战略,"运河故里"淮北作为隋唐大运河的流经地和当时的重要码头,运河文化丰富,文物遗迹众多。围绕隋唐大运河遗址博物馆,淮北市打造了一条独特的运河文化旅游线路。依托皖北丰富的人文资源,可以因地制宜地打造个性化的旅游精品路线和旅游景区。

(二)优化基础产品,促进业态创新

安徽省具有良好的生态旅游基础,应厚植生态底色,坚持山水林田湖草系统治理,建设绿色发展生态长廊,增强发展后劲,释放生态红利。生态旅游作为文化发展的有力载体,可以和历史文化资源形成协同效应,有效利用其丰富的湿地、森林、自然保护区等生态资源,拓宽旅游文化的融合路径,积极探索资源可持续利用途径,创新"湿地+旅游""森林+旅游""自然保护区+旅游"的发展模式,依托太平湖、焦岗湖等湿地,重点打造一批湿地生态旅游示范基地,培育发展一批具有体验性、参与性的高端旅游项目。目前,生态旅游产品正逐渐向高端化、个性化和多样化方向发展,推动生态旅游与教育、体育、林业、农业、医疗融合发展,建设一系列高端特色民宿集群,建成露营、房车营地、滑雪、低空飞行等新型业态,促进生态旅游产业结构的优化升级,建立内容丰富、符合长三角地区客源市场高端需求、具有安徽省特色的生态旅游产品。依托安徽省通达长三角的"3小时高铁圈",推出"酒店+高铁""民宿+高铁""景区+高铁"等旅游产品,带动生态旅游产品发展。

(三)强化生态理念,有效整合资源

皖南地区生态旅游资源丰富,聚集了以黄山为中心的世界遗产和徽文化旅游区、以九华山为中心的佛教文化旅游区和以天柱山为中心的禅宗文化旅游区;皖中坐拥江淮腹地,烟波浩渺、青山碧水;皖北地区则汇聚了老庄文化、淮河文化、中医药文化等众多人文资源。各区域间生态旅游产品优势各不相

同,应有效整合资源,加强区域合作,串联线路周边生态旅游点,打造区域一体化旅游新业态。重点推进全资源整合、全业态融合、全时段体验、全要素聚集、全领域覆盖,推动生态旅游从景区和城市间的竞争转向为区域间的竞争,最终实现互惠互利、互促共赢。

(四)拓宽营销渠道,打造知名品牌

切实提升生态旅游产品价值,依托生态、人文、区位等优势,因地制宜发展区域经济特色,打好"生态""文化""休闲"牌。统筹利用长江、淮河、巢湖、黄山、九华山、徽州古城、西递宏村等特色生态旅游资源,推动旅游市场和服务一体化发展,共同打造一批具有高品质的生态旅游景区和世界闻名的长三角度假胜地。同时,积极探索品牌营销方式,拓宽品牌营销渠道。伴随短途周边游的生活方式逐渐兴起,智慧城市、数字乡村等加速建设,安徽省应深化与携程等OTA平台的合作,加快构建数字生态旅游平台,积极推动"旅游+生态+农业+文体+康养"的产业发展,融入长三角生态旅游协作体系。加强与小红书等内容平台的合作,多赛道催发内容价值,打造内容场景营销,培育不同类型的生态旅游目的地,释放生态旅游数字化、智慧化发展潜能,构筑长三角现代、精致、生态的"后花园"。

参 考 文 献

叶文,张玉钧,李洪波.中国生态旅游发展报告[M].北京:科学出版社,2018.

作者简介:

段言蹊,湖北大学旅游学院旅游管理专业研究生。

B9 浙江省生态旅游与绿色发展报告

候玉杰

摘　要：在"双碳"背景下，可持续发展的理念已经深入人心，而生态旅游作为一种兼顾经济发展与环境保护的高阶的旅游方式，越来越受到人们的推崇。浙江省是生态旅游发展强省，拥有众多的优质的自然与人文生态旅游资源，在生态旅游的许多方面都走在发展的前列。报告通过对浙江省生态旅游资源总量特征、结构特征等进行分析，指出浙江省生态旅游发展存在的问题，并提出相应的对策建议，以期对浙江省未来生态旅游发展提供借鉴。

关键词：生态旅游；浙江省；绿色发展

Abstract: Under the background of "double carbon", the concept of sustainable development has been deeply rooted in people's hearts, and eco-tourism, as a high-level tourism mode that takes into account both economic development and environmental protection, has been increasingly respected by people. Zhejiang Province is a strong province of eco-tourism development, with a large number of high-quality natural and humanistic eco-tourism resources, in many aspects of eco-tourism in the forefront of development. This paper analyzes the characteristic of the total amount and structure of eco-tourism resources in Zhejiang Province, points out the existing problems in the development of eco-tourism in Zhejiang Province, and puts forward corresponding countermeasures and suggestions, in order to provide reference for the development of eco-tourism in Zhejiang Province in the future.

Keywords: Ecotourism; Zhejiang Province; Research Report

一、引　言

浙江省地处中国东南沿海长江三角洲南翼，东临东海，南接福建省，西与江西省、安徽省相连，北与上海市、江苏省接壤。境内最大的河流钱塘江，因江流曲折，称之江，又称浙江，省以江名，简称"浙"，省会杭州市。

浙江省自然风光与人文景观交相辉映。杭州市为2016年G20峰会举办地，具有历史和现实交汇的独特韵味。以杭州西湖为中心，纵横交错的风景名胜遍布全省，截至2020年，浙江省有22个国家级风景名胜区、6个国家级旅游度假区、11个国家级自然保护区、24个国家园林城市、13个国家湿地公园、42个国家森林公园、5个国家城市湿地公园，以及杭州市、绍兴市、宁波市、衢州市、金华市、临海市、嘉兴市、湖州市、温州市、龙泉市10座国家历史文化名城。在已公布的七批中国历史文化名镇名村名录中，浙江省有27个中国历史文化名镇，44个中国历史文化名村，名镇、名村总数居全国第一。截至2020年，在国务院公布的第一至第四批国家级非物质文化遗产代表性项目名录中，浙江省每一批入选数量均居全国第一，总入选数达233项。杭州西湖文化景观、大运河（浙江段）和良渚古城遗址入选世界文化遗产，江郎山作为"中国丹霞"的遗产地之一入选世界自然遗产。浙江省旅游资源非常丰富，有中国优秀旅游城市27座自然风光与人文景观交相辉映，全省有重要地貌景观800多处、水域景观200多处、生物景观100多处、人文景观100多处，还有可供旅游开发的主要海岛景区（点）450余处。截至2020年，浙江省有国家级风景名胜区22个，国家级旅游度假区6个。截至2019年，浙江省有4A级及以上旅游景区235家，数量居全国前列，其中国家5A级旅游景区有西湖风景名胜区、千岛湖风景名胜区、普陀山风景名胜区、雁荡山风景名胜区、乌镇古镇旅游区、溪口—滕头旅游景区、横店影视城景区、西溪湿地旅游区、南湖旅游区、鲁迅故里沈园景区、开化根宫佛国文化旅游景区、南浔古镇景区、天台山景区、神仙居景区等18家。浙江省每年都吸引众多游客来访。

二、浙江省生态旅游发展现状及评价

(一)资源总体特征

1. 生态资源赋存现状

根据现行的旅游资源分类方法,旅游资源有69种,浙江省的旅游资源基本类型有65种,占94.2%。其中,自然生态旅游资源尤其丰富,《中国统计年鉴2020》中的数据显示,浙江省森林覆盖率达59.43%,排在31个省级行政区(不含港澳台地区)中的第四名(见图1)。随着绿色发展理念的不断深入发展,生态资源保护越来越被政府所重视。我国建立了相应的自然保护区、国家公园、湿地公园、地质公园等对相应的自然资源进行保护。截至2020年底,浙江省共有4个世界遗产、42个国家森林公园、22个国家级风景名胜区、11个国家级自然保护区、13个国家湿地公园、6个国家地质公园。综合来看,浙江省优质的生态旅游资源丰富。

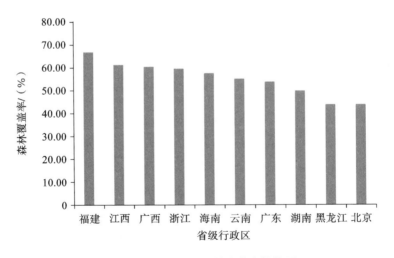

图1 全国森林覆盖率前十排名柱状图

(数据来源:《中国统计年鉴2020》。)

截至2020年,浙江省有中国优秀旅游城市27座,自然风光与人文景观交相辉映,全省有重要地貌景观800多处、水域景观200多处、生物景观100多处、人文景观100多处,还有可供旅游开发的主要海岛景区(点)450余处,以及国家级风景名胜区22个(见表1)、国家级旅游度假区6个。截至2019年,浙江省有国家4A级及以上旅游景区235家,数量居全国前列。

表1 浙江省自然生态景区旅游景区统计表(截至2020年)

类型	资源	数量/个
世界遗产	杭州西湖文化景观、大运河(浙江段)、中国丹霞(江郎山)、良渚古城遗址	4
国家森林公园	浙江千岛湖国家森林公园、浙江雁荡山国家森林公园、浙江钱江源国家森林公园、浙江九龙山国家森林公园、浙江括苍山国家森林公园、浙江四明山国家森林公园、浙江大奇山国家森林公园等	42
国家级风景名胜区	杭州西湖风景名胜区、富春江—新安江风景名胜区、雁荡山风景名胜区、普陀山风景名胜区、天台山风景名胜区、嵊泗列岛风景名胜区、楠溪江风景名胜区、莫干山风景名胜区、雪窦山风景名胜区、双龙风景名胜区、仙都风景名胜区、江郎山风景名胜区、仙居风景名胜区、浣江—五泄风景名胜区、方岩风景名胜区、百丈漈—飞云湖风景名胜区、方山—长屿硐天风景名胜区、天姥山风景名胜区、大红岩风景名胜区、大盘山风景名胜区、桃渚风景名胜区、仙华山风景名胜区	22
国家级自然保护区	浙江清凉峰国家级自然保护区、浙江天目山国家级自然保护区、浙江象山韭山列岛国家级自然保护区、浙江南麂列岛国家级自然保护区、浙江乌岩岭国家级自然保护区、浙江长兴地质遗迹国家级自然保护区、浙江大盘山国家级自然保护区、浙江古田山国家级自然保护区、浙江九龙山国家级自然保护区、浙江凤阳山—百山祖国家级自然保护区、浙江安吉小鲵国家级自然保护区	11

续表

类型	资源	数量/个
国家湿地公园	杭州西溪国家湿地公园、浙江衢州乌溪江国家湿地公园、浙江云和梯田国家湿地公园、浙江浦江浦阳江国家湿地公园、浙江诸暨白塔湖国家湿地公园、浙江长兴仙山湖国家湿地公园、浙江天台始丰溪国家湿地公园等	13
国家地质公园	雁荡山世界地质公园、浙江仙居神仙居地质公园、浙江缙云仙都地质公园、浙江临海国家地质公园、浙江新昌硅化木国家地质公园、浙江常山国家地质公园	6

(数据来源：根据浙江省文化和旅游厅官网、浙江省人民政府官网整理。)

浙江省是中国古代文明的发祥地之一。百万年前其境内已出现人类活动,已发现新石器时代遗址百余处,最著名的有距今约4000—5000年的良渚文化、距今约5000—7000年的河姆渡文化、距今约6000多年的马家浜文化、距今约7000—8000年的跨湖桥文化、距今约1万年的上山文化,近年来在良渚遗址又发现了5000年前中国最大古城。此外,东汉以来载入史册的浙江籍文学家逾千人,约占全国的六分之一。特别是五四运动之后,出现了鲁迅、茅盾等一大批浙江籍文化名人。中华人民共和国成立以来的"两院"院士(学部委员)中,浙江籍人士占了近五分之一。

历史悠久的历史使得自然风光与人文景观交相辉映。杭州市为2016年G20峰会举办地,具有历史和现实交汇的独特韵味。以杭州西湖为中心,纵横交错的人文生态旅游资源遍布全省,截至2020年,浙江省有10个国家历史文化名城、27个中国历史文化名镇、44个中国历史文化名村(见表2),名镇、名村总数居全国第一。在国务院公布的第一至第四批国家级非物质文化遗产代表性项目名录中,浙江省的入选数量分别为46项、97项、60项和30项,总入选数达233项。杭州西湖文化景观、大运河(浙江段)和良渚古城遗址入选世界文化遗产。

表2 浙江省人文生态旅游资源统计表(截至2020年)

类型	资源	数量/个
国家历史文化名城	杭州市、绍兴市、宁波市、衢州市、临海市、金华市、嘉兴市、湖州市、温州市、龙泉市	10
中国历史文化名镇	浙江省嘉善县西塘镇、浙江省嘉兴桐乡市乌镇、浙江省湖州市南浔区南浔镇、浙江省绍兴市柯桥区安昌镇、浙江省宁波市江北区慈城镇、浙江省象山县石浦镇、浙江省绍兴市越城区东浦镇、浙江省宁海县前童镇等	27
中国历史文化名村	浙江省武义县俞源乡俞源村、浙江省武义县武阳镇郭洞村、浙江省桐庐县江南镇深澳村、浙江省永康市前仓镇厚吴村、浙江省龙游县石佛乡三门源村、浙江省建德市大慈岩镇新叶村、浙江省永嘉县岩坦镇屿北村等	44
红色旅游景区	新登战役纪念馆、主席视察小营巷纪念馆、浙东人民解放军金萧支队纪念馆、乔司戊寅公墓、硬骨头六连展览馆、郁达夫故居、夏衍故居、龚自珍纪念馆、俞曲园纪念馆、潘天寿纪念馆、章太炎纪念馆、黄宾虹纪念馆、衙前农民运动纪念馆、章太炎墓等	89

(数据来源:根据浙江省文化和旅游厅官网、浙江省人民政府官网整理。)

2. 生态旅游资源分布特征

截至2020年,在世界级和国家级层面上,浙江省已有世界遗产4个,拥有国家森林公园42个,国家级风景名胜区22个,国家级自然保护区11个,国家湿地公园13个,国家地质公园6个;此外浙江省还拥有10座国家历史文化名城,27个中国历史文化名镇、44个中国历史文化名村,以及89个红色旅游景区。为更好地反映浙江省优质生态旅游资源的分布情况,以浙江省的生态旅游景区为样本,通过百度坐标拾取系统来获取各景区的地理坐标,并用ArcGIS 10.5软件对坐标数据进行处理,得到浙江省生态旅游资源现状分布图(见图2)。

中国生态旅游与绿色发展报告（2022）

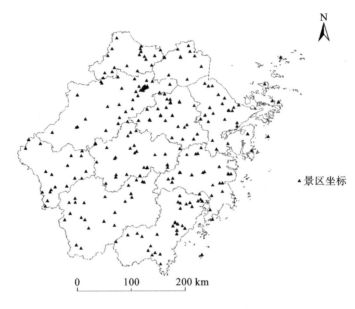

图 2　浙江省生态旅游资源分布现状

（数据来源：根据浙江省文化和旅游厅官网、浙江省湖南省人民政府官网数据自绘。）

核密度分析工具用于计算要素在其周围领域中的密度，为了解浙江省自然生态旅游资源及人文生态旅游资源的分布密度情况，利用 ArcGIS 10.5 软件分别对浙江省的自然生态旅游资源及人文生态旅游资源进行核密度分析，分析结果显示：

在浙江省自然生态旅游资源的分布中，核密度高值地区有两个核心，一个是杭州市主城区区域，另一个是温州市东北部地区；核密度中值地区有多处，包括湖州市南部地区、绍兴市南部地区、台州市西部地区、金华市东部地区以及衢州市和丽水市交界地区；核密度值较低的地区主要为嘉兴市、舟山市、宁波市东北部地区，衢州市和金华市的北部地区以及温州市的东南部地区（见图3）。总体而言，浙江省自然生态旅游资源呈带状交叉分布。

在浙江省人文生态旅游资源的分布中，核密度高值地区呈现一个核心，即杭州市主城区与绍兴市西北部地区附近，这主要得益于杭州市悠久的历史与丰厚的文化内涵；核密度中值区域主要有三处，分别是湖州市与嘉兴市交界地区、宁波市中心区域以及温州市东部地区；核密度低值地区主要包括杭州市和

B9 浙江省生态旅游与绿色发展报告

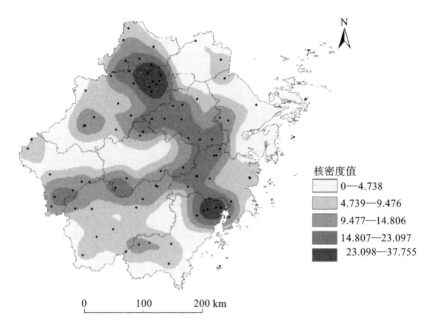

图 3 浙江省自然生态旅游资源分布核密度图

（数据来源：根据浙江省文化和旅游厅官网、浙江省人民政府官网数据自绘。）

衢州市的西部地区、丽水市的南部地区以及东部地区（见图4）。总体而言，浙江省人文生态旅游资源主要位于浙江省的北部地区和东南部地区，并呈现出多点、多片区分布的格局。

（二）产业发展现状

伴随着人民生活水平的提高，旅游业已经成为国民精神文化生活中不可或缺的一部分，同时也成为国民经济重要的组成部分。近年来，浙江省国内旅游收入一直保持稳步上升的态势，2019年浙江省国内旅游总收入10727亿元，达历史新高（见图5）。2020年全球旅游业都受到了疫情的严重冲击，国内旅游总收入呈下滑态势，浙江省也不例外。目前，浙江省生态旅游产业已初具规模，但是尚未构建完善的生态旅游统计体系，无法获得详细的数据。浙江省依托于丰富的自然生态资源与人文生态资源，走在国内生态旅游产业的发展的前列。浙江省德清县莫干山民宿，将生态旅游与乡村振兴紧密地结合起来，成

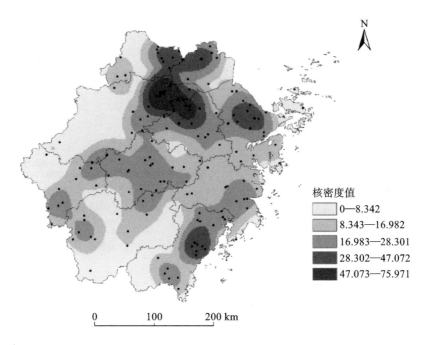

图4 浙江省人文生态旅游资源分布核密度图

（数据来源：根据浙江省文化和旅游厅官网、浙江省人民政府官网数据自绘。）

为业内民宿产业的标杆；浙江省乌镇作为中国最优质的旅游古镇而享誉国内，因举办2021世界互联网大会而名扬海外；杭州西湖文化景观于2011年被列为世界遗产，成为我国第41处世界遗产，西湖十景与古今文人墨客的诗词歌赋交相辉映，带给游客不一样的旅游体验。

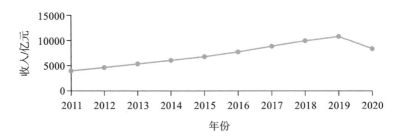

图5 2011—2020年浙江省国内旅游总收入

（数据来源：《浙江省统计年鉴》。）

（三）基于大数据的浙江省生态旅游多维关注度评价

依托于百度指数这一大数据分享平台，将"浙江"与"生态旅游"这两个关键词进行多维关注度挖掘，以反映社会大众和媒体对浙江省生态旅游发展的关注，并做出适当评价。

1. 关注度趋势变化

百度指数的关注趋势变化是以网民在百度的搜索量为数据基础，以关键词为统计对象，科学分析并计算出各个关键词在百度网页搜索中搜索频次的加权；由于数据来源的不同，搜索指数分为 PC 搜索指数和移动搜索指数。在百度指数平台搜索"生态旅游＋浙江"，关注 2021 年 1 月 1 日至 2021 年 12 月 31 日的浙江省生态旅游关注度趋势变化。

总体而言，2021 年百度用户"生态旅游＋浙江"在 PC 端和移动端的搜索指数整体变动较小，由图 6 可知，整体波动呈 W 形，但是也会出现非常明显的起伏。2021 年 5 月、7 月、8 月、12 月都出现了明显的搜索指数峰值，这可能是由于政策驱动或者官方资讯发布等多重原因。12 月份的峰值出现很可能是因为浙江、安徽、福建、江西四省共同宣布合作共建生态旅游廊道，由此可以发现社会群众对官方政策普遍较为关注，官方媒体可以更好地利用自身的引导宣传能力去向社会大众普及生态旅游。

图 6 "生态旅游"＋"浙江"关键词搜索指数

（数据来源：百度指数。）

此外,根据搜索指数概览的结果,2020年1月1日至12月31日"生态旅游＋浙江"的移动和PC端整体搜索日均达6527,而"生态旅游"的移动端和PC端整体搜索日均仅为247,这说明相较而言,浙江省的生态旅游发展关注度普遍较高。

2. 新闻资讯关注维度

百度指数中的新闻资讯关注指数是以百度智能分发和推荐内容数据为基础,将网民的阅读、评论、转发、点赞、不喜欢等行为的数量加权求和得出资讯指数。资讯指数可以反映出新闻资讯在互联网上对"生态旅游＋浙江"的关注程度、报道力度以及其持续变化的情况。2021年1月1日至2021年12月31日"生态旅游＋浙江"的关键词咨询指数如图7所示。

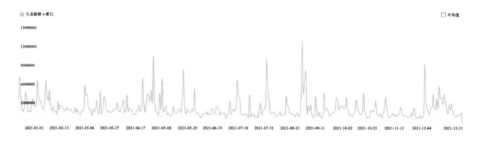

图7 "生态旅游＋浙江"关键词资讯指数可视化结果

(数据来源:百度指数。)

由图7可知,2021年浙江省生态旅游资讯关注指数波动较大。8月中下旬,浙江省生态旅游资讯指数达全年峰值,浙江省文化和旅游厅于该时期印发了《浙江省文化和旅游厅推进文化和旅游高质量发展促进共同富裕示范区建设行动计划(2021—2025年)》,该计划指出要建设10个以上省级文化传承生态保护区,支持长三角生态绿色一体化发展示范区嘉善片区旅游发展。此外,大大小小的峰值也在一定程度上反映了新闻资讯对浙江生态旅游发展的高度关注。

3. 搜索人群画像维度

百度指数的搜索人群画像主要从地域分布、人群属性和兴趣分布三个维度对相关主题词的搜索人群进行聚类分析。

1) 地域分布

地域分布指数是指根据百度用户搜索数据,采用数据挖掘方法,对关键词的人群属性进行聚类分析,给出用户所属的省(直辖市、自治区)、城市,以及城市级别的分布和排名。根据以"生态旅游+浙江"为关键词得到的地域分布排名显示,全国七大自然地理分区关注度排序依次为华东、华中、华北、华南、西南、东北、西北;全国各省(直辖市、自治区)排序中前十依次为浙江、广东、江苏、山东、河南、上海、北京、四川、河北、安徽;全国城市排名前十依次是杭州、上海、宁波、北京、温州、深圳、成都、苏州、广州、南京(见表3)。

表3 "生态旅游+浙江"关键词搜索指数排名前十的省(直辖市、自治区)与城市

排 名	省(直辖市、自治区)	城 市
1	浙江	杭州
2	广东	上海
3	江苏	宁波
4	山东	北京
5	河南	温州
6	上海	深圳
7	北京	成都
8	四川	苏州
9	河北	广州
10	安徽	南京

(数据来源:百度指数。)

整体而言,"生态旅游+浙江"的区域搜索特征是搜索指数整体呈现出以浙江为中心逐步向外辐射递减的态势;省内的关注度相对而言高于省外。

2) 人群属性

人群属性是指根据百度用户搜索数据,采用数据挖掘方法,对关键词的人群属性进行聚类分析,给出用户所属的年龄和性别的分布及排名。

(1) 年龄分布。

搜索"生态旅游+浙江"关键词的百度用户年龄分布情况是20—29岁的人群占比最高,达32.96%;30—39岁的人群占比次之,为28.89%;40—49

岁、19岁及以下、50岁及以上的人群占比依次为15.35%、12.8%、10%。产生这种年龄分布的原因可能是多方面的,但是最主要的有两个方面。首先,互联网平台的天然屏障隔绝了一部分年龄大的群体;其次,生态旅游是最近几年才被提出并且反复强调的理念,年轻人对新理念的接受程度要远高于中老年人。

(2)性别分布。

搜索"生态旅游+浙江"关键词的百度用户的性别分布较为平衡,其中男性占比55.83%,女性占比44.17%。关注"生态旅游+浙江"的搜索用户中,男性所占比例高于女性,这在一定程度上反映出男性用户对浙江省生态旅游发展的关注度更高。

3)兴趣分布

基于百度搜索用户行为数据以及画像库,刻画所选范围上关注该主题词的人群分布情况以及相对全网平均表现的强弱程度。刻画结果显示,关注"生态旅游+浙江"的搜索用户的兴趣爱好主要是影视音乐、资讯、理疗健康;占比依次为97.2%、95.32%、94.84%。这一结果没有很大的区分度,无法显示出"生态旅游+浙江"搜索用户的特点。这很可能因为统计结果只显示排名较靠前的兴趣分布,它们往往过于普遍而无法显现出目标群体的特性。

三、浙江省生态旅游存在的问题

(一)酸雨污染较严重

浙江省酸雨污染较严重。年均降水pH为5.16,比上年上升0.03(改善);平均酸雨率为52.6%。69个县级以上城市中有50个被酸雨覆盖,其中轻度酸雨区37个,中度酸雨区13个,无重酸雨区(见图8)。从降水化学组分看,酸雨类型为硫酸-硝酸混合型,主要致酸物质是硫酸盐和硝酸盐。

酸雨污染主要受局地污染排放和长距离跨区域传输的影响。虽然浙江省的酸雨在一定程度上也受到了南方重工业城市长距离跨区域传输的影响,但是更重要的还是本土空气污染的影响。酸雨主要来源于城市大气污染物的局

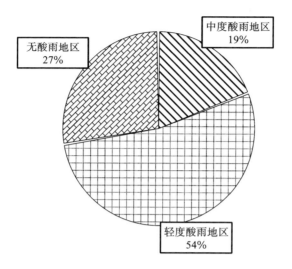

图 8　浙江省县级以上城市酸雨程度分布饼状图

(数据来源：《2020年浙江省生态环境状况公报》。)

地冲刷,致酸前体物排放负荷大是酸雨污染的根本原因。2020年浙江省一次能源消费构成中,煤炭、石油及制品、天然气等在一次能源消费总量中占比分别约为39.4%、22.9%和7.0%。作为能源消耗大省,浙江省能源消费量逐年增加,2020年的能源消费总量为24660万吨标准煤。尽管能源结构不断优化,但仍以化石燃料为主。在全省产业及生活能源消费中,煤炭仍占主体地位。与此同时,机动车数量大幅增加,人均保有量和增长速度明显高于全国平均水平。至2020年,全省机动车保有量已超过1976.5万辆。化石燃料的大量使用是造成酸雨污染加重的重要原因,污染物大量排放给节能减排和生态环境保护带来较大压力。

(二)海洋生态环境问题较突出

台州市、宁波市、舟山市等多处码头和企业的污水直排滩涂或入海。宁波市奉化区象山港避风锚地项目在生态敏感区圈围海域602公顷,非法侵占生态红线内的南沙山岛,改变了岛屿40%地形地貌,但奉化区生态评估认为"对海洋生态环境未产生重大影响",使项目得以保留。宁波市慈溪渔光互补光伏和象山县墙头村西沪华城项目,分别占用滩涂湿地 194.8 公顷[①]和 8.5 公顷,均未落实占补平衡要求。台州市路桥区未将三山涂 1042 公顷围海项目纳入历史遗留问题处置清单,在施工中还将大量土石方和泥浆倾倒于滩涂,侵占湿地 112 公顷。

固体废物方面,历史遗留问题整治不彻底,新的违规倾倒问题仍在发生。多地堆存区域清理不彻底:余姚市未将小曹娥工业园区垃圾堆场纳入排查整治,大量渗滤液积存堆场内,散发刺激性气味,污染问题十分突出;宁波市象山县水桶岙垃圾填埋场渗滤液处置能力不足,2017 年至今累计向市政管网超标排放渗滤液 75 万吨。

一些地方城区雨污合流问题突出。嵊州市 13 个老旧小区生活污水未实现纳管,大量生活污水排入剡溪。温州市老城区管网改造不彻底,大量雨水、河水混入市政污水管网,部分污水溢流城区内河。舟山市普陀、新城部分区域污水管网破损,每天约 1.5 万吨生活污水通过河道排海。中国水产舟山海洋渔业公司附近区域无污水管网,污水通过暗河排放。

(三) 官方部门生态保护意识不强

存在生态保护红线毁林造地等问题。部分地方在省级以上公益林、生态保护红线、高山顶部等禁止选址范围违规立项审批涉林造地项目,导致大量林地被破坏,局部水土流失严重,省市两级自然资源部门验收把关不严。2020 年 9 月中央第三生态环境保护督察组进驻浙江省,随机抽查衢州市、金华市、丽水市等地 33 个涉林造地项目,有 26 个涉及禁止选址范围,而部分项目已通过验收。杭州市富阳区以低产农田改造为名行毁林造地之实,累计毁坏林地 526 亩。

化肥、农药减量化工作不严不实。2019 年全省配方肥及按方施肥覆盖率不到 50%,但各级农业部门普遍上报覆盖率超 90%;一些地方以规模种植大户自主防治代替专业化统防统治,数据严重失实。2019 年,杭州市萧山区水稻

---

① 1 公顷=10000 平方米。

种植面积10万亩,由专业化统防统治组织实施病虫害防治的实际覆盖率仅5%,却上报为60%。省市统计部门也未开展有效审核,减量数据长期虚高。这就导致农业面源污染问题日益突出,太湖流域平湖市一些国控断面近3年总磷浓度呈季节性超标。

四、浙江省生态旅游发展建议

(一)加强协同治理,控制大气污染

首先,推进全方位酸雨防控治理,在"双碳"背景下,新能源产业大力发展,浙江也可以着力发展新能源产业以减少含硫物质的排放;其次,运用新技术减少致酸物质的排放,如原煤脱硫技术可以除去燃煤中大约40%—60%的无机硫,改进的燃煤技术可以减少燃煤过程中二氧化硫和氮氧化物的排放量;最后,对煤燃烧后形成的烟气在排放到大气中之前进行烟气脱硫。坚持综合治理和重点突破,强化多污染物协同控制和区域协同治理,以"清新空气示范区"建设为载体,深化固定源、移动源、面源污染治理,实施氮氧化物与挥发性有机物协同减排,实现PM2.5和O_3"双控双减",全面消除重污染天气,基本消除中度污染天气,巩固并提升城市空气质量达标成果。

(二)打造美丽海洋,加快发展海洋旅游

坚持陆海统筹、河海联动,加快推进陆海污染协同治理、海洋生态保护修复、亲海环境品质提升等工作,建设"水清滩净、鱼鸥翔集、人海和谐"的美丽海湾,推动全省海洋生态环境稳中向好。首先,加强陆海污染协同治理。实施入海河流氮磷减排,建立入海河流(溪闸)总氮、总磷监控体系。其次,加强海洋生态保护与修复。坚持以"保护优先、自然恢复"为主,加强重点海湾(湾区)、重要岛群等生态保护修复和监管。最后,提升公众亲海环境品质。优化海岸

带生产、生活和生态空间布局,严控生产岸线,保护自然岸线和生活岸线。推进海岸绿化,营造海岸自然景观空间,拓展公众亲海岸滩岸线。推进海岸美化,结合美丽城镇、美丽乡村、美丽田园、美丽庭院等建设,完善海岸配套公共设施。

依托1800千米生态海岸带,深入挖掘和利用海洋文化资源,发展滨海旅游,打造中国最美黄金旅游海岸带。挖掘宁波、舟山"海上丝绸之路"文化遗址价值,保护沿海抗倭等海防遗址,打造海洋考古文化旅游目的地。创新杭州湾、三门湾、台州湾、象山港—梅山湾、乐清湾、温州湾等湾区旅游发展。推出游钓艇、海洋牧场、海洋运动、海水康疗、海洋食品养生等海洋旅游产品,开发邮轮游艇、休闲度假岛、海洋探险等高端旅游产品,打造海上运动赛事,大力发展海洋海岛旅游。加快打造滨海旅游景区度假区,加强滨海游和海岛游串联,丰富旅游产品供给。

(三)强化领导机制,树立可持续发展意识

加强对旅游业高质量发展的组织领导和统筹协调,推动形成"目标体系、工作体系、政策体系、评价体系"闭环工作机制。省政府设立旅游工作专班,定期研究解决旅游改革和发展重大问题,省直相关部门要按照责任分工,通力配合,齐抓共促,细化政策措施,形成合力,推动旅游发展形成良好局面。各市、县(市、区)要强化主体责任,建立健全组织机构和工作机制,加大统筹力度,做好落实工作。

生态旅游的核心理念就是坚持可持续发展,生态旅游就是要以可持续发展理念为原则,以保护环境为前提,以统筹人与自然和谐发展为准则的一种旅游方式,发展生态旅游就是要坚持走绿色、可持续的道路。首先,要坚持先保护再开发的原则。坚持生态优先、保护第一,在保护好生态资源的基础上再进行旅游开发,实现绿色发展。其次,要坚持先规划再开发的原则。发展旅游业要坚持规划先行,在发展生态旅游时要发挥规划的引领作用,通过制定科学、严谨的旅游规划来保证旅游开发合理、有序地进行,达到既发展旅游经济,又不会对旅游环境造成破坏。

参考文献

[1] 梁改童,高敏华,白洋.西北地区 A 级景区与旅游收入空间错位研究[J].西北大学学报(自然科学版),2021,51(2).

[2] 连纲,罗涛,傅智慧,等.2001—2018年浙江省酸雨变化特征及影响因素分析[J].中国环境监测,2021,37(4).

作者简介：

侯玉杰,湖北大学旅游学院旅游管理专业硕士研究生。

B10 重庆市生态旅游与绿色发展报告

韩娟娟

摘　要：生态旅游作为一种有别于传统旅游的新兴形式,因其对经济发展、环境保护、社会教育等的独特作用而逐渐成为旅游业的主流和热点。重庆市山水人文兼具,生态旅游资源存量颇丰,地处渝黔川"生态旅游金三角",其生态旅游大有可为。报告从生态旅游资源禀赋及分布现状、生态旅游产业现状、产品结构与产品开发、市场特征等方面对重庆市生态旅游发展情况进行分析,指出重庆市生态旅游发展存在的问题,并为重庆市生态旅游可持续提出相应建议,以期助力重庆市生态旅游良性发展。

关键词：生态旅游；重庆市；研究报告

Abstract: Eco-tourism, as a new form different from traditional tourism, has gradually become the mainstream and hot spot of tourism because of its unique role in economic development, environmental protection and social education. Chongqing is located in "the golden triangle of eco-tourism" in Chongqing, Guizhou and Sichuan, and its eco-tourism is promising. The report analyzes the development of ecotourism in Chongqing from the aspects of the endowment and distribution of ecotourism resources, the present situation of ecotourism industry, product structure and product development, market characteristics, etc., points out the existing problems in the development of ecotourism in Chongqing, and puts forward corresponding suggestions for the sustainable development of ecotourism in Chongqing, so as to help the sound development of ecotourism in Chongqing.

Keywords: Ecotourism; Chongqing; Research Report

一、引　言

重庆市是中国四大直辖市之一,其名源于南宋时期宋光宗即帝位后改"恭州"为"重庆府",即"双重喜庆"之意。因境内嘉陵江古称"渝水",故简称"渝"。重庆市位于东经105°11′—110°11′,北纬28°10′—32°13′,地处中国内陆西南部、嘉陵江与长江交汇处,以逆时针方向与四川省、贵州省、湖南省、湖北省、陕西省接壤,辖区东西长470千米,南北宽450千米,总面积8.24万平方千米,是中国面积最大的直辖市。境内河流、山地较多,有长江、嘉陵江、乌江、阿蓬江、涪江、芙蓉江、綦江、酉水、渠江等多条河流以及长寿湖、小南海、汉丰湖等淡水湖,其中小南湖有"人间仙境"之美誉,是我国保存较为完整的古地震遗址。境内中部和西部较为平坦,多为低山、丘陵,北东南三面环绕有大巴山、巫山、武陵山和大娄山,辖区山地面积占76%,"山城"之称由此而来。重庆市气候温和、空气湿润、降水充沛,截至2021年,森林覆盖率达54.5%,境内动植物资源丰富,这些自然条件共同铸就了其"旅游资源大市"地位,也是重庆市发展生态旅游的根基之所在。

重庆市作为中国特大城市和知名旅游城市,历史悠久,自然人文景观兼备,旅游资源得天独厚,其常住人口在全国主要城市中位居前列,其经济在2021年全国Top10城市中排名第五,是全国重要的综合性交通枢纽,具有发展生态旅游的外部条件。本研究通过对重庆市生态旅游发展现状和特征进行描述分析,并根据重庆市生态旅游发展中存在的问题提出相关建议,有助于促进重庆市生态旅游的可持续发展。

二、发展现状

(一)生态旅游资源现状

1. 生态旅游资源赋存现状

重庆市总面积达8.24万平方千米,据第七次全国人口普查统计,其常住人口超过3200万人,是我国面积最大、人口最多的直辖市。境内生态旅游资源类型繁多、品质优良、特色鲜明,截至2018年,旅游资源单体超过4000个,涉及《旅游资源分类、调查与评价》(GB/T 18972—2017)中的8个主类,23个亚类和110个基本类型中的大部分。形成了由世界自然遗产、旅游度假区、风景名胜区、自然保护区、森林公园、地质公园、湿地公园、水利风景区组成的自然生态旅游资源体系,以及由世界文化遗产、历史文化名城、历史文化名镇、历史文化名村、历史文化名街、传统风貌区组成的人文生态旅游资源体系。

在自然生态旅游资源方面,重庆市是世界上最大的山水城市,也是世界十大旅游目的地之一,有集山川、河流、森林、湿地、瀑布、洞穴、峡谷于一体的壮丽而又丰富的自然景观群,截至2021年,全市森林覆盖率达54.5%,森林面积达6742万亩,分布有6000多种珍稀植物及800余种陆生脊椎野生动物,生物资源禀赋优良。重庆市自然生态旅游资源类型如图1所示。可以看出,重庆市的森林公园、自然保护区总占比约66%,构成重庆市生态旅游的基本框架,也表明这两类生态旅游产品在重庆市具有较强竞争优势,其次是占比约16%的风景名胜区和约12%的湿地公园,两类资源总面积约7000平方千米,是重庆市自然生态旅游资源的重要组成部分。同时,通过重庆市国家级和世界级自然生态旅游资源统计表(见表1)可以看出,重庆市优质自然生态旅游资源存量颇丰,发展高品质生态旅游势头强劲。

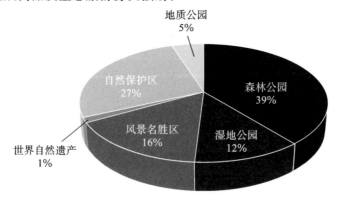

图1 重庆市自然生态旅游资源类型

(数据来源:根据重庆市文化和旅游发展委员会、重庆市人民政府、重庆市林业局官网数据整理。)

表 1　重庆市国家级和世界级自然生态旅游资源统计表（截至 2020 年）

类　型	景　区	数量/个
世界自然遗产	武隆芙蓉洞（"中国南方喀斯特"一期）、金佛山（"中国南方喀斯特"二期）	2
国家级风景名胜区	长江三峡风景名胜区、缙云山风景名胜区、金佛山风景名胜区、四面山风景名胜区、芙蓉江风景名胜区、天坑地缝风景名胜区、潭獐峡风景名胜区	7
国家级自然保护区	重庆阴条岭国家级自然保护区、重庆雪宝山国家级自然保护区、重庆大巴山国家级自然保护区、重庆五里坡国家级自然保护区、重庆缙云山国家级自然保护区、重庆长江上游珍稀特有鱼类国家级自然保护区、重庆金佛山国家级自然保护区	7
国家森林公园	重庆黄水国家森林公园、重庆仙女山国家森林公园、重庆茂云山国家森林公园、重庆双桂山国家森林公园、重庆小三峡国家森林公园、重庆金佛山国家森林公园、重庆红池坝国家森林公园、重庆雪宝山国家森林公园、重庆玉龙山国家森林公园、重庆黑山国家森林公园、重庆歌乐山国家森林公园、重庆茶山竹海国家森林公园、重庆黔江国家森林公园、重庆毓青山国家森林公园、重庆梁平东山国家森林公园、重庆武陵山国家森林公园、重庆桥口坝国家森林公园、重庆铁峰山国家森林公园、重庆九重山国家森林公园、重庆大园洞国家森林公园、重庆南山国家森林公园、重庆观音峡国家森林公园、重庆天池山国家森林公园、重庆酉阳桃花源国家森林公园、重庆巴尔盖国家森林公园、重庆青龙湖国家森林公园	26

续表

类　型	景　区	数量/个
国家湿地公园	重庆彩云湖国家湿地公园、重庆秀湖国家湿地公园、重庆皇华岛国家湿地公园、重庆迎凤湖国家湿地公园、重庆阿蓬江国家湿地公园、重庆酉水河国家湿地公园、重庆濑溪河国家湿地公园、重庆涪江国家湿地公园、重庆汉丰湖国家湿地公园、重庆龙河国家湿地公园、重庆大昌湖国家湿地公园、重庆青山湖国家湿地公园、重庆迎龙湖国家湿地公园、重庆巴山湖国家湿地公园、重庆南川黎香湖国家湿地公园、重庆秀山大溪国家湿地公园、重庆石柱藤子沟国家湿地公园、重庆铜梁安居国家湿地公园、重庆梁平双桂湖国家湿地公园、重庆武隆芙蓉湖国家湿地公园	20
国家地质公园	长江三峡(重庆)国家地质公园、重庆云阳龙缸国家地质公园、重庆武隆岩溶国家地质公园、重庆万盛国家地质公园、重庆酉阳地质公园、重庆石柱七曜山地质公园、重庆綦江木化石—恐龙足迹国家地质公园、重庆黔江小南海国家地质公园	8
国家水利风景区	南岸区南滨路水利风景区、黔江区小南海水利风景区、开州区汉丰湖水利风景区、丰都龙河谷水利风景区、荣昌荣峰河水利风景区、武隆阳水河水利风景区、璧山璧南河水利风景区、永川区勤俭水库水利风景区、石柱县龙河水利风景区、潼南区从刊水库水利风景区、武隆区山虎关水库水利风景区、合川区双龙湖水利风景区、璧山区大沟水库水利风景区、江津区清溪沟水利风景区、大足区龙水湖水利风景区	15

(数据来源:根据重庆市文化和旅游发展委员会、重庆市水利局、重庆市林业局、重庆市人民政府官网数据整理。)

在人文生态旅游资源方面,重庆市是一座历史底蕴深厚的城市,是国家历史文化名城。在200多万年前的旧石器时代早期,这里出现了"巫山人",同时这里也是"巴文化"的发祥地,境内不可移动文物约26000个,有涵盖从旧石器时代到明清时期的古遗址类文物超过1500个,其中有展现宋元战争的钓鱼城遗址、展现两千多年制盐历史的大宁盐场遗址,以及重庆市规模最大的衙署遗址——老鼓楼衙署遗址等众多人文景观。此外,重庆市在近代历史沿革中占据举足轻重的地位,是早期共产主义运动重要发祥地,是民国时期的首都,也是抗日战争大后方,有着光荣的革命传统和极为丰富的红色旅游资源。表2为重庆市人文生态旅游资源统计表,可以看出重庆市的人文生态景观类型齐全、数量丰富,市级、国家级、世界级均有涵盖,进一步凸显了其历史文化名城地位,也为重庆市发展生态旅游夯实人文基础。

表2 重庆市人文生态旅游资源统计表(截至2020年)

类 型	资 源	数量/个
世界文化遗产	大足石刻	1
国家历史文化名城	重庆市	1
中国历史文化名镇	巴南区丰盛镇、江津区石蟆镇等	23
中国历史文化名村	涪陵区青羊镇安镇村	1
中国历史文化名街	沙坪坝区磁器口历史文化街区	1
市级历史文化名城	江津历史文化名城	1
市级历史文化名镇	巴南区木洞镇、九龙坡区铜罐驿镇等	30
市级历史文化名村	玉龙镇玉峰村、隆兴镇永兴村等	45
市级历史文化名街	三倒拐历史文化街区、李子坝历史文化街区等	10
市级传统风貌区	十八梯传统风貌区、人民大礼堂传统风貌区等	20

(数据来源:根据重庆市规划和自然资源局官网数据整理。)

2. 生态旅游资源分布现状

截至2020年,重庆市共有世界遗产3个、各级自然保护区58个、各级风景名胜区36个、各级森林公园85个、各级地质公园10个、各级湿地公园26个、各级历史文化名城2个、各级历史文化名镇53个、各级历史文化名村46个、各级历史文化名街11个、市级传统风貌区20个。为反映重庆市生态旅游资源的分布情况,以重庆市的自然人文生态旅游景区为样本,筛除重复项后,通过拾取坐标系统来获取各景区的地理坐标,导入ArcGIS 10.5软件对坐标数据处理后得到重庆市生态旅游资源现状分布图(见图2)。

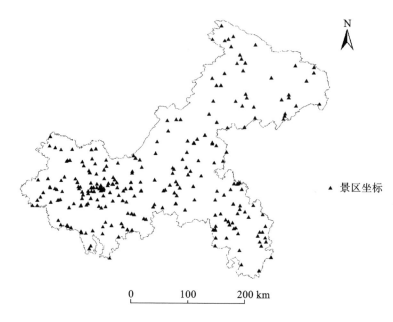

图 2 重庆市生态旅游资源现状分布图

(数据来源:根据重庆市文化和旅游发展委员会、重庆市水利局、重庆市林业局、重庆市人民政府官网数据自绘。)

核密度分析工具用于计算点要素或线要素在其周围邻域中的密度,体现分析目标的空间聚集情况。为进一步分析重庆市生态旅游资源分布密度情况,利用 ArcGIS 10.5 软件对重庆市自然及人文生态旅游资源进行核密度分析,分析结果如图 3 所示。

从该图可以看出,重庆市的生态旅游资源分布空间差异较为显著,核密度值总体呈现西高东低、南高北低的特点。这表明重庆市西部、南部地区生态旅游资源较为丰富,发展生态旅游优势显著,东部、北部地区生态旅游资源相对较少,发展生态旅游具一定劣势。就空间分布情况来看,重庆市西部地区集中了重庆市近 50％的生态旅游资源,核密度呈现出同心圆状分布格局,其核心为重庆市的九个主城区,其中渝中区是主城区的中心区域,是巴渝文化、红岩精神以及抗战文化的发源地,也是重庆的政治、经济、文化、商贸中心,历史悠久,生态旅游资源丰富。另外八个主城区分别为九龙坡区、沙坪坝区、南岸区、巴南区、渝北区、北碚区、江北区、大渡口区,它们都是重庆历史悠久的传统行政

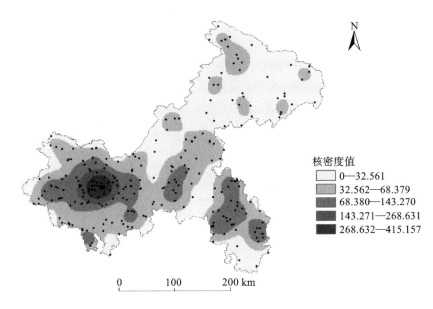

图 3　重庆市生态旅游资源核密度图

(数据来源:根据重庆市文化和旅游发展委员会、重庆市水利局、重庆市林业局、重庆市人民政府官网数据自绘。)

区,其中渝北区和巴南区是中国优秀旅游城区,大渡口区具有区位、政策、资源、环境的叠加优势,南岸区和沙坪坝区自然和人文生态旅游资源存量颇丰,北碚区是"重庆都市花园"。东部和东南部分布有 3 处核密度中值区,包括酉阳土家族苗族自治县与秀山土家族苗族自治县北部交界处、黔江区及其南部区域、武隆区及其北部区域。重庆北部有多处核密度低值区,县域层面主要为巫溪县、垫江县、奉节县等。

(二)产业发展现状

2020 年全国范围内旅游业受到疫情严重影响,整体均有所下降。根据 2020 年统计公报数据显示,重庆市 2020 年全年旅游从业人员 292.96 万人,比 2019 年下降 8.7%;接待过夜游客人次数 6441.48 万人,比 2019 年下降 35.5%;A 级景区接待游客人次数 16114.3 万人,比 2019 年下降 40.4%;国际旅游外汇收入 1.08 亿美元,下降 95.7%。尽管重庆市 2020 年旅游业发展受挫,但受影响程度低于全国平均水平,这表明重庆市生态旅游发展韧性较强。

为进一步分析重庆市生态旅游业发展情况,我们需对重庆市生态旅游收入及生态旅游接待人数进行分析。因为当前生态旅游没有专门的统计渠道及数据,所以本研究用旅游总收入、A级景区接待游客人次数数据进行转换,以重庆市A级景区数量为依据,将旅游总收入与生态旅游收入进行转换。根据重庆市2020年旅游业统计公报数据,重庆市共计262个国家A级旅游景区,其中包含国家5A级旅游景区10个、国家4A级旅游景区121个、国家3A级旅游景区81个、国家2A旅游级景区49个、国家1A级旅游景区1个。本研究对262个旅游景区进行筛选区分,与生态旅游相关的国家5A级旅游景区有9个、国家4A级旅游景区87个、国家3A级旅游景区43个、国家2A旅游级景区24个、国家1A级旅游景区0个,共计163个(见表3),数量占总体A级旅游景区数量的62.21%,在此以重庆市旅游国内收入的62.21%、重庆市旅游外汇收入的62.21%来分析重庆市生态旅游的发展情况。因为未将各年份A级景区数量变化、各景区门票收入、各景区旅游接待人数等因素考虑在内,所以62.21%仅作为估算参考值。

表3 重庆市A级旅游景区统计表

等级	数量/个	与生态旅游相关的景区数量
5A	10	9
4A	121	87
3A	81	43
2A	49	24
1A	1	0
合计	262	163

(数据来源:根据重庆市文化和旅游发展委员会官网数据及百度相关资料整理。)

由2011—2020年重庆市生态旅游国内收入概况图可以看出,重庆市2011—2019年生态旅游国内收入逐年增长,2016—2019年重庆市生态旅游国内收入增速较快(见图4),可能是因为国家发展和改革委员会2016年发布的《全国生态旅游发展规划(2016—2025年)》中涉及重庆市的2个生态旅游协作区、5个重点生态旅游目的地、3条精品生态旅游线路、4条国家生态风景道,将重庆市生态旅游发展提升至国家层面,为其提供良好的政策条件。2020年受疫情影响,国内旅游均降幅收窄,数据参考意义不大,但通过2019年重庆生态旅游国内收入达3461.74亿元这一数据可以发现,重庆市生态旅游受到国内旅游者的关注与喜爱。近年来,随着国民综合素质的提升以及旅游者环境伦理意识的增强,生态旅游作为一种绿色旅游和可持续旅游方式,在旅游业中的比重不断增加,因此未来重庆应完善经营管理模式,增强对生态旅游的关注度,注重生态系统的完整性和生物多样性,将重庆打造为全国乃至世界知名的生态旅游目的地。

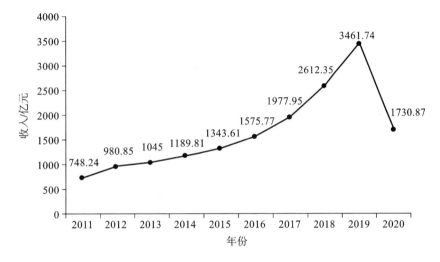

图4　2011—2020年重庆市生态旅游国内收入概况图

(数据来源:根据2011—2020年重庆市旅游业相关数据整理。)

从2011—2020年重庆市生态旅游外汇收入概况图可以看出,2011—2019年重庆市生态旅游外汇收入在逐年增长,但2012—2015年增速放缓(见图5),且近十年来生态旅游外汇收入平均增速小于生态旅游国内收入平均增速。生态旅游国内收入增速快的原因是我国近年来居民生活质量的提升,生态旅游国内需求旺盛,但重庆市位于西南腹地,因此交通是入境生态旅游发展的一大限制条件。

此外,在产业定位方面,自2008年重庆市提出"宜居重庆"战略目标起,就一致致力于环境污染治理、生态环境优化、居住条件改善、社会文明程度提升

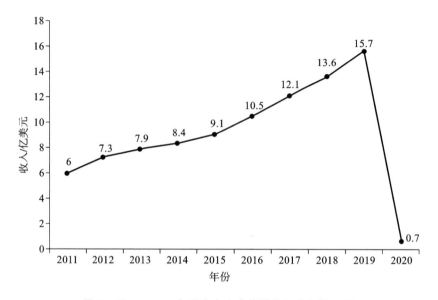

图 5　2011—2020 年重庆市生态旅游外汇收入概况图

（数据来源：根据 2011—2020 年重庆市旅游业相关数据整理。）

等工作，为生态旅游产业发展创造良好的外部环境。重庆市依托得天独厚的自然生态旅游资源及特色鲜明的人文生态旅游资源，在"宜居重庆""山水之城·美丽之地"等战略目标的指引下，生态旅游产业规模持续多年快速增长。

三、重庆市生态旅游发展特征

（一）生态旅游产品特征

1. 产品结构

从生态旅游的产品结构来看，重庆市的产品类型较为丰富，自然人文生态旅游产品兼备，在 4000 多个旅游资源单体中，自然类旅游资源占比 60.6%，人文类旅游资源占比 39.4%。重庆市生态旅游资源主要有八种类型：一是以金佛山、嘉陵江为代表的山水景观；二是以武隆天坑地缝、芙蓉洞为代表的地质景观；三是以长江三峡、神女溪为代表的江峡景观；四是以缙云大众温泉、北温泉为代表的温泉产品;五是以大足石刻、奉节白帝城为代表的历史文化旅游产品;六是以歌乐山革命纪念馆、杨闇公旧居为代表的红色旅游资源;七是以磁器口古镇、三峡博物馆为代表的巴渝文化资源;八是以林园陪都遗址、黄山陪都遗址为代表的陪都遗址资源。

2. 产品开发

在产品开发上,重庆市生态旅游产品开发层次不高,未能充分挖掘现有优质生态旅游资源潜在价值,低层次的观光游产品占比较大,缺乏以康养度假、文化休闲、科考探险为目的生态旅游产品,夜游产品和特色产品仍显不足,无法满足不同地域、不同年龄、不同类型生态旅游者的生态旅游需求。部分景区过于追求眼前经济效益而忽视长远社会、经济、环境综合效益,导致破坏性开发、盲目开发、低层次开发等短视行为频发,对重庆市自然生态景观环境和历史人文景观环境产生难以恢复的影响。同时,现有旅游产品同质化问题较为严重,地方特色得不到凸显,产品在核心内容和展现形式上存在内部相似性,导致恶性竞争,造成资源浪费。另外,由于各景区分属于不同职能部门,如大巴山自然保护区由林业部门管理、丰都龙河谷水利风景区由水利部门管理,景区缺乏统一的规划和步调,各自为政,区域协调发展受制约,从而阻碍了生态旅游产品的开发和利用。

(二)生态旅游市场特征

1. 整体市场分析

百度指数是由百度公司以海量网民在百度网站搜索等行为数据为基础,提供的互联网和大数据分析统计工具。本研究以 2021 年 1 月 1 日至 2021 年 12 月 31 日为时间维度,对生态旅游整体市场进行分析,利用百度指数获取生态旅游搜索用户的地域分布信息(其原理为根据百度用户搜索"生态旅游"及其相关词组的数据,采用数据挖掘方法,对生态旅游的搜索人群属性进行聚类分析,得出用户所属的省级行政区、城市,以及城市级别的分布和排名)。从整体市场来看,重庆市对生态旅游的关注度排名第二十,在全国省级行政区中处于中下水平,考虑到数据精确度及疫情影响,本研究将时间范围更改为 2021

年12月1日至2021年12月31日,发现排名上升至第十八名,这表明重庆市人民对生态旅游关注有所提升,但整体关注度仍有待加强。

根据搜索"生态旅游"关键词的百度用户性别分布图可以发现,关注"生态旅游"的用户中,女性比例高达68.93%,是男性比例的2倍以上(见图6)。这表明女性旅游者对生态旅游的关注度更高,重庆市在今后生态旅游营销推广中可针对女性旅游者开展个性化营销。

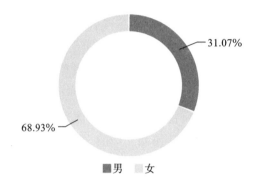

图6 搜索"生态旅游"关键词的百度用户性别分布

(数据来源:百度指数。)

2. 生态旅游市场分析

重庆市地处我国中部和西部地区交界处,是我国中西部地区唯一的直辖市、国家重要中心城市,是西部大开发的重要战略支点,区位优势显著。重庆市地理位置极佳,与湖北省、湖南省等中部经济强省及四川省、陕西省等地为邻,与北京市、上海市等经济发达、人口密集的特大城市联系紧密,同时,沿重庆市可北上汉中市出陕西省,东下长江可北探华北平原、亦可沿江到达长三角地区,南则是湘黔与两广地区,其视野之广、纵深之长绝无仅有。重庆市位于国家"一带一路"和"长江经济带"的Y形节点上,是中国长江上游地区唯一汇集水、陆、空交通资源的特大型城市,是成渝城市群的中心,加上丰富的自然人文生态旅游资源,使得重庆市生态旅游市场需求巨大。为进一步研究重庆市生态旅游市场潜力,本研究通过百度指数,对重庆市的生态旅游市场需求特征进行具体分析。

利用百度指数分析工具,以"生态旅游+重庆"为关键词进行检索,检索时间为2021年1月1日至2021年12月31日,根据百度指数进行人群画像分析,得出重庆市生态旅游搜索用户地域分布状况(见图7)。从地区市场来看,2021年1月1日至2021年12月31日这一年里,除重庆市本市以外,广东省、四川省、江苏省、浙江省、山东省、河南省、北京市、湖北省、上海市九大省级行政区对重庆市生态旅游关注度较高,重庆市应加大市内生态旅游市场重视程度,牢牢把握四川省、湖北省等周边地区的生态旅游基础市场,积极开拓广东省、江苏省、浙江省等经济发达地区的机会市场,努力扩大生态旅游市场份额,提升重庆生态旅游市场影响力。

图7 搜索"生态旅游+重庆"用户地域分布状况

(数据来源:百度指数。)

从重庆市生态旅游关注人群的年龄段来看(见图8),重庆市生态旅游相关话题的关注人群中20—39岁年龄段的群体占比最大,考虑到我国网民年龄分布中20—39岁人群占比最大,因此通过TGI值对重庆生态旅游搜索人群进一步分析,可以发现30岁以下人群TGI指数大于100,表明30岁以下旅游者对重庆生态旅游的关注程度高于整体水平。重庆市生态旅游发展应紧跟时代潮流,加大生态旅游资源文化挖掘力度,积极开展符合"80后""90后""00后"群体需求的"生态旅游+科技""生态旅游+智慧""生态旅游+亲子游"等项目,最终形成独具特色的重庆本土化生态旅游产品。

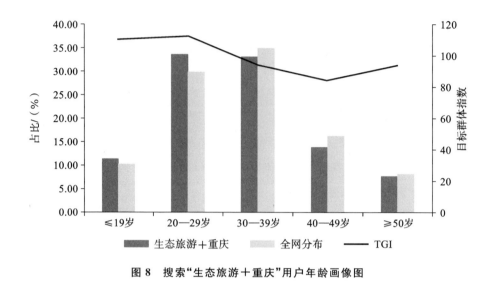

图8 搜索"生态旅游+重庆"用户年龄画像图

(数据来源:百度指数。)

四、重庆市生态旅游存在的问题

根据本研究对重庆市生态旅游资源禀赋及分布现状、生态旅游产业发展现状、生态旅游产品特征与市场特征的分析,结合大数据多维评价工具,可以发现重庆市生态旅游主要存在三个问题:生态旅游产品开发质量不高;交通等基础设施为制约因素;旅游形象宣传力度仍显不足。

(一)生态旅游产品开发质量不高

重庆市虽有丰富的自然人文生态旅游资源,但目前景点内容单调,仍以传统的观光游生态旅游产品为主,除长江三峡和大足石刻外,尚未形成具有强吸引力的旅游精品产品,旅游产品品位低,功能不全,不能给游客以鲜明的旅游形象。同时,旅游产品的串联不强,缺乏精品旅游线路。另外,在开发自然生态旅游资源时只考虑到眼前短期经济效益,未充分遵循自然规律,导致景区房地产化、商业化现象严重,导致如水污染、噪声污染、空气污染在内的一系列环境问题频发,破坏了生态旅游业赖以生存和发展的自然资源根基,阻碍了重庆市生态旅游可持续发展。

(二) 交通等基础设施为制约因素

随着国家战略层面的重视,重庆市的外部交通在不断改善,但是由于重庆市独特的地形地貌特征,交通等基础设施建设成本和难度相对较高,内部交通和基础设施成为生态旅游业发展的主要限制因素之一,空有优质生态旅游资源但无法对外开放吸引更多旅游者。例如,城口县有绝佳的气候条件和优良的生态环境,森林覆盖率达72.8%,境内有大巴山、巴山湖、九重山等国家级生态旅游资源,是"大中华区最佳绿色生态旅游名县",其生态旅游资源得天独厚,却是重庆典型的"交通贫困县",至今尚未修建高铁,极大增加了生态旅游者沿途时间成本,阻碍旅游者前进步伐,制约了当地生态旅游进一步发展。

(三) 旅游形象宣传力度仍显不足

重庆市生态旅游的对外宣传推广力度不够,旅游者对重庆市生态旅游的关注度处全国中等水平,生态旅游的总体形象不够鲜明生动,缺乏出游煽动性。品牌效应不显著,现有的生态旅游宣传推广方案未能突出重庆市激发大众来此旅游的理念和着力点,未对外形成良好的生态旅游品牌形象。

五、重庆市生态旅游发展建议

(一) 生态旅游产品提档升级

一是要转变生态旅游产品开发理念,立足于长远发展需要,兼顾社会教育、经济发展、环境保护三方面综合效益,力求保持自然生态旅游资源的原生态景观风貌,尽可能减少对环境的污染和破坏以及对资源的浪费,实现生态旅游可持续发展;二是丰富生态旅游产品业态,提升产品品位和层级,要从"观光型"生态旅游产品转变为"休闲度假型",大力培养具有重庆市本土特色和地方风情的生态旅游产品,推动区域联动,共同打造精品生态旅游线路。

(二)优化旅游基础设施配置

重庆市生态旅游大有可为,重庆市政府要增强对生态旅游的重视程度,加大相关基础设施尤其是旅游交通的资金投入力度,打通生态旅游景区"最后一公里",完善景区与景区之间、城市与景区之间的交通串联线路,同时完善生态旅游景区旅游厕所、停车场、休憩场所等基础设施,增加旅行社、星级酒店、特色民宿等生态旅游相关配套设施。

(三)扩大生态旅游宣传推广

遵循"内容为王,创新制胜"的宗旨,积极开展生态旅游营销推广工作,借助当下流行的微博、微信、哔哩哔哩等平台,通过视频发布、直播推广、公众号推文等方式积极开展线上引流营销,与周边省份联动,通过主题生态旅游活动、生态旅游一卡通等方式开展线下营销,提升重庆市生态旅游品牌影响力。

参 考 文 献

[1] 蒋海兵,李业锦.京津冀地区制造业空间格局演化及其驱动因素[J].地理科学进展,2021,40(5).

[2] 马世五,谢德体,张孝成,等.三峡库区重庆段土地生态状况时空格局演变特征[J].生态学报,2018,38(23).

[3] 赵映慧,李佳谣,郭晶鹏.基于百度指数的成渝城市群网络联系格局研究[J].地域研究与开发,2017,36(4).

作者简介:

韩娟娟,湖北大学旅游学院硕士研究生。

Ⅲ 专题研究报告

B.11 神农架林区生态旅游与农村可持续生计耦合协调特征与影响因素研究

李江敏 杨赞 黎鑫薇 魏雨楠 郝婧男

摘 要: 神农架林区具有丰富的生态资源,开展生态旅游是神农架林区农村可持续生计的重要途径。运用熵权法、耦合协调度评价模型、灰色关联分析等方法,实证分析神农架林区生态旅游与农村可持续生计耦合协调特征,并对影响其耦合协调的因素进行探究。研究表明:①时序变化分析方面,神农架林区生态旅游系统与农村可持续生计系统之间的耦合度仍较低,其耦合度有待提高;②耦合协调度分析方面,两系统的耦合协调经历了初期发展不平衡阶段、中期勉强协调过渡阶段、中后期初级协调发展阶段,协调作用由弱变强;③影响神农架林区生态旅游系统与农村可持续生计系统耦合协调的主要因素为农业机械总动力、农村居民人均纯收入以及第三产业增加值。

关键词: 生态旅游;农村可持续生计;熵权法;神农架林区

---

* [基金项目]湖北省长江国家文化公园建设研究课题(HCYK2022Y21);中国地质大学(武汉)中央高校基本科研业务费专项资金资助项目(CUGDCJJ202260)。

Abstract: Shennongjia Forest District has rich ecological resources, ecological tourism is the important way of rural sustainable livelihoods in Shennongjia Forest District, using the entropy weight method, the coupling coordination degree evaluation model and methods of grey correlation analysis, the empirical analysis of ecological tourism in Shennongjia Forest District, and rural sustainable livelihoods coupling coordination characteristics, and to explore the factors that affect the coupling coordination. The results show that: ①The coupling degree between ecotourism system and rural sustainable livelihood system in Shennongjia Forest District is still low, and the coupling degree needs to be improved; ② In terms of coupling coordination degree analysis, the coupling coordination of the two systems has experienced the stage of unbalanced development in the early stage, transitional stage of reluctant coordination in the middle stage, and primary coordination development stage in the mid-to-late stage, and the coordination effect has changed from weak to strong; ③The main factors affecting coupling coordination are total power of agricultural machinery, per capita net income of rural residents and added value of tertiary industry.

Keywords: Ecological Tourism; Sustainable Rural Livelihoods; Entropy Method; Shennongjia Forest District

党的十九届五中全会明确提出,构建生态文明体系,建设人与自然和谐共生的现代化。习近平总书记提出,坚持把解决好"三农"问题作为全党工作重中之重,举全党全社会之力推动乡村振兴。生态旅游是以特色生态环境为主要旅游吸引物的旅游活动,是生态文明建设的重要组成部分。生态旅游作为我国第三产业的主要支柱之一,具有促进区域经济增长和保护生态环境的重要作用和价值。随着乡村振兴战略与产业融合理念的推进和实践,生态旅游产业不断发展。在生态旅游系统中,当地农村居民作为主要利益主体之一,既是构成社会环境的一部分,也是人文生态旅游资源的重要组成部分。如何实现居民可持续生计与生态旅游发展的协调统一成为当下亟待深入探索的问

B11 神农架林区生态旅游与农村可持续生计耦合协调特征与影响因素研究

题。神农架作为我国重要的生态保护区和自然遗产地,生态旅游的兴起为其生态保护、经济发展以及生计可持续提供了可行的路径选择。生态旅游为改善农村可持续生计,推动农村多元化发展提供动力来源;同时,农村可持续生计为生态旅游的发展输送人力、物力等资源,成为生态旅游高质量发展不竭的动力源泉。随着神农架林区生态旅游的经济规模化和农村可持续生计的多样化发展,生态旅游与农村可持续生计之间的相互影响日益突显。因此,本研究以神农架林区为研究区域,探究生态旅游与农村可持续生计之间的具体关系,基于所构建的生态旅游与农村可持续生计系统的评价指标体系,综合运用熵权法、耦合协调度评价模型、灰色关联分析等方法,分析神农架林区生态旅游与农村可持续生计的协调特征及影响因素,以期为神农架林区生态旅游高质量发展和农村可持续生计的改善助力。

一、生态旅游与农村可持续生计耦合机理

耦合现象指两个或两个以上系统相互作用而致彼此协同的一种情形。自1983年生态旅游提出后,国内外学者对生态旅游的研究不断推进,生态旅游与其他产业协同发展的研究得到进一步发展。同时随着乡村振兴战略的全面推进,农村可持续生计的研究逐渐受到国内外学者的关注,毕兴等以梵净山为例通过调研提出生态旅游的发展在缓解农户传统生计和生态保护矛盾方面发挥了积极作用;Nimai以印度西孟加拉邦为例,得出参与林业项目的农村贫困家庭的生计可持续性更强。生态旅游作为农村可持续生计的重要途径之一,为农村提供了更多就业岗位,使得农村可持续生计得到进一步改善;同时,更多的就业岗位吸引更多的农村居民参与生态旅游,为生态旅游的发展提供人力、物力、财力。总体而言,生态旅游与农村可持续生计相互作用、互为补充,两互补系统可以直接导致耦合,如图1所示。

神农架林区位于鄂西北边陲,是著名的世界自然遗产地,也是国内典型的生态旅游目的地,林区生态资源丰富,截至2021年,森林覆盖率达91.12%。自2000年9月神农架林区举办首届中国神农架国际生态旅游节以来,神农架林区旅游与经济不断发展,并于2018年正式退出国家贫困县。神农架林区旅

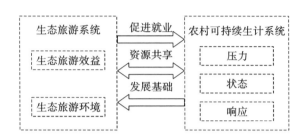

图 1　神农架林区生态旅游与农村可持续生计耦合协调机理

游经济总收入由2000年的7318万元增长至2020年的596606万元,增长了约80.5倍,农业总产值由2002年的10725万元增长至2020年的41837万元,增长了约2.9倍。总的来说,神农架林区的旅游业与农村经济在过去20年间迅速发展。截至2020年底,神农架林区有6个3A级及以上旅游景区。因此,本研究以神农架林区为研究对象探究生态旅游与农村可持续生计之间的耦合特征,为进一步解决神农架林区保护与发展和谐共生的矛盾、促进神农架林区生态旅游与农村可持续生计协调发展、促进神农架林区生态旅游高质量发展提供依据。

二、数据来源、研究方法与指标选取

(一) 数据来源

为保证数据的可靠性、客观性、真实性,本研究所使用的各项指标的数据来源主要为2004—2019年的神农架林区统计年鉴,并且以2004—2019年的神农架林区国民经济和社会发展统计公报作为补充。

(二) 研究方法

1. 熵权法

神农架林区生态旅游与农村可持续生计系统由生态旅游系统和农村可持续生计系统组成,每个系统又由若干个指标构成,考虑到各指标的量纲不统

B11 神农架林区生态旅游与农村可持续生计耦合协调特征与影响因素研究

一,在综合评价生态旅游与农村可持续生计综合发展水平时,为了便于进一步综合比较生态旅游与农村可持续生计系统,对数据进行标准化处理,以确定生态旅游和农村可持续生计系统内各指标的权重,确定权重的方法主要有层次分析法、二项系数法、环比评分法、变异系数法及熵权法等。其中,熵权法的应用更加广泛,熵权法是基于外部环境的原始信息,确定基于指标相关性和索引信息含量的指标权重。与层次分析法相比,熵权法依据各指标所包含的信息来确定权重,是一种客观求取指标权重的方法,能避免由于主观因素造成的误差。本研究选取熵权法对各指标的权重进行确定,具体计算方法如下:

(1)对神农架林区生态旅游与农村可持续生计两系统的原始数据进行无量纲化处理。

正向指标:

$$X'_{ij} = \left\{ \frac{X_{ij} - \min X_{ij}}{\max X_{ij} - \min X_{ij}} \right. \tag{1}$$

负向指标:

$$X'_{ij} = \left\{ \frac{\max X_{ij} - X_{ij}}{\max X_{ij} - \min X_{ij}} \right. \tag{2}$$

式中,X_{ij} 表示系统第 i 年第 j 个指标的原始数值,$\max X_{ij}$ 为指标 X_{ij} 的最大值,$\min X_{ij}$ 为指标 X_{ij} 的最小值,i 表示年数,$i=1,2,\cdots,m$;j 表示指数个数,$j=1,2,\cdots,n$。

(2)分别确定生态旅游系统与农村可持续生计系统内部各个指标的熵值及权重,在运用熵值法求各指标权重时,为避免对数 0 的干扰,将标准值加 0.0001 进行归一化,计算归一化指标比重 S_{ij},随后计算出熵值 E_j。

$$S_{ij} = \frac{X'_{ij}}{\sum_{i=1}^{m} X_{ij}} \tag{3}$$

$$E_j = -\frac{1}{\ln m} \sum_{i=1}^{m} S_{ij} \ln S_{ij} \tag{4}$$

(3)最后确定权重 W_j。

$$W_j = \frac{1 - E_j}{\sum_{j=1}^{n} 1 - E_j} \tag{5}$$

2. 综合发展水平指数

根据式(1)至式(5),分别计算生态旅游系统和农村可持续生计系统第 i 年的综合发展水平指数 P:

$$P = \sum_{j=1}^{n} W_i X'_{ij} \tag{6}$$

3. 耦合协调度评价模型

耦合协调度评价模型是反映系统由无序走向有序,系统内部要素之间产生影响的程度。我们所研究的生态旅游与农村可持续生计耦合度的测定,不是对二者系统各要素的简单测度,而是在测定的过程中找出二者耦合关系的本质特征,因此运用耦合协调度评价模型来分析两者的关系,具体计算方式如下:

$$D = \sqrt{C \times D} \tag{7}$$

$$C = \sqrt{\frac{\text{Pe} \times \text{Pr}}{(\text{Pe} + \text{Pr})^2}} \tag{8}$$

$$T = \alpha \text{Pe} \times \beta \text{Pr} \tag{9}$$

式(7)中,D 为耦合协调度,取值范围在[0,1];C、T 分别为生态旅游系统与农村可持续生计系统的耦合度和综合协调指数。式(8)中,Pe 和 Pr 分别为生态旅游系统和农村可持续生计系统的综合发展水平指数。式(9)中 α、β 分别表示生态旅游系统、农村可持续生计系统对综合协调指数的影响程度,考虑到两者同等重要,取 $\alpha = \beta = 0.5$,参考廖重斌的研究成果并结合神农架林区具体的发展情况,依据耦合协调度的大小,建立反映神农架林区生态旅游系统和农村可持续生计系统耦合协调发展状况的协调度等级划分标准,具体协调类型划分如表1所示。

表1 神农架林区生态旅游与农村可持续生计耦合协调度等级划分标准

序 号	协 调 度	协调等级
1	0.00—0.10(不含)	极度失调
2	0.10—0.20(不含)	严重失调
3	0.20—0.30(不含)	中度失调
4	0.30—0.40(不含)	轻度失调

B11 神农架林区生态旅游与农村可持续生计耦合协调特征与影响因素研究

续表

序　号	协调度	协调等级
5	0.40—0.50(不含)	濒临失调
6	0.50—0.60(不含)	勉强协调
7	0.60—0.70(不含)	初级协调
8	0.70—0.80(不含)	中级协调
9	0.80—0.90(不含)	良好协调
10	0.90—1.00	优质协调

4. 灰色关联分析法

灰色关联分析法由学者邓聚龙创建,是一种多因素统计分析方法,可广泛应用于经济、社会等各个领域。灰色关联分析方法可分析出各个因素对于结果的影响程度,本研究将运用灰色关联分析方法对影响神农架林区生态旅游与农村可持续生计耦合发展的因素进行分析,并进一步探讨影响神农架林区生态旅游与农村可持续生计耦合发展的主导因素。

（三）评价指标体系构建

评价指标体系的构建是研究神农架林区两系统耦合关系的基础,本研究在选择指标过程中,遵循科学性、逻辑性、可操作性及指导性原则,选取既能体现生态旅游与农村可持续生计两系统之间的运行规律,又能反映两系统协调发展状态的指标,从而建构生态旅游与农村可持续生计两系统的指标体系。通过梳理和分析现有的研究成果,本研究从中选取具备理论支撑的测量指标,并结合神农架林区实际情况以及专家意见,最终构建神农架林区生态旅游和农村可持续生计评价指标体系。生态旅游系统分为生态旅游效益和生态旅游环境 2 个一级指标,共包括 8 个二级指标。农村可持续生计系统依据生计可持续分析框架和 PSR 模型构建压力、状态、响应 3 个一级指标,包括 10 个二级指标。其中,压力指标指脆弱性背景下(一般农户无法控制)季节性变化、外部冲击等不可控因素对农户生计产生的压力;状态指标反映农户生计资产的相关配置;响应指标是农户面对脆弱性背景下的各种压力而采取的生计策略等。确定测量指标后,运用熵权法确定各指标权重,见表 2。

表 2 神农架林区生态旅游与农村可持续生计各指标权重

系统层	一级指标	二级指标	指标属性	指标代码	权重
生态旅游系统	生态旅游效益	旅游总收入/万元	正	X1	0.1255
		国内旅游收入/万元	正	X2	0.1174
		旅游外汇收入/万元	正	X3	0.1063
		国内游客/人次	正	X4	0.1064
		入境游客/人次	正	X5	0.0476
	生态旅游环境	旅游容量/人次	正	X6	0.1056
		森林覆盖率/(%)	正	X7	0.1037
		人均世界自然地遗产面积/公顷	正	X8	0.2876
农村可持续生计系统	压力	废水排放总量/万吨	负	Y1	0.0409
		GDP增长率/(%)	正	Y2	0.0750
		农村人均拥有住房面积/平方米	正	Y3	0.1237
	状态	农业机械总动力/万千瓦	正	Y4	0.1028
		农村从业人员/人	正	Y5	0.0669
		农村用电量/万千瓦时	正	Y6	0.1034
		农作物播种面积/公顷	正	Y7	0.1137
	响应	固定资产投资/万元	正	Y8	0.1339
		农村居民人均纯收入/元	正	Y9	0.1043
		第三产业增加值/万元	正	Y10	0.1354

（数据来源：神农架林区历年的国民经济和社会发展统计公报。）

三、生态旅游与农村可持续生计耦合协调关系演化特征分析

（一）生态旅游与农村可持续生计综合发展评价分析

根据生态旅游与农村可持续生计两系统的发展水平同步性差异，本研究将耦合协调度演化类别分为以下3种类型：生态旅游综合发展水平指数大于

农村可持续生计综合发展水平指数(Pe>Pr),为农村可持续生计滞后型;生态旅游综合发展水平指数等于农村可持续生计综合发展水平指数(Pe=Pr)为同步型;生态旅游综合发展水平指数小于农村可持续生计综合发展水平指数(Pe<Pr),则为生态旅游滞后型。根据神农架林区生态旅游与农村可持续生计发展水平指数得出其耦合协调度等级(见表3)。然后结合表3数据,得出生态旅游系统和农村可持续生计系统协调发展情况(见图2)。

表3 神农架林区生态旅游与农村可持续生计综合发展水平及耦合协调度等级

年份	Pe	Pr	T	C	D	耦合协调度等级	对比等级
2004	0.0112	0.1736	0.0924	0.2389	0.1486	严重失调	生态旅游相对滞后
2005	0.0216	0.1881	0.1048	0.3039	0.1785	严重失调	生态旅游相对滞后
2006	0.0078	0.1794	0.0936	0.1996	0.1367	严重失调	生态旅游相对滞后
2007	0.0111	0.1931	0.1021	0.2271	0.1523	严重失调	生态旅游相对滞后
2008	0.0507	0.2209	0.1358	0.3895	0.2300	中度失调	生态旅游相对滞后
2009	0.0695	0.3136	0.1915	0.3854	0.2717	中度失调	生态旅游相对滞后
2010	0.1369	0.3374	0.2372	0.4531	0.3278	轻度失调	生态旅游相对滞后
2011	0.2116	0.4002	0.3059	0.4756	0.3814	轻度失调	生态旅游相对滞后
2012	0.2480	0.4449	0.3464	0.4794	0.4075	濒临失调	生态旅游相对滞后
2013	0.2643	0.4520	0.3582	0.4825	0.4157	濒临失调	生态旅游相对滞后
2014	0.3207	0.4845	0.4026	0.4895	0.4440	濒临失调	生态旅游相对滞后
2015	0.4000	0.5110	0.4555	0.4963	0.4754	濒临失调	生态旅游相对滞后
2016	0.7508	0.4355	0.5931	0.4820	0.5347	勉强协调	农村可持续生计相对滞后
2017	0.8347	0.4666	0.6506	0.4796	0.5586	勉强协调	农村可持续生计相对滞后
2018	0.9123	0.6812	0.7967	0.4947	0.6278	初级协调	农村可持续生计相对滞后
2019	0.9773	0.7144	0.8458	0.4939	0.6464	初级协调	农村可持续生计相对滞后

图2显示,2004—2019年神农架林区的生态旅游综合发展水平总体呈现出曲折上升的发展态势,可看出在2004—2019年间神农架林区的生态旅游发展较为迅猛,分别由0.0112增至0.9773。上述变化主要得益于湖北省政府及神农架林区政府对旅游业在经济和政策上的大力支持,为生态旅游的发展创造了良好的发展环境。其中,2004—2015年,神农架林区生态旅游的综合发展

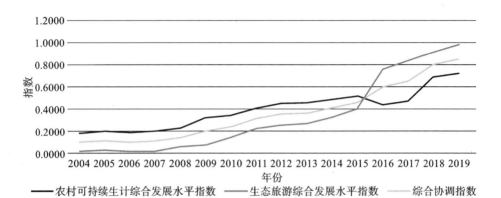

图 2　2004—2019 年神农架生态旅游与农村可持续生计综合发展水平及综合协调指数

水平相对滞后于农村可持续生计综合发展水平，表明生态旅游是在农村可持续生计发展到一定程度后，才得以迅速发展的，反映出生态旅游的发展需建立在一定的经济发展水平上。

根据图 2 可得，神农架林区农村可持续生计综合发展水平指数总体呈上升的发展趋势，但变化速度较为缓慢。与生态旅游相比，其综合发展水平从 2004 年的 0.1736 增至 2019 年的 0.7144，上升幅度相对较小。此外，可看出 2004—2015 年，神农架林区农村可持续生计的综合发展水平强于生态旅游的综合发展水平，在这期间国家针对农村发展提出了社会主义新农村建设、美丽乡村、乡村振兴、精准扶贫等政策，因此神农架林区对农村地区的经济投入、人才输入、设施投入不断加大，进一步解决了农村部分就业问题，使得当地村民的收入得到进一步的提高，这极大地带动了当地的经济发展，为 2015 年后神农架林区生态旅游的强劲发展打下了坚实的基础。

另外，从图 2 的综合协调曲线变化来看，神农架林区生态旅游系统和农村可持续生计系统的综合协调指数从 0.0924 增至 0.8458，并且显现出良好的上升发展趋势，表明随着乡村振兴等相关政策的支持和旅游业的迅速发展，两者之间逐渐呈协调发展态势。

（二）生态旅游与农村可持续生计耦合协调度分析

为了更好地论证生态旅游和农村可持续生计之间的相关关系，本研究运用 Correl 函数对其相关性进行分析，得到两系统之间的相关系数为 0.8724，

B11 神农架林区生态旅游与农村可持续生计耦合协调特征与影响因素研究

可看出生态旅游与农村可持续生计间具有较强的关联性,其 T 统计值为 9.8943,通过比较 T 统计值和临界值发现,T 统计值 9.8943 不在 T 临界值内($-0.0127<T<0.0127$),因此可得,在 99% 置信水平下两列数据存在显著正相关,两系统的相关性较强。

根据表3,得出 2004—2019 年神农架林区生态旅游与农村可持续生计耦合度及协调度如图3所示。

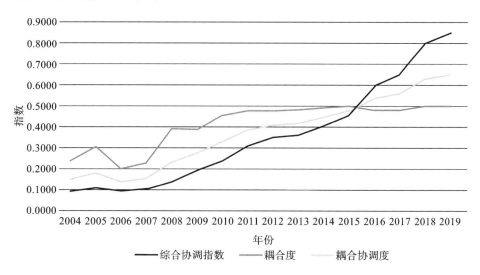

图3 2004—2019 年神农架林区生态旅游与农村可持续生计耦合度和耦合协调度

根据表3和图3可得,生态旅游与农村可持续生计两系统的耦合协调水平发生了巨大的变化。大致可分为三个阶段:一是 2004—2011 年初期发展不平衡阶段,此阶段神农架林区的耦合协调水平从严重失调、中度失调逐渐到轻度失调,在这个阶段,神农架林区两系统耦合协调水平尚未达到协调。这表明初期神农架林区的经济水平以及基础设施都不能完全支撑生态旅游的发展,也从侧面反映出农村的生计问题较为严峻。在温饱问题尚未完全解决的情况下,无法完全激起人们发展旅游的意愿,说明旅游是经济水平发展到一定程度时的产物。二是 2012—2017 年中期勉强协调过渡阶段,随着社会及科技水平不断提高,两大系统逐渐实现融合,协调程度由濒临失调转向了勉强协调,2016 年神农架林区生态旅游综合发展水平赶超农村可持续生计综合发展水平,说明神农架林区的人力、财力等各方条件较为成熟,为生态旅游的蓬勃发展奠定了基础。三是2018—2019年中后期初级协调发展阶段,神农架林区生态旅游与农村可持续生计耦合协调度逐渐从勉强协调过渡到初级协调,两系统彼此影响、互为补充。

四、生态旅游与农村可持续生计耦合协调关系的影响因素

运用灰色关联分析法,计算影响神农架林区生态旅游与农村可持续生计耦合协调因素的关联度,结果如表4所示。

表4 神农架林区生态旅游与农村可持续生计耦合协调发展影响因素关联度结果

系统层	一级指标	二级指标	关联度	关联度均值	整体均值
生态旅游系统	生态旅游效益	旅游总收入/万元	0.7419	0.7277	
		国内旅游收入/万元	0.7612		
		旅游外汇收入/万元	0.7453		
		国内游客/人次	0.7454		
		入境游客/人次	0.7307		
	生态旅游环境	旅游容量/人次	0.7478		
		森林覆盖率/(%)	0.7895		
		人均世界自然地遗产面积/公顷	0.5599		
农村可持续生计系统	压力	废水排放总量/万吨	0.7416		0.7766
		GDP增长率/(%)	0.7362		
	状态	农村人均拥有住房面积/平方米	0.8421	0.8156	
		农业机械总动力/万千瓦	0.9453		
		农村从业人员/人	0.7775		
		农村用电量/万千瓦时	0.6527		
		农作物播种面积/公顷	0.7906		
	响应	固定资产投资/万元	0.8388		
		农村居民人均纯收入/元	0.9407		
		第三产业增加值/万元	0.8908		

B11 神农架林区生态旅游与农村可持续生计耦合协调特征与影响因素研究

神农架林区生态旅游和农村可持续生计耦合协调影响因素关联度数据表明,各指标与其耦合有较强的关联性,数值跨度从0.5599到0.9453,关联度整体均值较高,为0.7766生态旅游系统关联度均值为0.7277,农村可持续生计系统关联度均值为0.8156。其中,生态旅游系统各因素关联度超过整体均值的有1个,为森林覆盖率(0.7895);农村可持续生计系统中有7个超过整体均值,分别是农业机械总动力(0.9453)、农村居民人均纯收入(0.9407)、第三产业增加值(0.8908)、农村人均拥有住房面积(0.8421)、固定资产投资(0.8388)、农作物播种面积(0.7906)、农村从业人员(0.7775)。

在18个指标中,影响因素关联度较高的3个指标分别是农业机械总动力(0.9453)、农村居民人均纯收入(0.9407)、第三产业增加值(0.8908)。以上结果表明:在神农架林区生态旅游与农村可持续生计耦合发展的过程中,首先农业机械总动力的大小将直接影响两系统耦合的效果,是两系统耦合的根本要素;其次是农村居民人均纯收入,这说明神农架林区农村居民的收入对生态旅游与农村可持续生计耦合具有重要意义,也反映了两者间的耦合需要建立在一定的经济基础上;最后是第三产业增加值,这表明第三产业的发展提升对促进生态旅游和农村可持续生计的耦合发展,具有举足轻重的作用,神农架林区生态资源的保护利用和农村可持续生计离不开第三产业的助力。

五、结论与建议

(一)结论

通过分析神农架林区生态旅游和农村可持续生计的耦合协调发展状况及结果,得出以下结论:

初期神农架林区生态旅游与农村可持续生计之间的耦合度较低。但其综合发展水平逐年提升,尤其生态旅游系统的综合发展水平指数变动总体高于农村可持续生计系统,说明在神农架林区,生态旅游的发展较为迅猛,生态旅游逐渐成为重要的农村生计之一。

根据耦合度类别分析,近年来神农架林区农村可持续生计逐渐转变成滞后型,生态旅游综合发展水平逐渐高于农村可持续生计综合发展水平,说明随着社会经济的不断提高,农村居民的生计问题得到一定的改善,在人力、财力各方条件较为成熟时,生态旅游才开始发力,蓬勃发展。

神农架林区生态旅游与农村可持续生计耦合发展过程中经历了三个阶段:一是初期发展不平衡阶段,二是中期勉强协调过渡阶段,三是中后期初级协调发展阶段。两系统耦合协调度总体由弱变强,发展态势逐渐趋于良好,但目前仍处于初级耦合协调阶段,总体来说影响其耦合协调的三大主要因素分别是农业机械总动力、农村居民人均纯收入以及第三产业增加值。

(二)建议

神农架林区生态旅游与农村可持续生计的耦合度与耦合协调度水平较低,但总体处于上升趋势,发展空间较大。研究结果表明,神农架林区农村可持续生计的有序推进有利于其生态旅游的发展,生态旅游的发展又可促进神农架林区农村可持续生计的实现,两者相互作用、相互影响。因此,神农架林区今后的发展不仅要注重生态旅游和农村可持续生计两者间的耦合协调发展,还要推动其向更高水平迈进,形成联动效应,推动神农架林区生态旅游与农村可持续生计的发展进程。基于以上研究结果,提出以下几点建议:

第一,加强农村农业设施建设,拓展更新生态旅游产品。神农架林区的生态旅游与农村农业发展息息相关,应当注重神农架林区农村农业基础设施建设、完善农村居民生态补偿机制,为生态旅游产品开发夯实基础。同时,要结合地方特色,创新生态旅游产品,延长产业链,将神农架林区生态观光产品转变为"生态+文化""生态+体育""生态+康养"等多种产业联动发展的旅游产品,加强生态旅游新业态建设,拓展神农架林区生态旅游产品供给,从而丰富游客的旅游体验、延长游客逗留时间,最终促进两大系统的协调发展。

第二,优化神农架林区旅游空间格局,促进生态旅游可持续发展。神农架林区生态旅游应围绕完善高铁等交通接驳功能,实现"快旅慢游",联动神农架林区各乡镇发展,挖掘不同地区的产业特色,发展具有差异化的旅游景观轴

B11 神农架林区生态旅游与农村可持续生计耦合协调特征与影响因素研究

线。延展生态旅游及农村旅游空间,优化神农架林区特色旅游产品体系。通过提升神农架林区可达性和吸引力,吸引潜在游客,扩大客源市场,将潜在购买力变为现实购买力,为生态旅游的可持续发展奠定基础。

第三,打造特色旅游品牌,推动农村居民生计多样化发展。在神农架林区发展生态旅游的过程中,应重视文、旅、农的产业融合,深度挖掘神农架林区的文化内涵,并结合当地种植业和林牧业的特色,将当地的特色文化资源、农业资源与自然遗产资源结合起来,打造特色鲜明的目的地形象,大力宣传并推广神农架林区旅游特色,最终形成独特的旅游品牌。用品牌和实力吸引更多的国内外资金,促进神农架林区产业结构变革,增加当地就业,推动农村居民生计多样化发展,让林区内的农村居民不仅成为生态旅游发展的受益者,还是林区生态环境的保护者和经济发展的推动者。

参考文献

[1] 殷杰,杨艺同.我国展览业与旅游业协调发展的时空演化特征及其驱动因子[J].经济地理,2020,40(8).

[2] 卢小丽,武春友,Holly Donohoe.生态旅游概念识别及其比较研究——对中外40个生态旅游概念的定量分析[J].旅游学刊,2006,21(2).

[3] 吴楚材,吴章文,郑群明,等.生态旅游概念的研究[J].旅游学刊,2007,22(1).

[4] 鲁小波,陈晓颖.生态旅游在自然保护区可持续发展的阻碍因素分析——以辽宁省三个国家级自然保护区为例(英文)[J].Journal of Resources and Ecology,2020,11(1).

[5] 王瑾,张玉钧,石玲.可持续生计目标下的生态旅游发展模式——以河北白洋淀湿地自然保护区王家寨社区为例[J].生态学报,2014,34(9).

[6] Ioppolo G,Saija G,Salomone R. From coastal management to environmental management: the sustainable eco-tourism program for the mid-western coast of Sardinia(Italy)[J]. Land Use Policy,2013,31.

[7] Ghorbani A,Raufirad V,Rafiaani P,et al. Ecotourism sustainable development strategies using SWOT and QSPM model: a case study of Kaji Namakzar Wetl-and, South Khorasan Province,Iran[J]. Tourism Management Perspectives,2015,16.

[8] 方怀龙,玉宝,张东方,等.林业自然保护区生态旅游利益相关者的利益矛盾起因及对策[J].西北林学院学报,2012,27(4).

[9] 唐健雄,朱媛媛.湖南省生态旅游与旅游环境耦合协调关系研究[J].中南林业科技大学学报(社会科学版),2020,14(2).

[10] 陈绪敖.生态农业与生态旅游业产业耦合机理及其效应[J].陕西农业科学,2016,62(2).

[11] 毕兴,张林,粟海军,等.自然保护区生态旅游对农户可持续生计的影响[J].林业经济问题,2020,40(5).

[12] Das N. Impact of Participatory Forestry Program on Sustainable Rural Livelihoods: Les-sons From an Indian Province[J]. Applied Economic Perspectives and Policy, 2012,34(3).

[13] 杨红,蒲勇健.不发达地区可持续发展的新路径——生态农业、生态旅游业耦合产业研究[J].管理世界,2009(4).

[14] 廖重斌.环境与经济协调发展的定量评判及其分类体系——以珠江三角洲城市群为例[J].热带地理,1999,11(2).

[15] 麻学锋,刘玉林.旅游产业成长与城市空间形态演变的关系——以张家界为例[J].经济地理,2019,39(5).

[16] 刘智.旅游产业与农村可持续生计耦合的空间格局及驱动机制——以张家界为例[J].经济地理,2020,40(2).

[17] 丛小丽,黄悦,刘继生.吉林省生态旅游与旅游环境耦合协调度的时空演化研究[J].地理科学,2019,39(3).

[18] 胡伟,翟琴.乡村生态旅游与精准扶贫耦合机理及联动路径研究[J].生态经济,2018,34(10).

[19] 王兆峰,霍菲菲,徐赛.湘鄂渝黔旅游产业与旅游环境耦合协调度变化[J].经济地理,2018,38(8).

[20] 李文华,李世东,李芬,等.森林生态补偿机制若干重点问题研究[J].中国人口·资源与环境,2007,17(2).

作者简介:

李江敏,中国地质大学(武汉)经济管理学院教授、博士生导师,文化和旅游部旅游业青年专家,湖北省旅游发展决策咨询专家,湖北省旅游学会副会长,主要研究方向为遗产旅游管理。

杨赞、黎鑫薇、魏雨楠、郝婧男,中国地质大学(武汉)经济管理学院硕士研究生。

B12 增加值视角下中国区域旅游业碳排放效率及时空演化特征研究[*]

刘 军 邓帆帆 张 倩 陈 曦

摘　要：旅游业碳排放效率是反映旅游可持续发展的重要指标，能较好兼顾环境影响与经济价值的关系。本研究基于 2000—2019 年中国 30 个省级行政区（不包括西藏自治区及港澳台地区）的面板数据，根据"旅游增加值系数"估算各省级行政区的旅游业碳排放量。在此基础上，测度出旅游业碳排放效率值，并对测度结果的变化趋势、空间分异特征展开研究。结果表明：①2000—2019 年各地区旅游增加值与旅游业碳排放量均呈显著上升趋势，其中区域间旅游增加值差距逐渐减小，旅游业碳排放总量占中国碳排放总量的比例不断增加。②中国区域旅游业碳排放效率水平持续改善，但地区间旅游业碳排放效率存在显著差距，区域旅游业可持续发展水平仍不均衡。③旅游业碳排放效率在空间格局上存在高—高集聚、低—低集聚特征；在空间分异上，旅游业碳排放效率差异程度逐步减小，存在动态收敛性特征。

关键词：旅游增加值；旅游业碳排放效率；空间格局

Abstract: Tourism carbon emission efficiency is a key index to measure the sustainable development of tourism, which can better balance the relationship between environmental impact and economic value. This research is based on 2000—2019 in China (Not including the Tibet Autonomous Region, Hong Kong, Macao and Taiwan) of 30 provincial administrative divisions panel data, according to "the coefficient of the added value of tourism" estimate the tourism of each provincial administrative divisions carbon emissions, and measure the tourism carbon efficiency value, and then

---

[*] [基金项目]本研究受国家社科基金青年项目(17CJY051)资助。

the result of the measure of change trend, spatial differentiation characteristic. The results show that: ① The added value and the carbon emissions of regional tourism showed a significant upward trend from 2000 to 2019, and the gap is narrowing in added value of regional tourism, the total carbon emissions from tourism account for an increasing proportion of China's total carbon emissions. ② The carbon emission efficiency of regional tourism in China increased significantly during the study, but there is a significant difference in the carbon emission efficiency of tourism among regions, and the sustainable development level of regional tourism is still unbalanced. ③ The spatial pattern of provincial administrative units in China has the adjacent characteristics of high-high cluster and low-low cluster, and the difference of tourism eco-efficiency development level among regions gradually decreases with time, and there is a dynamic convergence feature.

Keywords: Tourism Value Added; Tourism Carbon Emission Efficiency; Spatial Pattern

一、引　言

旅游业既是国民经济发展的助推器,也是落实联合国《2030 年可持续发展议程》(*Transforming our World*: *The 2030 Agenda for Sustainable Development*)发展目标的重要载体。《世界旅游经济趋势报告(2022)》[①]显示,2019—2021年中国旅游总收入占全球比例排名始终保持第二,位于发展中国家首位。作为国民经济发展的增长点,旅游业对国家经济水平的提升有着重要贡献。但随着旅游产业规模不断扩大,旅游流动、游客消费行为以及旅游产品生产过程均会带来能源消耗,产生二氧化碳和其他温室气体,对环境造成负面影响。

---

① 《世界旅游经济趋势报告(2022)》,https://cn.wtcf.org.cn/20220307/b11199c0-4fbf-a965-15bd-4ba53da421ed.html。

B12 增加值视角下中国区域旅游业碳排放效率及时空演化特征研究

《中国能源统计年鉴2020》中2019年与旅游业相关的交通运输、仓储和邮政业、批发和零售业、住宿和餐饮业的能源消费总量约5.7亿吨标准煤,约占全年能源消费总量的11.7%;世界旅游组织发布的报告[①]显示,2019年国际旅游业碳排放量占全球温室气体排放的8%,全球旅游交通碳排放预计将在2030年增加至19.98亿吨,约占全球碳排放总量的5.3%。上述数据均表明旅游业在创造经济效益的同时也带来了环境影响,旅游业发展应更好地平衡经济发展与环境影响之间的关系。对中国旅游业碳排放的研究已积累了丰富的成果,但是由于对旅游业碳排放总量进行核算的方法与口径不同,最终结果差异较大。因此,本研究将尝试采用"自上而下"方法,从增加值视角核算中国旅游业碳排放及碳排放效率,以期更好评估中国旅游业可持续发展现状。

二、文献综述

当前旅游碳排放仍呈现增长趋势,且旅游业发展对碳排放有显著的增强作用,未来旅游业可能成为全球温室气体的主要来源,而"碳达峰"的提出可能会对旅游业的发展提出挑战。旅游碳排放已成为旅游可持续发展领域的重要议题,部分学者将旅游业碳排放效率作为衡量旅游业经济影响与环境影响的重要工具。既有研究对旅游业碳排放效率相关的研究开始较早,部分研究虽未明确提出旅游业碳排放效率(Tourism Carbon Emissions Efficiency),但是其研究内容较为相似。目前,相关研究大多集中在旅游业碳排放效率的测度、空间特征及影响因素等方面。Gössling的研究具有一定开创性,他通过对不同旅游目的地、不同旅游部门的碳排放量进行测度,分析旅游业环境影响和经济收益的相互作用,认为通过旅游碳排放与旅游收入比值所得的生态效率是分析旅游业综合环境和经济绩效的有用工具。Perch-Nielsen采用单一指标法,选取旅游业增加值和旅游业温室气体排放分别作为代表经济价值和环境

---

① 世界旅游组织 *Tourism's Carbon Emissions Measured in Landmark Report Launched at COP25*,https://www.unwto.org/news/tourisms-carbon-emissions-measured-in-landmark-report-launched-at-cop25。

影响的指标,对瑞士旅游业碳排放强度进行了计算,并发现旅游部门碳排放强度是经济部门的平均碳排放强度的 4 倍。Moutinho 使用"完全分解"技术对葡萄牙旅游业五个子部门的碳排放强度及其影响因素进行研究,发现不同的影响因素对相关部门的影响程度不同,其中,资本生产率、劳动生产率和旅游消费指数对住宿、食品和饮料服务部门碳排放强度的影响较大,碳化指数(Carbonization Index)对旅游交通部门碳排放强度的影响较大。近年来,国内学者对于旅游业碳排放效率及相关研究也在不断增加,例如:Ruan 等发现具有高旅游碳排放的地区集中在沿海地区和经济发达地区;刘军等将测度所得中国及各地区旅游业生态效率值与世界可持续发展值进行比较分析,发现自 2000 年中国旅游业开始步入可持续发展阶段;Song、Liu、Zhang 等人通过模型法对中国不同区域的旅游业碳排放效率进行分析,并采用面板 Tobit 模型,或结合 σ 收敛模型和 β 收敛模型等方法对旅游业碳排放效率或旅游生态效率影响因素进行分析。

从上述研究结果可知,旅游业碳排放效率及相关研究的关键是对旅游碳排放的测度。已有研究中,旅游碳排放的估算方法主要有两大类:一种是"自上而下"法,适用于国家或区域层面与旅游业相关的碳排放测算,如 Lee 对欧盟国家旅游碳足迹的测算,Khanal 对澳大利亚昆士兰州旅游碳排放的测算等。此方法通常借助投入产出表和旅游卫星账户(Tourism Satellite Account),将旅游业各部门增加值占国民经济部门增加值的比例与国民经济部门总的能源消耗相乘,从而得到旅游业能源消耗数据,进而估算出旅游业碳排放量。另一种是"自下而上"法,适用于评估小尺度旅游目的地的碳排放及旅游业相关数据丰富的大中尺度旅目的地,如国内学者对长江经济带、黄河流域等区域旅游业碳排放的测度。此方法基于旅游业部门视角,通过对旅游业各构成部门碳排放的逐步估算加总得到旅游业碳排放量。囿于旅游业统计数据,除上述两种方法外,近年来基于旅游消费剥离系数法进行区域旅游业碳排放估算的研究也不断增多。此外,基于生命周期评价的旅游业碳排放研究也在增加。总体而言,旅游业碳排放测度是一个复杂的过程,目前对其研究尚处于探索阶段,上述方法测度的结果仍存在较大差异。

B12 增加值视角下中国区域旅游业碳排放效率及时空演化特征研究

旅游业碳排放效率及相关研究的另一关键是旅游业产品或服务经济价值指标的选取。已有研究主要采用旅游收入、旅游增加值这两类指标对旅游业产品或服务的经济价值进行表征。由于我国旅游增加值数据统计工作尚处于探索阶段,国内学者多采用旅游总收入表征旅游业产品或服务经济价值,而界定并计算旅游增加值对客观评价旅游业在国民经济中的地位具有重要意义,因此旅游增加值的测算将更好反映旅游业的经济贡献。目前,国内外学者主要通过旅游卫星账户法、旅游消费剥离系数法、旅游收入推算法等估算旅游增加值。Anda 通过旅游卫星账户测算 2008—2014 年期间罗马尼亚旅游增加值,结果显示 2014 年罗马尼亚旅游增加值占其 GDP 的 2.1%。曾国军通过投入产出表测得中国 30 个省级行政区(西藏、香港、澳门、台湾除外)2000 年、2005 年旅游增加值分别 3890.83 亿元、8603.45 亿元,并发现大多数地区旅游产业贡献率集中在 3%—8%;Yu 以山东省为研究对象,通过 TSA 测得 2012 年与 2017 年山东旅游增加值分别为 2197.35 亿元和 3674.36 亿元;Wu 以广东省为研究对象,测得 2019 年广东省国内旅游增加值对广东的经济贡献为 2.53%。总体而言,旅游增加值的实证研究有待加强,尤其是对中国的时间序列旅游增加值的估算仍较为匮乏。

综上所述,国内外关于旅游业碳排放效率及其相关研究正处于快速发展阶段,并呈现出以下特点:一是旅游碳排放是旅游业碳排放效率测度的关键指标,对旅游碳排放的估算仍缺乏统一框架;二是旅游业增加值作为表征旅游产品或服务的经济价值的关键指标,仍未得到广泛应用,旅游收入是目前研究中的主要指标;三是在研究方法上,测度旅游业碳排放效率以指标法、模型法为主,研究影响因素的方法则较为多样,既有基于面板数据的回归分析,也有地理探测器(Geodetector)等方法;四是在研究尺度上,基本覆盖了从国家、区域(大尺度)到城市、目的地(中小尺度)。针对上述研究现状,本研究将尝试按照"自上而下"的估算思路,用旅游增加值系数估算中国旅游业增加值,并在此基础上计算旅游碳排放数据,进一步丰富旅游碳排放研究内容。

三、研究方法与数据来源

（一）研究方法

1. 旅游增加值系数法

在已有研究成果中，旅游业碳排放量估算方法众多，但仍有以下问题：一是目前旅游业碳排放量估算模型中使用的参数过于老旧；二是旅游业涉及活动部门众多，已有方法所得旅游业碳排放量估算结果往往低于实际结果，存在较大漏损。因此，本研究借鉴李江帆提出的旅游消费剥离系数思路，通过旅游业收入与旅游增加值估算出旅游增加值率，再尝试用旅游增加值率估算我国旅游业碳排放量，具体计算过程如下：

利用2001—2020年的《中国能源统计年鉴》中各省级行政区的能源平衡表，将表中各部门的终端消费量换算成标准煤，按第一产业、第二产业、第三产业将表中的7个部门进行划分，算出各省级行政区第三产业的终端消费量占整体的比例$\beta_i(i=1,2,\cdots,30)$，得到第三产业碳排放量。然后将旅游业收入按旅游增加值率换算成旅游增加值，进而获得各区域旅游业碳排放数据。由于统计数据有所缺失，所以不包含西藏自治区和港澳台地区。

$$TC = \sum TC_i = SC_i \times r_i \tag{1}$$

$$SC_i = C_i \times \beta_i \tag{2}$$

$$r_i = \frac{A_i \times b_i}{T_i} \tag{3}$$

式中，SC_i表示i地区的第三产业碳排放量，C_i为i地区的碳排放总量，β_i为估算的i地区的第三产业能源消耗比例。TC表示我国旅游业碳排放总量，TC_i表示i地区旅游业碳排放量，r_i表示i地区的旅游增加值占第三产业增加值比例，A_i表示i地区的旅游总收入，b_i表示i地区的旅游增加值率，T_i表示i地区的第三产业增加值。

B.12 增加值视角下中国区域旅游业碳排放效率及时空演化特征研究

2. 单一比值法

本研究采用单一比值法测算旅游业碳排放效率。此方法相对于模型法或其他方法的优势在于使用方便,仅涉及旅游业经济指标与环境影响指标。并且本研究采用旅游增加值和旅游碳排放分别表征经济价值与环境影响,这使得旅游业碳排放效率能够与其他产业进行横向比较,从而更为科学地评估旅游业的可持续发展水平。具体计算方法如式(4)所示,其中,TVA_i 表示 i 地区的旅游增加值,TCE_i 表示 i 地区的旅游业碳排放效率。

$$TCE_i = \frac{TC_i}{TVA_i} \tag{4}$$

3. 探索性空间数据分析法

对空间格局的分析能够检验旅游业碳排放效率是否存在空间关系。本研究将使用全局空间自相关来分析旅游业碳排放效率的空间格局特征。全局空间自相关一般用莫兰指数(Moran's I)来衡量,莫兰指数用以说明空间的要素是否存在显著关联,具体计算公式如下:

$$\text{Moran's I} = \frac{n \sum_{i=1}^{n} \sum_{j=1}^{n} w_{ij}(x_i - \overline{x})(x_j - \overline{x})}{(\sum_{i=1}^{n} \sum_{j=1}^{n} w_{ij}) \sum_{i=1}^{n} (x_i - \overline{x})^2} \tag{5}$$

式中 x_i、x_j 分别表示 i、j 地区的旅游业碳排放效率,W_{ij} 是地区 i、j 的空间权重矩阵;Moran's I 的取值范围为 $[-1,1]$,当 Moran's I 取值为 $(0,1]$ 时,旅游业碳排放效率空间正相关;当 Moran's I 取值为 $[-1,0)$ 时,旅游业碳排放效率空间负相关;当 Moran's I=0,旅游业碳排放效率不存在空间关系。

(二)数据来源

本研究选取 2000—2019 年中国 30 个省级行政区(不含西藏自治区与港澳台地区)作为研究对象,选取指标数据来源于《中国旅游统计年鉴》《中国统计年鉴》《中国能源统计年鉴》《中国环境统计年鉴》等,以及各省的统计年鉴与国民经济和社会发展统计公报,其中中国碳排放总量来自中国碳核算数据库(https://www.ceads.net.cn/)。旅游增加值率通过各地公开新闻报道收集,对于缺乏旅游增加值率的地区采用插值法补齐。

(三) 实证结果分析

1. 旅游增加值与旅游业碳排放量测度结果分析

根据式(1)至式(3)估算2000—2019年各区域旅游增加值与旅游业碳排放量,部分年份测度如表1所示。

从旅游增加值测度结果来看:研究期间,各区域旅游增加值均呈显著上升态势,地区间旅游增加值差距正在逐渐减小。广东、江苏、山东三省旅游增加值稳居前三,旅游业发展在全国处于领先地位,2019年旅游业对地区经济发展的贡献分别为6.94%、6.43%、8.08%。宁夏、青海、甘肃等地旅游增加值较低,但其对地方经济的影响不容忽视,2019年上述地区旅游增加值分别占到地区生产总值的2.75%、5.00%和7.01%。

从旅游业碳排放测度结果来看:研究期间,各区域旅游业碳排放量由6.78万吨—513.33万吨增加至112.51万吨—5873.52万吨,年均增长率为1.77%—24.44%,各地区差异显著。其中,内蒙古、山西、甘肃、贵州、湖南等地的旅游业碳排放量及其上升态势显著高于其他地区;北京、上海、浙江等地旅游业碳排放量出现了下降的情况;广东、江苏、湖北、辽宁旅游业碳排放增速逐渐变缓。上述结果表明经济发展水平更高的区域其旅游业可能会率先进入"碳达峰"阶段。

表1 2000—2019年旅游增加值与旅游业碳排放测度结果

地区	旅游业碳排放量/百万吨					旅游增加值/百亿元				
	2000年	2005年	2010年	2015年	2019年	2000年	2005年	2010年	2015年	2019年
北京	4.12	5.77	6.06	6.32	5.74	3.63	6.34	11.01	18.34	24.77
天津	4.31	4.58	5.50	7.39	9.40	1.38	2.28	4.92	10.74	17.01
河北	3.46	3.72	6.01	17.39	35.23	0.83	1.70	3.56	13.36	36.23
山西	1.63	5.36	20.87	34.80	58.74	0.44	1.56	5.81	18.48	43.03
内蒙古	0.63	4.25	17.19	28.14	40.01	0.18	0.89	3.15	9.67	19.95
辽宁	2.15	6.24	20.51	18.69	25.02	0.91	2.63	9.62	13.34	22.28

B.12 增加值视角下中国区域旅游业碳排放效率及时空演化特征研究

续表

地区	旅游业碳排放量/百万吨					旅游增加值/百亿元				
	2000年	2005年	2010年	2015年	2019年	2000年	2005年	2010年	2015年	2019年
吉林	0.87	3.42	6.04	13.56	23.84	0.26	1.05	3.36	10.38	22.54
黑龙江	1.18	2.22	6.28	8.90	12.95	0.35	0.72	2.28	3.51	6.93
上海	5.13	8.80	9.96	6.88	7.73	3.81	6.69	12.39	14.15	22.49
江苏	3.01	7.31	12.34	16.85	22.04	2.89	8.07	20.57	40.09	63.46
浙江	2.52	5.94	10.20	14.79	13.85	1.73	5.05	12.12	26.14	39.93
安徽	1.03	1.52	5.27	17.79	27.14	0.74	1.43	5.37	19.37	40.07
福建	1.34	2.97	4.21	5.88	11.68	1.12	2.50	5.14	11.51	29.65
江西	1.18	2.41	4.27	13.84	30.67	0.65	1.54	3.94	17.52	46.54
山东	2.16	12.09	23.99	24.22	33.46	2.08	5.22	15.40	33.63	56.95
河南	3.84	6.58	12.06	19.55	26.09	1.60	3.58	10.41	22.68	42.83
湖北	2.30	3.39	9.12	13.42	18.33	1.21	2.03	6.25	18.45	29.65
湖南	0.45	1.64	3.92	7.34	15.32	0.37	1.13	3.57	9.28	24.42
广东	7.80	10.66	14.05	22.82	29.33	5.71	9.28	19.10	45.09	74.97
广西	0.97	1.89	4.71	9.14	22.17	0.66	1.18	3.67	12.53	39.43
海南	0.73	1.03	1.66	2.67	3.08	0.42	0.66	1.37	2.89	5.63
重庆	0.80	1.64	3.14	6.59	10.95	0.63	1.28	3.89	9.96	25.11
四川	1.81	4.18	7.95	13.42	18.60	0.92	2.57	6.71	22.11	41.27
贵州	0.90	2.04	5.71	12.59	29.29	0.10	0.38	1.60	5.31	18.60
云南	1.18	2.53	4.14	6.63	14.15	0.58	1.18	2.78	9.06	30.46
陕西	1.32	3.96	7.89	11.90	20.97	0.58	1.35	3.77	11.28	27.15
甘肃	0.20	0.33	1.05	2.90	6.93	0.05	0.14	0.54	2.23	6.10
青海	0.07	0.18	0.29	0.77	1.33	0.03	0.07	0.19	0.65	1.47
宁夏	0.12	0.19	0.50	0.73	1.13	0.03	0.05	0.21	0.49	1.03
新疆	1.67	2.21	3.73	11.39	33.74	0.39	0.76	1.62	5.63	19.99

为更直观地观察研究期内中国旅游业碳排放的变化特征,本研究绘制变化趋势图,具体如图1所示。研究期内中国旅游业碳排放整体呈显著上升趋势,年均增长率达13.09%,其变化趋势与中国旅游业发展趋势基本相符。除

2003年因非典原因,旅游业发展严重受阻,旅游业碳排放增长率呈现负值外,其余年份旅游业碳排放增长率均为正值。2000年,中国旅游业碳排放量为0.59亿吨,占全国碳排放总量的比例1.93%。2019年旅游业碳排放量达6.09亿吨,占全国碳排放总量的比例5.60%,低于全球旅游业碳排放量占全球碳排放总量的比重。从旅游碳排放增长率来看,"十五"到"十三五"期间其增长率分别为15.93%、15.07%、9.75%和12.71%,碳排放增速有一定的放缓趋势,这与我国自"十一五"期间开始将碳排放纳入国民经济发展的约束性指标有关。

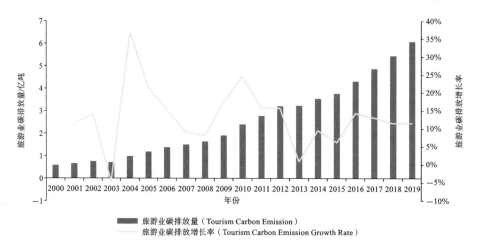

图1　2000—2019年旅游业碳排放变化趋势

2. 旅游业碳排放效率测度结果分析

旅游业碳排放效率能够较好地平衡环境影响与经济价值的关系。采用单一指标法测度2000—2019年我国30个省级行政区(不包括西藏自治区及港澳台地区)旅游业碳排放效率(见表2),结果如下[①]:①从全国总体来看,旅游业碳排放效率整体均值由2000年的0.253 $kgCO_2$-e/CNY下降至2019年的0.081 $kgCO_2$-e/CNY,这表明我国区域旅游业可持续发展水平整体保持上升态势,全国创造单位旅游增加值产生的碳排放量逐渐减少。该阶段我国煤炭占能源消费总量的比重下降明显,由2000年的68.5%下降至2019年的57.7%,

---

① 由于篇幅限制,仅展示关键年份的旅游业碳排放效率。

B12 增加值视角下中国区域旅游业碳排放效率及时空演化特征研究

能源消费结构的改变使得旅游业碳排放效率改善明显。同时,旅游业碳排放效率在2019年已经比2005年累计下降约61.43%,提前达成国家提出的2020年全国单位GDP碳排放较2005年下降40%—45%的目标。②从具体区域来看,所有地区旅游业碳排放效率值总体呈现下降趋势,贵州、天津、北京、四川、云南、河北、浙江下降超过75%,内蒙古、山东、黑龙江、湖南下降则不超过50%。③从可持续发展水平来看,与世界可持续发展阈值0.0334 $kgCO_2$-e/CNY相比①,仅北京在2019年进入可持续发展状态,上海、江苏、浙江接近进入可持续发展状态,其余地区则离可持续发展水平仍有一定的差距。这表明经济发达区域在节能减排、科技创新等方面可能更有优势,从而使得上述地区将率先进入可持续发展状态。④从与其他产业的比较来看,2005年、2010年、2015年、2019年全国平均碳排放效率分别为0.29 $kgCO_2$-e/CNY、0.19 $kgCO_2$-e/CNY、0.13 $kgCO_2$-e/CNY、0.10 $kgCO_2$-e/CNY,均高于旅游业,旅游业碳排放效率优于全国平均水平,因此发展旅游业对于区域减排的效应较为明显,优先发展旅游业是各地区"碳达峰""碳中和"的可行路径之一。

表2 旅游业碳排放效率测度结果 (单位:$kgCO_2$-e/CNY)

地区	2000年	2005年	2010年	2015年	2019年	均值	均值排名
北京	0.113	0.091	0.055	0.034	0.023	0.061	1
天津	0.312	0.201	0.112	0.069	0.055	0.142	18
河北	0.416	0.218	0.169	0.130	0.097	0.193	21
山西	0.373	0.343	0.359	0.188	0.137	0.288	28
内蒙古	0.343	0.476	0.546	0.291	0.201	0.375	29
辽宁	0.235	0.237	0.213	0.140	0.112	0.186	20
吉林	0.333	0.326	0.180	0.131	0.106	0.208	23
黑龙江	0.334	0.307	0.275	0.253	0.187	0.274	26
上海	0.135	0.132	0.080	0.049	0.034	0.088	6
江苏	0.104	0.091	0.060	0.042	0.035	0.068	2
浙江	0.145	0.118	0.084	0.057	0.035	0.086	5

① 参考Gössling等(2005)、刘军等(2019)的研究,换算得出。

续表

地区	2000年	2005年	2010年	2015年	2019年	均值	均值排名
安徽	0.139	0.107	0.098	0.092	0.068	0.103	8
福建	0.120	0.119	0.082	0.051	0.039	0.086	4
江西	0.182	0.156	0.108	0.079	0.066	0.123	13
山东	0.104	0.232	0.156	0.072	0.059	0.128	14
河南	0.241	0.184	0.116	0.086	0.061	0.136	16
湖北	0.190	0.168	0.146	0.073	0.062	0.129	15
湖南	0.122	0.145	0.110	0.079	0.063	0.103	9
广东	0.137	0.115	0.074	0.051	0.039	0.083	3
广西	0.147	0.160	0.129	0.073	0.056	0.112	10
海南	0.175	0.155	0.121	0.092	0.055	0.119	11
重庆	0.127	0.128	0.081	0.066	0.044	0.091	7
四川	0.198	0.163	0.118	0.061	0.045	0.120	12
贵州	0.941	0.538	0.356	0.237	0.157	0.428	30
云南	0.202	0.214	0.149	0.073	0.046	0.138	17
陕西	0.229	0.294	0.209	0.106	0.077	0.181	19
甘肃	0.385	0.235	0.194	0.130	0.114	0.208	24
青海	0.246	0.267	0.156	0.118	0.090	0.196	22
宁夏	0.421	0.358	0.242	0.149	0.109	0.282	27
新疆	0.430	0.290	0.231	0.202	0.169	0.259	25
均值	0.253	0.210	0.167	0.109	0.081	—	

3. 空间格局分析

为更直观地分析中国区域旅游业碳排放效率空间分布格局及其特征,本文利用 Arcgis 10.8 计算全局莫兰指数(Global Moran's I),具体结果如表3所示。从显著性结果来看,中国区域旅游业碳排放效率全局莫兰指数在2000年通过10%水平下显著性检验,2001年、2002年、2003年、2016年均通过5%水平下显著性检验,其余年份均通过1%水平下显著性检验。这表明研究期间中国区域旅游业碳排放效率整体呈现出显著的空间正相关性,即各地区旅游

B12 增加值视角下中国区域旅游业碳排放效率及时空演化特征研究

业碳排放效率在空间分布上呈现高—高集聚、低—低集聚的相邻特征。但是全局莫兰指数的变化趋势表明旅游业碳排放效率与空间分布的相关性呈现波动趋势。我国经济发展存在明显的梯度性，东部地区的旅游业较中西部地区发展更早、基础更好，部分中西部地区旅游业发展起步晚，但是发展迅速，旅游增加值与碳排放上升明显，表现出空间关联波动性，因此使得旅游业碳排放效率也呈现出波动性。

表3　2000—2019年旅游业碳排放效率全局莫兰指数

年份	全局莫兰指数	P值	年份	全局莫兰指数	P值
2000年	0.1066	0.0613*	2010年	0.2108	0.0017***
2001年	0.1583	0.0131**	2011年	0.1937	0.0032***
2002年	0.1541	0.0172**	2012年	0.1721	0.0055***
2003年	0.1529	0.0168**	2013年	0.1798	0.0077***
2004年	0.1761	0.0078***	2014年	0.1816	0.0068***
2005年	0.2551	0.0003***	2015年	0.1838	0.0072***
2006年	0.2407	0.0007***	2016年	0.1659	0.0146**
2007年	0.2440	0.0005***	2017年	0.1793	0.0091***
2008年	0.2254	0.0012***	2018年	0.1945	0.0051***
2009年	0.2178	0.0017***	2019年	0.1979	0.0045***

注：*表示在10%水平上显著，**表示在5%水平上显著，***表示在1%水平上显著。本部分所有数据均保留小数点后4位。

由测度结果可知，中国区域旅游业碳排放效率值在研究期间均低于1。利用Arcgis 10.8，将2000年、2005年、2010年、2015年、2019年30个省级行政区的旅游业碳排放效率分为低水平[0.4,1.00)、较低水平[0.30,0.40)、中等水平[0.20,0.30)、较高水平[0.10,0.20)、高水平[0,0.10)5个层次，表4所示为区域旅游业碳排放效率水平和Lisa聚集类型。Lisa聚集类型中的Low-Low Cluster(L-L集聚)表示旅游业碳排放效率低水平区被旅游业碳排放效率低水平区包围；High-Low Outlier(H-L集聚)表示旅游业碳排放效率高水平区被旅游业碳排放效率低水平区包围；High-High Cluster(H-H集聚)表示旅游业碳排放效率高水平区被旅游业碳排放效率高水平区包围；Low-High

Outlier(L-H集聚)表示旅游业碳排放效率低水平区被旅游业碳排放效率高水平区包围。

表4 2000—2019年旅游业碳排放效率水平与Lisa集聚类型

地区	旅游业碳排放效率水平					旅游业碳排放效率Lisa集聚类型				
	2000年	2005年	2010年	2015年	2019年	2000年	2005年	2010年	2015年	2019年
北京	较高	高	高	高	高	不显著	不显著	不显著	不显著	不显著
天津	较低	中	较高	高	高	不显著	不显著	不显著	不显著	不显著
河北	低	中	较高	较高	高	不显著	不显著	不显著	不显著	不显著
山西	较低	较低	较低	较高	较高	不显著	不显著	不显著	不显著	不显著
内蒙古	较低	低	低	中	中	不显著	不显著	不显著	不显著	不显著
辽宁	中	中	中	较高	较高	不显著	不显著	不显著	不显著	不显著
吉林	较低	较低	较高	较高	较高	不显著	不显著	不显著	L-L	L-L
黑龙江	较低	较低	中	中	较高	不显著	不显著	不显著	不显著	不显著
上海	较高	较高	高	高	高	H-H	H-H	H-H	H-H	H-H
江苏	较高	高	高	高	高	H-H	H-H	H-H	H-H	H-H
浙江	较高	较高	高	高	高	H-H	H-H	H-H	H-H	H-H
安徽	较高	较高	高	高	高	H-H	H-H	H-H	H-H	H-H
福建	较高	较高	高	高	高	H-H	H-H	H-H	H-H	H-H
江西	较高	较高	较高	高	高	H-H	H-H	H-H	H-H	H-H
山东	高	中	较高	高	高	不显著	不显著	不显著	不显著	不显著
河南	中	较高	较高	高	高	不显著	不显著	不显著	不显著	H-H
湖北	较高	较高	较高	高	高	不显著	H-H	H-H	H-H	H-H
湖南	较高	较高	较高	高	高	不显著	不显著	不显著	H-H	H-H
广东	较高	较高	高	高	高	不显著	不显著	H-H	不显著	不显著
广西	较高	较高	较高	高	高	不显著	不显著	不显著	不显著	不显著
海南	较高	较高	较高	高	高	不显著	不显著	不显著	不显著	不显著
重庆	较高	较高	高	高	高	不显著	不显著	不显著	不显著	不显著
四川	较高	较高	较高	高	高	不显著	不显著	不显著	不显著	不显著
贵州	低	低	较低	中	较高	L-H	L-H	L-H	L-H	L-H
云南	中	中	较高	高	高	不显著	不显著	不显著	不显著	不显著

B12 增加值视角下中国区域旅游业碳排放效率及时空演化特征研究

续表

地区	旅游业碳排放效率水平					旅游业碳排放效率 Lisa 集聚类型				
	2000年	2005年	2010年	2015年	2019年	2000年	2005年	2010年	2015年	2019年
陕西	中	中	中	较高	高	不显著	不显著	不显著	不显著	不显著
甘肃	较低	中	较高	较高	较高	不显著	不显著	不显著	不显著	不显著
青海	中	中	较高	较高	高	不显著	不显著	不显著	不显著	不显著
宁夏	低	较低	中	较高	较高	不显著	不显著	不显著	不显著	不显著
新疆	低	中	中	中	较高	不显著	不显著	不显著	不显著	不显著

结果显示：从发展水平来看，除内蒙古外，全国大部分地区旅游业碳排放效率在2019年进入到高水平或较高水平，13个地区由低水平、较低水平、中水平跃迁至高水平或较高水平，旅游业碳排放效率改善明显。从区域格局来看，东南沿海地区始终处于旅游业碳排放效率的"领先地区"，这可能得益于上述地区经济发展水平、科技创新具有较好的基础，旅游业作为区域经济的重要组成部分，享受到地区技术外溢，因而使得它们能在单位旅游增加值内产生更少的碳排放。除贵州外，南方各地区在2015年就全部进入旅游业碳排放效率高水平，明显优于北方地区。这可能与南方地区的能源消费结构中煤炭消费占比总体较北方地区低有关，但是贵州的煤炭消费占比一直处于较高水平，2019年其煤炭消费占比仍高达69％。从局部来看，上海、江苏、浙江、安徽、福建、江西始终呈现H-H（高—高）集聚，这些地方在经济上联系紧密，江浙沪地区的技术外溢容易传导至安徽、江西、福建地区，从而使得旅游业碳排放效率表现出局部显著的集聚特征。湖北、湖南因为地处长江经济带，所以在部分时段也处于H-H（高—高）集聚，但是由于湖北、湖南处于东部向西部地区过渡的地带，因此其局部集聚特征不稳定。贵州始终呈现L-H（低—高）集聚，表明其周边地区的旅游业碳排放效率要优于自身，主要原因在于它的能源消费结构以煤炭为主，且旅游增加值还显著低于周边地区。2015年、2019年吉林呈现显著的L-L（低—低）集聚。

四、结论与讨论

本研究发现:2000—2019年,各区域旅游增加值均呈显著上升态势。广东、江苏、山东三省旅游业发展在全国始终处于领先地位;宁夏、青海、甘肃等地旅游增加值较低,但对区域经济的影响仍然较大。通过"旅游增加值系数"估算的中国区域旅游业碳排放整体呈显著上升趋势,年均增长率达13.09%;旅游业碳排放量占中国碳排放总量的比例不断增加,从2000年的1.93%增加到2019年的5.60%。研究区域旅游业碳排放效率整体均值由2000年的0.253 kgCO$_2$-e/CNY下降至2019年的0.081 kgCO$_2$-e/CNY,但地区间旅游业碳排放效率值存在显著差距。这说明中国区域旅游业可持续发展水平不断优化,但省域间旅游业可持续发展水平仍不平衡。各地区在空间格局中呈现出显著的空间正相关性,在空间分布上存在局部高—高集聚,低—低集聚的相邻特征,且随着时间推移,全局空间集聚程度呈现波动变化趋势。区域旅游业碳排放效率处于高水平层次的区域数量不断增加,地区间旅游业可持续发展水平差异程度逐步减小,两极分化现象在不断减弱,存在动态收敛性特征。

对于各地区,仅北京在2019年旅游业进入可持续发展状态,因此各地区有必要持续提升各地区旅游业碳排放效率。第一,优化能源消费结构。从旅游业碳排放效率的区域差异可以看出,传统煤炭能源消费量占比较高的地区的旅游业碳排放效率值要高于其他地区,即旅游业碳排放水平要低于其他地区,因此持续优化区域能源消费结构,提高清洁能源使用比例有助于提升旅游业碳排放效率水平。第二,提升科技创新能力。科技创新通过作用于技术效应作用于旅游业的各方面,促进旅游业低碳化、绿色发展,且旅游业碳排放效率的影响因子中科技创新是主导因子,因此支持科技创新,强化旅游科技支撑,将促进旅游业碳排放效率的提高。第三,加快旅游市场开放。旅游业高质量发展要求建设国内国际双循环的市场,通过扩大市场开放,资金流、人流、物流、技术流等旅游业发展要素将加快集聚,旅游消费结构将不断优化,旅游业碳排放效率也将提高。第四,加强消费端碳减排。鼓励游客在消费端积极践

B.12 增加值视角下中国区域旅游业碳排放效率及时空演化特征研究

行低碳旅游理念,降低人均旅游碳排放,从需求侧降低旅游碳排放总量。

与既有研究比较,本研究对于旅游业碳排放效率的估算要高于"自下而上"法,主要原因在于"自下而上"法对于旅游部门的界定较为狭窄,关于中国旅游业碳排放效率估算的研究中大多只包含旅游交通、旅游住宿和旅游活动三个部门,因此对于可持续发展状态的识别也与刘军等的研究有较大差异。与"自上而下"法比较,基于投入产出表计算的旅游业碳排放率与本研究较为接近,以2007年为例,钟永德等的结论为1.70亿吨,本研究为1.50亿吨,误差为11.76%。而与其他方法研究结论比较,用旅游收入与第三产业增加值比重推算的旅游业碳排放显著高于本研究,其主要原因在于未解决旅游收入远高于旅游增加值,直接推算将造成较大误差的问题。

本研究通过指标法构建旅游业碳排放效率测度模型,选用旅游业碳排放表征环境影响因素、旅游增加值表征经济影响因素,在一定程度上能较好地刻画当前中国区域旅游业可持续发展水平。由于数据所限,本研究对各省级行政区旅游增加值系数始终假定为一不变值,这在一定程度上可能会影响旅游增加值估算的准确性。同时,旅游增加值估算亦存在各地区旅游增加值加总大于国家统计局于2017—2019年公布的旅游业及相关产业增加值的情况,但考虑到各省级行政区旅游收入汇总后远大于国家公布的旅游收入数据,因此,本研究的估算仍然较为合理。

参考文献

[1] Eyuboglu K, Uzar U. The impact of tourism on CO_2 emission in Turkey [J]. Current Issues in Tourism, 2020, 23(13).

[2] Shi H, Li X, Zhang H, et al. Global difference in the relationships between tourism, economic growth, CO_2 emissions, and primary energy consumption [J]. Current Issues in Tourism, 2020, 23(9).

[3] Usman O, Bekun F V, Ike G N. Democracy and tourism demand in European countries: does environmental performance matter? [J]. Environmental Science and Pollution Research, 2020, 27(30).

[4] Xiao Y, Tang X, Wang J, et al. Assessment of coordinated development between

tourism development and resource environment carrying capacity: a case study of Yangtze River economic Belt in China[J]. Ecological indicators,2022,141.

[5] Zi T. An integrated approach to evaluating the coupling coordination between tourism and the environment[J]. Tourism Management,2015,46.

[6] Song M, Li H. Estimating the efficiency of a sustainable Chinese tourism industry using bootstrap technology rectification [J]. Technological Forecasting and Social Change,2019,143.

[7] Ma X, Han M, Luo J, et al. The empirical decomposition and peak path of China's tourism carbon emissions[J]. Environmental Science and Pollution Research,2021,28(46).

[8] Zha J, Fan R, Yao Y, et al. Framework for accounting for tourism carbon emissions in China: an industrial linkage perspective[J]. Tourism Economics,2021,27(7).

[9] Luo F, Moyle B D, Moyle C L J, et al. Drivers of carbon emissions in China's tourism industry[J]. Journal of Sustainable Tourism,2020,28(5).

[10] 王坤,黄震方,曹芳东.中国旅游业碳排放效率的空间格局及其影响因素[J].生态学报,2015,35(21).

[11] Scott D, Hall C M, Gössling S. A review of the IPCC Fifth Assessment and implications for tourism sector climate resilience and decarbonization[J]. Journal of Sustainable Tourism,2016,24(1).

[12] Satrovic E, Muslija A. The Empirical Evidence on Tourism-Urbanization-CO_2 Emissions Nexus[J]. Advances in Hospitality and Tourism Research,2019,7(1).

[13] Li S, Lv Z. Do spatial spillovers matter? Estimating the impact of tourism development on CO_2 emissions[J]. Environmental Science and Pollution Research,2021,28(1).

[14] Gössling S,Peeters P,Ceron J P,et al. The eco-efficiency of tourism[J]. Ecological Economics,2005,54(4).

[15] Mishra H G, Pandita S, Bhat, A A, et al. Tourism and carbon emissions: a bibliometric review of the last three decades:1990—2021[J]. Tourism Review,2022,77(2).

[16] Pham T, Meng X, Becken S. Measuring tourism emissions at destination level: Australia case[J]. Annals of Tourism Research Empirical Insights,2022,3(2).

[17] Sun Y Y, Gössling S, Hem L E, et al. Can Norway become a net-zero economy under

scenarios of tourism growth?[J]. Journal of Cleaner Production,2022,363(4).

[18] Liu J,Zhang J,Fu Z. Tourism eco-efficiency of Chinese coastal cities-Analysis based on the DEA-Tobit model[J]. Ocean & Coastal Management,2017,148.

[19] Khanal A,Rahman M M,Khanam R,et al. Does tourism contribute towards zero-carbon in Australia? Evidence from ARDL modelling approach[J]. Energy Strategy Reviews,2022,43.

[20] Gössling S. Global environmental consequences of tourism[J]. Global Environmental Change,2002,12(4).

[21] Perch-Nielsen S,Sesartic A,Stucki M. The greenhouse gas intensity of the tourism sector:The case of Switzerland[J]. Environmental Science & Policy,2010,13(2).

[22] Moutinho V,Costa C,Bento J P C. The impact of energy efficiency and economic productivity on CO_2 emission intensity in Portuguese tourism industries. Tourism Management Perspectives,2015,16.

[23] Ruan W,Li Y,Zhang S,et al. Evaluation and drive mechanism of tourism ecological security based on the DPSIR-DEA model[J]. Tourism Management,2019,75.

[24] 刘军,问鼎,童昀,等.基于碳排放核算的中国区域旅游业生态效率测度及比较研究[J].生态学报,2019,39(6).

[25] Zhang H,Duan Y,Wang H,et al. An empirical analysis of tourism eco-efficiency in ecological protection priority areas based on the DPSIR-SBM model:a case study of the Yellow River Basin,China[J]. Ecological Informatics,2022,70.

[26] Whittlesea E R,Owen A. Towards a low carbon future-the development and application of REAP tourism,a destination footprint and scenario tool[J]. Journal of Sustainable Tourism,2012,20(6).

[27] Lee J W,Brahmasrene T. Investigating the influence of tourism on economic growth and carbon emissions:evidence from panel analysis of the European Union[J]. Tourism Management,2013,38.

[28] Munday M,Turner K,Jones C. Accounting for the carbon associated with regional tourism consumption[J]. Tourism Management,2013,36.

[29] Becken S,Patterson M. Measuring national carbon dioxide emissions from tourism as a key step towards achieving sustainable tourism[J]. Journal of Sustainable Tourism,2006,14(4).

[30] Cadarso M Á, Gómez N, López L A, et al. Quantifying Spanish tourism's carbon footprint: the contributions of residents and visitors: a longitudinal study[J]. Journal of Sustainable Tourism, 2015, 23(6).

[31] Becken S, Simmons D G. Understanding energy consumption patterns of tourist attractions and activities in New Zealand[J]. Tourism Management, 2002, 23(4).

[32] Sun Y, Hou G. Analysis on the spatial-temporal evolution characteristics and spatial network structure of tourism eco-efficiency in the Yangtze River Delta urban agglomeration[J]. International Journal of Environmental Research and Public Health, 2021, 18(5).

[33] Ma X, Sun B, Hou G, et al. Evaluation and spatial effects of tourism ecological security in the Yangtze River Delta[J]. Ecological Indicators, 2021, 131.

[34] Cadarso M Á, Gomez N, López L A, et al. Calculating tourism's carbon footprint: measuring the impact of investments[J]. Journal of Cleaner Production, 2016, 111.

[35] Filimonau V, Dickinson J, Robbins D. The carbon impact of short-haul tourism: a case study of UK travel to Southern France using life cycle analysis[J]. Journal of Cleaner Production, 2014, 64.

[36] Rico A, Martínez-Blanco J, Montlleó M, et al. Carbon footprint of tourism in Barcelona[J]. Tourism Management, 2019, 70.

[37] Dogan E, Aslan A. Exploring the relationship among CO_2 emissions, real GDP, energy consumption and tourism in the EU and candidate countries: evidence from panel models robust to heterogeneity and cross-sectional dependence[J]. Renewable and Sustainable Energy Reviews, 2019, 77.

[38] 李江帆,李美云. 旅游产业与旅游增加值的测算[J]. 旅游学刊, 1999, 14(5).

[39] Anda M I, Ioana M I, Tiberiu I, et al. Tourism contribution to Gross Domestic Product(GDP) and Gross Value Added(GVA)[J]. Global Journal of Business, Economics and Management: Current Issues, 2020, 10(3).

[40] 曾国军,蔡建东. 中国旅游产业对国民经济的贡献研究[J]. 旅游学刊, 2012, 27(5).

[41] Yu L. Two-time comparative analysis of regional tourism industry economic structure in China using regional tourism satellite account[D]. Sapporo: Hokkaido University, 2021.

[42] Wu D C, Cao C, Liu W, et al. Impact of domestic tourism on economy under COVID-

19:The perspective of tourism satellite accounts[J]. Annals of Tourism Research Empirical Insights,2022,3(2).

作者简介：

刘军,湖北大学旅游学院副教授,主要研究方向为旅游碳排放与生态旅游。

邓帆帆、张倩、陈曦,湖北大学旅游学院硕士研究生。

B13 云南省旅游生态安全系统的时空格局及驱动因素分析*

陆保一 明庆忠

摘　要：旅游生态安全是区域旅游业可持续发展的基础。本研究以典型生态脆弱区云南省为例，利用考虑非期望产出的Super-SBM模型、核密度估计及标准差椭圆分析等方法探查其旅游生态安全系统的时空动态，并借助地理探测器揭示不同因素的驱动机理。结果表明：①时序变化特征方面，云南省旅游生态安全水平呈波动上升的发展态势，各市州发展差距逐渐缩小，极化发展的马太效应有所减弱。②空间动态特征方面，旅游生态安全水平重心逐渐由西北移向东南，总体呈西北—东南的方向分布特征；旅游生态安全水平空间格局经历了极化布局至均衡化布局的演变过程，总体表现为"核心—边缘"式空间结构。③驱动因素分析方面，经济发展水平、旅游负荷水平、旅游发展水平、劳动力投入量、环境治理力度、政府投入水平及教育发展水平对旅游生态安全水平均具有显著影响，各因素的影响强度在研究期内存在一定差异，其中以旅游发展水平与劳动力投入量的影响强度较高。

关键词：旅游生态安全；系统评估；时空格局；驱动因素；地理探测器

Abstract：Tourism ecological security is the basis for the sustainable development of regional tourism. Taking Yunnan Province, a typical ecologically fragile area, as an example, this research uses the Super-SBM model considering undesired output, kernel density estimation and standard deviation ellipse analysis to explore the spatiotemporal dynamics of its tourism ecological security system, and uses geographic detectors to reveal

---

* ［基金项目］本研究受国家自然科学基金项目(41961021)、云南省哲学社会科学创新团队科研项目(2020tdxmzh05)资助。

different factor driving mechanism. The study found that: ①In terms of the characteristics of time series changes, the level of tourism ecological security in Yunnan shows a fluctuating and rising development trend, the development gap between cities and states is gradually narrowing, and the Matthew effect of polarized development is weakened. ② In terms of spatial dynamic characteristics, the center of gravity of tourism ecological security level gradually moved from northwest to southeast, and the overall distribution characteristics were in the northwest-southeast direction; the spatial pattern of tourism ecological security level has experienced the evolution process from polarized layout to balanced layout, and the overall performance is as follows: the "core-periphery" space structure. ③ In terms of driving factor analysis, the level of economic development, tourism load, tourism development, labor input, environmental governance, government investment and education development all have a significant impact on the level of tourism ecological security. There are certain differences in the period, among which the influence intensity of tourism development level and labor input is higher.

Keywords: Tourism Ecological Security; System Evaluation; Space-time Pattern; Driving Factors; Geographic Detector

一、引　言

旅游业作为全球增长较快的行业之一，在促进经济发展与城市化进程等方面发挥着显著作用。然而，旅游业具有环境依托与资源消耗的产业属性，在其快速发展的同时，大规模旅游开发与旅游活动引致的环境负外部效应逐渐凸显，旅游人地关系日趋紧张，对旅游地生态安全及可持续发展提出了重要挑战，也促使学界重新审视旅游业是"无烟工业"的观点。由此，旅游生态安全成为旅游可持续发展研究的科学命题。

旅游生态安全概念发轫于生态安全及可持续性旅游等领域，目前学界在其基本内涵方面已形成共识，即通过旅游资源的科学开发与生态环境的有效管理，使旅游地生态系统结构和功能处于不受威胁或少受威胁的健康状态，并能实现旅游地复合生态系统（环境—经济—社会）的协调发展。国外研究始于20世纪80年代，在早期较关注旅游环境影响，而后拓展至旅游环境容量、可持续性旅游、旅游生态效率、环境质量评估、旅游生态安全测度等方面。在借鉴国外研究的基础上，国内研究从21世纪以来不断涌现，目前已发展为学界研究热点。在研究视角上，学科交叉特征明显，涉及旅游学、地理学、生态学及系统科学等学科，学者们依托多学科理论，并结合DPSIR、PSR-EES、CSAED、TQR、IRDS等概念模型遴选评价指标；在研究内容上，总体遵循"格局—过程—机制"的地理学研究范式，涵盖宏观、中观、微观等多层级、多尺度，已形成包括测度评价、影响因素、空间效应、格局预测、系统预警、仿真模拟等内容在内的分析体系；在研究方法上，多采用TOPSIS法、灰色关联投影法、生态足迹法、模糊物元模型、网络DEA模型等方法测度旅游生态安全，并借助空间计量模型、障碍度模型、地理探测器、面板分位数等方法分析旅游生态安全的影响因素。

既有成果拓展了相关研究内容与方法体系，但仍存在以下局限：①目前已形成以DPSIR概念模型为核心的评价体系，但现有研究较少考虑DPSIR框架下旅游生态安全系统的动态性特征；②既有研究多是基于全样本评价指标开展旅游生态安全影响因素分析，遴选关键驱动因素并深入解析影响机理的研究成果偏少；③旅游高速发展的生态脆弱区是旅游生态安全研究的关键区域，以往文献虽涉及多层级尺度单元，但对于生态屏障功能显著且复合生态系统快速嬗变的典型省区关注不足。鉴于此，本研究选取云南省为案例地，以2007—2019年为研究时段。综合运用考虑非期望产出的Super-SBM模型、核密度估计及标准差椭圆分析等方法，从地理学时空视角多维度揭示旅游生态安全系统的动态演变特征，并结合地理探测器剖析关键因素的驱动机理，以期丰富旅游生态安全研究的理论体系，并为案例地及其他省域旅游业可持续发展提供科学参考。

二、跨时期的 DPSIR-SBM 理论框架

DPSIR(驱动力—压力—状态—影响—响应)概念模型最早由欧洲环境署(European Environment Agency,EEA)提出,被用于解释人类社会与环境系统间的非线性相互作用关系及自组织反馈机制,目前已在旅游生态安全研究领域表现出超强适应性。随着相关研究不断深入,学界对 DPSIR 框架运行过程的理解不断深化。具体而言,DPSIR 概念模型中人类社会响应措施的实施效果存在滞后性,其对系统内其他子系统产生的反馈效应并不会在当期显现。在响应措施的驱动下,系统内各子系统的要素流动与资源重组将呈现出跨时期的动态性特征,这决定着 DPSIR 概念模型并非是同一时期内的"循环结构",其实质上应理解为具有动态性特征的跨时期循环体系。

DPSIR 框架下的旅游生态安全系统是环境、经济、社会要素交互作用的复杂开放系统,系统内各子系统、系统整体与外部环境间存在着复杂、动态的交互作用关系。系统发展演变的运行过程同样具有跨时期的动态性特征。同时,随着人类社会环保意识觉醒,旅游业不再是"无烟产业"的标杆,旅游发展引致的环境污染与生态破坏,客观上要求旅游生态安全评价不能忽视旅游业的非期望产出。因此,开展基于"投入—产出"视角的跨时期系统评估,能够使旅游生态安全系统的实证测评更加贴近发展实际。鉴于此,本研究在既有研究的基础上,结合 DPSIR 概念模型与考虑非期望产出的 Super-SBM 模型,构建出适用于旅游生态安全系统测评且具有跨时期特征的 DPSIR-SBM 理论框架(见图1)。在该框架中,将压力解构为旅游承载压力与生态承载压力,并以当期响应效果(R-T0)作为下一期(T1)的投入要素,以实现系统内各子系统间的跨时期(T0/T1/T2)循环。在"投入—产出"变量设定方面,以上一期的响应、驱动力及旅游承载压力为投入,状态及影响为期望产出,生态承载压力为非期望产出。相比于使用 DPSIR 等单一概念模型并较少考虑其动态性特征的已有成果,此框架能有效解决旅游生态安全系统的跨时期测度问题,具有较强的适用性与科学价值。

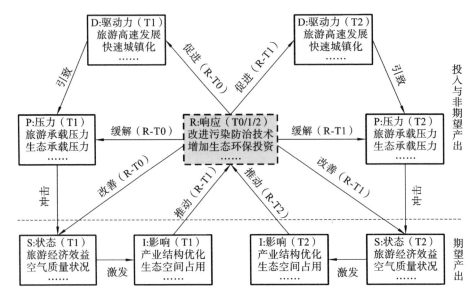

图 1 非线性跨时期的 DPSIR-SBM 理论框架

三、研究方法、指标选取与数据来源

(一) 案例地概况

云南省自然环境条件复杂,生物多样性丰富,是我国不同生态系统的交界带及西南地区重要的生态安全屏障。全省地貌类型复杂多样,以"云岭东侧—元江谷地"为界,可分为东部的云南高原与西部的横断山系两大地貌单元,是我国西南地区典型的低纬高原生态脆弱区。2006 年以来,云南省先后实施旅游"二次创业""旅游强省"等战略部署,推动旅游资源开发步伐不断加快,旅游业发展质量与效益有效提升,旅游总收入与旅游总人次分别由 2006 年的 499.78 亿元、7902 万人次增至 2019 年的 11035.2 亿元、80716.79 万人次。但云南省生物多样性聚集、生态环境脆弱敏感与旅游高速发展并存的特征,决定了生态保护与旅游开发建设在全省经济社会发展中的特殊地位和重要作用,这也使其旅游开发与环境治理的矛盾更为突出。因此,选取云南省作为研究案例具有重要典型意义。

(二) 研究方法

1. 考虑非期望产出的 Super-SBM 模型

Tone 基于 DEA 模型发展出考虑非期望产出的 SBM 模型,但 SBM 模型难以辨别多个有效 DMU 间的差异,Tone 又结合 SBM 模型提出 Super-SBM 模型,有效解决了多个 DMU 间的相对有效问题。模型构建如下:

$$\text{Min}\rho = \frac{\frac{1}{m}\sum_{i=1}^{m}(\overline{x}/x_{ik})}{\frac{1}{r_r+r_2}(\sum_{s=1}^{r_1}\overline{y^d}/y_{sk}^d + \sum_{q=1}^{r_2}\overline{y^u}/y_{qk}^u)}$$

$$\begin{cases} \overline{x} \geqslant \sum_{j=1,\neq k}^{n} x_{ij}\lambda_j; \overline{y^d} \leqslant \sum_{j=1,\neq k}^{n} y_{sj}^d\lambda_j; \overline{y^d} \geqslant \sum_{j=1,\neq k}^{n} y_{qj}^d\lambda_j; \\ \overline{x} \geqslant x_k; \overline{y^d} \leqslant y_k^d; \overline{y^u} \geqslant y_k^u \\ \lambda_j \geqslant 0, i=1,2,\cdots,m; j=1,2,\cdots,n; j \neq 0; \\ s=1,2,\cdots,r_1; q=1,2,\cdots,r_2 \end{cases} \quad (1)$$

式中:ρ 为旅游生态安全水平值;n 为 DMU 数量;m、r_1、r_2 分别为投入、期望及非期望产出;x、y^d、y^u 分别为投入、期望及非期望产出矩阵中的元素。

2. 核密度估计

核密度估计是依托连续密度曲线刻画随机变量分布形态的非参数估计方法,其基本原理即设随机变量 Y 的密度函数为 $f(x)=f(y_1,y_2,\cdots,y_n)$。其中 $y_1,y_2,\cdots,y_n$ 为独立同分布的观测值,则核密度函数的估计量如下:

$$f(x) = \frac{1}{nh}\sum_{i=1}^{n}K\left(\frac{y_i-y}{h}\right) \quad (2)$$

式中:n 为样本数;K 为随机核函数;h 为带宽(Bandwidth),带宽与密度函数曲线平滑度及偏差呈正相关。

3. 地理探测器

地理探测器根据自变量与因变量的空间分布一致性来提示变量间可能存在的线性与非线性因果关系,在规避数据多重共线性等方面具有显著优势。本研究主要应用因子探测器剖析不同因素对旅游生态安全水平的影响强度。其公式如下:

$$q = 1 - \frac{1}{N\alpha^2}\sum_{h=1}^{L}N_h\alpha_h^2 \tag{3}$$

式中:q 为自变量对因变量的解释力;L 为自变量与因变量的分层;N、α^2 分别为案例地的样本数、方差;N_h、α_h^2 分别为层 h 的样本数、方差。

(三)指标体系构建与数据来源

1. 评价指标选取与处理

以 DPSIR-SBM 理论框架为依据遴选评价指标并设定"投入—产出"变量。基于旅游地复合生态系统协调发展视角,在遵循系统性、普适性、数据可得性等原则及征求专家意见基础上,构建出包含 5 个子系统及 28 个测度指标的旅游生态安全系统评价指标体系(见表1)。参照已有研究,D、P_1 与上一年度的 R 为投入,S、I 为期望产出,P_2 为非期望产出。同时,为保证各指标在"纵横向"(时期、地区)上都具有可比性,依托"整体规范化、分时标准化"原则对面板数据进行标准化处理,并结合熵值—线性加权法测度各指标历年平均权重及子系统的综合水平。

表1 旅游生态安全系统评价指标体系

子系统层	指标层(单位)	指标含义(性质)	权重
驱动力(D)	旅游收入增长率/(%)	旅游经济及市场效益增长	0.003
	旅游人次增长率/(%)	对旅游地生态系统的胁迫(—)	0.006
	人均GDP/元	旅游地经济发展水平(—)	0.005
	人口自然增长率/(%)	人口增长及城镇化进程对	0.017
	城镇化率/(%)	旅游地生态系统的胁迫(—)	0.011

B13 云南省旅游生态安全系统的时空格局及驱动因素分析

续表

子系统层		指标层(单位)	指标含义(性质)	权重
压力(P)	旅游承载压力(P_1)	旅游人次/常住人口数量/(人次/人)	旅游地居民为游客提供服务的供给压力(−)	0.005
		旅游人次/载客汽车数量/(人次/辆)	旅游地交通设施应对游客增长的支撑压力(−)	0.008
		旅游人次/A级景区数量/(万人次/家)	游客增长对旅游资源的利用压力(−)	0.002
	生态承载压力(P_2)	人均日常生活用水量/(m^3/人)	旅游地的资源消耗压力(−)	0.022
		PM_{10}年均浓度/($\mu g/m^3$)	大气污染对旅游地生态环境的冲击(−)	0.013
		工业废水排放强度/(t/万元)	工业"三废"污染对旅游地生态系统的破坏压力,采用"三废"排放、产生总量与GDP的比值表征(−)	0.002
		工业废气排放强度/(m^3/万元)		0.004
		工业固体废弃物产生强度/(t/万元)		0.004
状态(S)		旅游业总收入/亿元	旅游地旅游经济及市场效益的综合状况(+)	0.056
		游客接待数量/万人次		0.053
		空气污染综合指数	旅游地的空气质量状况(−)	0.012
		绿化覆盖面积/hm^2	旅游地绿化宜游环境及生态文明建设的综合状况(+)	0.104
		建成区绿化覆盖率/(%)		0.018

续表

子系统层	指标层（单位）	指标含义（性质）	权重
影响（I）	旅游总收入占GDP比重/（%）	系统内驱动力、压力、状态运行变化对旅游地旅游业发展、产业结构优化、劳动力投入及旅居环境改善的综合影响（+）	0.107
	第三产业占GDP比重/（%）		0.038
	住宿和餐饮业从业人数/人		0.165
	人均公园绿地面积/m^2		0.022
	旅游空间指数/（人次/km^2）	游客增长对旅游地生态空间的占用程度，采用地均旅游人次表征（-）	0.003
响应（R）	城市生活污水处理率/（%）	旅游地的环境保护与污染防治技术、绿色循环发展能力及产业生态化水平（+）	0.013
	工业固体废弃物综合利用率/（%）		0.029
	财政支出占GDP比重/（%）	旅游地生态修复的经济支撑及潜在投资力度（+）	0.021
	每万人高等教育在校生数量/人	旅游地的人口素质、潜在旅游人力资本及居民生计资本积累水平（+）	0.167
	居民人均旅游收入/元		0.090

注：+表示正向指标，-表示负向指标。

2. 数据来源与处理

研究数据主要来源于2007—2020年的《中国城市统计年鉴》《云南统计年鉴》、云南省各市州的统计年鉴，以及2006—2019年的云南省国民经济和社会发展统计公报、云南省文化和旅游厅及各市州政府部门网站等，部分缺失数据采用线性插值法补全；行政区划矢量数据来源于中国科学院资源环境科学与数据中心（http://www.resdc.cn/）。云南省六大旅游地理片区参照《云南省旅游产业"十三五"发展规划》划分。综合考量云南省旅游"二次创业"（2006年）、"旅游强省"（2013年）等政策因素，以及DPSIR-SBM理论框架中"响应"变量需要跨时期的设定要求，基于2006年的相关数据，将实际研究时段确定为2007—2019年，并以2013年作为重要研究节点。

四、实证结果分析

(一)旅游生态安全水平的时序变化特征

基于 Matlab 软件测算云南省旅游生态安全系统的综合水平,并借助 Origin、Stata 软件绘制旅游生态安全水平的箱线图(见图 2(a))与核密度估计图(见图 2(b)),从时间序列角度综合分析旅游生态安全水平的历时性变化与动态演进特征。

从图 2(a)来看:①2007—2019 年,云南省旅游生态安全水平均值由 0.621 升至 0.828,年均增长 2.42%,2013 年以前增速较低且波动较大,整体呈现在波动中上升的发展态势。这可能是受期初云南省旅游高速发展、快速城镇化对生态环境的冲击日益加强,旅游环境承载压力增大,以及 2008 年国内雨雪冰冻自然灾害、国际金融危机扩散蔓延等因素影响。②研究期内箱体右侧的数据点分布渐趋集中,且向上敛缩态势愈发显著,表明各市州旅游生态安全水平不断提升,发展差距逐渐缩小,旅游开发与生态环境保护的良性互动机制逐步形成。

从图 2(b)来看:①位置上,核密度曲线在 2007—2013 年的右移趋势较弱,而后则明显增强,反映出云南省旅游生态安全水平经历了"缓慢增长—快速提升"的发展过程。②形态上,曲线左尾长度不断缩短,右拖尾特征显著,呈现由"陡峭单峰"向"宽平多峰"的演变趋势,说明处于旅游生态安全低值区的市州持续减少,极化发展的马太效应不断减弱。③峰度上,曲线的波峰高度逐渐降低,且在 2013 年以后下降明显,表明云南省旅游生态安全水平的非均质性有所减缓。总体上,核密度估计与箱线图的分析结果相互印证,这与云南省 2013 年以来实施"旅游强省"、加快发展全域旅游等战略部署,建立健全生态文明制度体系,以及践行旅游发展生态化和生态建设旅游化的绿色发展理念密切相关。

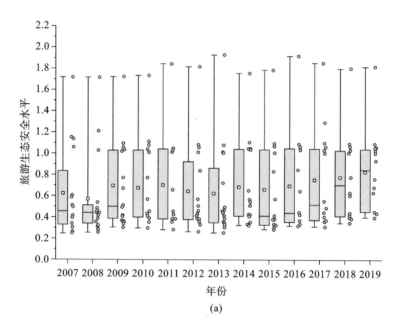

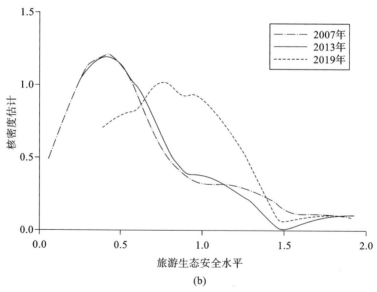

图2 旅游生态安全水平的箱线图及核密度估计图

(二)旅游生态安全水平的空间动态特征

1. 基于全局角度的空间分异特征

本研究结合 ArcGIS 软件的标准差椭圆工具,从全局角度揭示云南省旅游生态安全水平的方向分布特征(见表2)。

表2 旅游生态安全水平的标准差椭圆参数

年份	重心坐标		移动方向	长轴/km	短轴/km	旋转角/(°)
2007年	101°23′88″E	25°10′92″N	—	284.378	218.309	114.331
2013年	101°53′27″E	25°01′57″N	东偏南	271.767	220.708	119.344
2019年	101°55′43″E	25°05′85″N	东偏北	284.113	224.841	109.496

由表2可知:①2007—2019年,云南省旅游生态安全水平重心大致位于大理与楚雄两州的交界线附近,其在东西方向上迁移幅度较大,南北方向上迁移幅度较小,呈现"西退东进"的特征,总体由西北向东南方向转移。究其原因,得益于云南省近年来加快发展滇中城市群,昆明、曲靖、红河等市州社会经济要素高度聚集,公共基础设施持续完善,生态保护成效不断凸显,一定程度上消解了大规模旅游开发引致的环境负面效应。同时,上述市州大多位于坝子广布的云南高原,地势相对平缓,水利条件优越,资源环境承载力较高,为改善旅游生态安全状况提供了良好自然地理条件。此外,随着滇中国际旅游圈建设持续推进,以及云南省统筹实施高原湖泊保护、大气污染防治等生态治理措施,旅游发展与环保政策的累积效应显现,使得旅游生态安全水平重心在社会经济、自然地理及政策调控等因素综合作用下逐渐移向东南。②椭圆的旋转角经历了先增大后缩小的变化过程,由2007年的114.331°减小至2019年的109.496°,整体呈降低态势,表明云南省旅游生态安全水平总体呈现西北—东南的分布格局,其分布走势大致与重心迁移的主要方向一致。③椭圆的长轴标准差呈现下降—上升的变化特征,但研究期内整体变化程度不明显,表明云南省旅游生态安全水平在西北—东南方向的布局较稳定;短轴标准差在研究期内持续上升,由2007年的218.309 km增至2019年的224.841 km,反映出

云南省旅游生态安全水平在东北—西南方向上趋向均衡,这可能是由于滇东北、滇西南旅游区的市州在云南省创建全国"生态文明建设排头兵"目标指引下,近年来增加生态旅游发展投资、严格生态空间管控并加快产业结构升级步伐,促使其旅游生态安全水平提升较快,从而弱化了西北—东南方向的极化态势。

2. 基于局部角度的空间格局特征

本研究运用 ArcGIS 软件,从局部角度解析云南省各市州旅游生态安全水平的空间格局动态。鉴于目前旅游生态安全等级的划分标准不一,本研究依据相关文献,以观测年份各市州旅游生态安全水平与云南省旅游生态安全水平均值的比值 a 为参考,将其划分为不安全级($a \leqslant 0.5$)、较不安全级($0.5 < a \leqslant 1$)、临界安全级($1 < a \leqslant 1.5$)和安全级($a > 1.5$),以更好地揭示云南省各市州旅游生态安全水平的格局演变特征(见图3)。

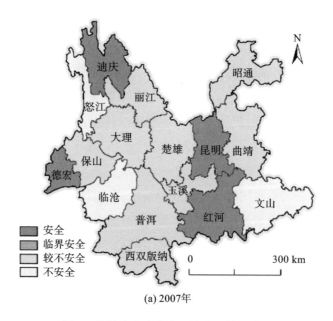

(a) 2007年

图 3 旅游生态安全水平的空间格局动态

(注:该图基于云南省自然资源厅标准地图服务网站下载的审图号为云 S(2021)61 号的标准地图制作,底图无修改,云南省自然资源厅监制。)

B13　云南省旅游生态安全系统的时空格局及驱动因素分析

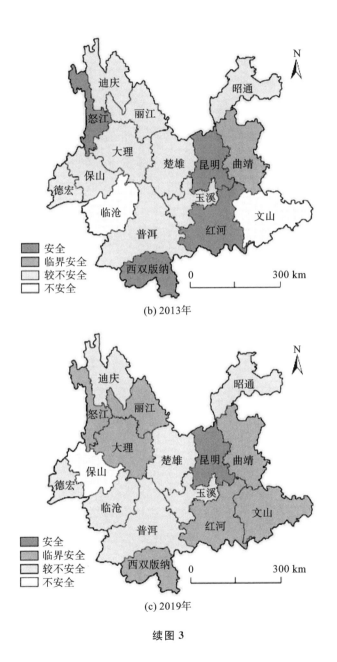

(b) 2013年

(c) 2019年

续图 3

从图3来看,2007—2019年,云南省各市州旅游生态安全等级跃升态势明显,处于不安全与较不安全级(低于云南省旅游生态安全水平均值)的市州数量持续减少,其占比由期初的75%降至期末的50%,表明云南省旅游生态安全水平不断提升,极化发展态势不断减弱。临界安全级市州在2013年首次出现,至期末则表现出显著的空间扩张态势,其占比已与较不安全级市州持平,并形成集中连片分布的空间格局。安全级市州在期初主要包括昆明、红河、德宏及迪庆,至期末多向临界安全级演变,其数量占比也由期初的25%降至期末的6.25%,这从侧面反映出云南省旅游生态安全状况依然堪忧,亟待进一步完善旅游生态安全响应机制。可见,云南省各市州旅游生态安全水平在期末总体呈现出以安全与临界安全级市州为核心区、不安全与较不安全级市州为边缘区的"核心—边缘"式空间结构。

究其原因:①处于旅游生态安全核心区的市州大多为热门旅游目的地及其周边地带,这些市州大多旅游经济效益良好、生态环境承载力较高且旅游资源品牌优势突出,在跨区域生态环境协同治理及环境倒逼机制作用下,旅游生态安全等级较高。如昆明、大理、丽江、西双版纳作为著名旅游目的地,拥有石林、洱海、古城及热带雨林等类型多样、组合丰富的高品质旅游资源,旅游市场规模效应、生态环保投入力度及旅游要素配置效率位居全省前列,旅游复合生态系统的效益产出较高;曲靖、文山等市州受省会昆明的标杆效应与扩散效应影响,旅游经营管理理念更新迅速,加之其经济基础相对坚实,用于环境治理与生态修复的资金较为充裕,因而旅游生态安全状况改善明显。需要说明的是,怒江旅游生态安全水平较高,可能是由于其自然条件复杂、旅游开发强度较低且受周边市州涓滴效应影响,旅游复合生态系统状态相对稳定。②处于旅游生态安全边缘区的市州受制于自然地理环境、综合区位条件及旅游资源禀赋等多因素制约,旅游生态安全等级整体较低。一方面,这些市州的区位多指向于滇西横断山脉纵谷区及省域旅游发展的神经末梢,地质地貌条件复杂,生态环境敏感性高,且多为我国前期脱贫攻坚的重点区域,社会经济与旅游发展基础薄弱,生态治理能力不足,大规模旅游开发对生态环境的冲击效应较强,因此在一定程度上牵制了旅游生态安全水平提升;另一方面,部分市州虽拥有火山热海、香格里拉(如保山、迪庆)等优质旅游品牌,但其旅游资源丰度与品位度整体较低(边缘区市州在期末的国家4A级以上旅游景区数量仅占全省的32.93%),比较优势不够突出,易受省内知名旅游城市屏蔽效应及快速交通体系过道效应影响,旅游资源空间竞争能力较弱,难以形成旅游要素流的规模性集聚,旅游复合生态系统发展相对失衡,因而旅游生态安全水平较低。

(三)旅游生态安全水平的驱动因素分析

1. 驱动因素指标选取

旅游生态安全系统是具有显著"人地综合"特性的复杂开放系统,人类旅游活动及其相关的社会经济活动是旅游生态安全状况发展变化的主要干扰因素。因此,既有研究多从"经济—社会"视角出发,依托评价指标考察不同因素对旅游生态安全状况的影响程度,这为本研究驱动因素的指标选取提供了文献依据。本研究在综合考虑指标权重、代表性及典型性基础上,从经济发展水平、旅游负荷水平、旅游发展水平、劳动力投入量、环境治理力度、政府投入水平及教育发展水平等方面遴选关键因素,构建出表征旅游生态安全系统驱动因素的指标体系(见表3)。

表3 驱动因素的表征指标与描述性统计

变量类型	变量名称(代码)	表征指标(单位)
被解释变量	旅游生态安全水平(TES)	—
解释变量	经济发展水平(ECL)	人均GDP/元
	旅游负荷水平(TLL)	旅游人次/载客汽车数量/(人次/辆)
	旅游发展水平(TDL)	旅游业总收入/亿元
	劳动力投入量(LIQ)	住宿和餐饮业从业人数/人
	环境治理力度(EGI)	城市生活污水处理率/(%)
	政府投入水平(GIL)	财政支出占GDP比重/(%)
	教育发展水平(EDL)	每万人高等教育在校生数量/人

2. 驱动机理分析

本研究利用自然断点法对各因素原始数据进行分级,结合地理探测器剖析不同因素的驱动作用机理(见表4)。

表4 各驱动因素的影响强度

探测因子	ECL	TLL	TDL	LIQ	EGI	GIL	EDL
2007年	0.230***	0.267***	0.456***	0.357***	0.383***	0.483***	0.218***
2013年	0.563***	0.231***	0.435***	0.628***	0.360***	0.346***	0.315***
2019年	0.166***	0.351***	0.485***	0.368***	0.388***	0.180***	0.335***
均值	0.320	0.283	0.459	0.451	0.377	0.336	0.289

注：*** 表示 P 值在 1% 置信水平下显著。

由表4可知，各驱动因素对云南省旅游生态安全水平均具有显著影响，但旅游发展水平(TDL)与劳动力投入量(LIQ)的影响强度均值整体较高，且各因素的影响强度在不同时间节点也存在一定差异。具体来看：

(1)经济发展水平(ECL)方面。经济发展水平的影响强度总体呈先升后降的倒U形趋势，表明其对旅游生态安全的影响存在拐点效应，研究期内可能遵循类似于环境库兹涅茨曲线(EKC)的理论规律，这在黄智洵等的相关研究中得到证实。期初，云南省大部分市州的经济水平处于EKC左侧的起步阶段，环境污染强度与资源环境压力尚未超出生态承载阈值，经济水平的适度提升有助于强化其对旅游生态安全的驱动效应。但随着时间演进，云南省逐渐进入资源环境约束趋紧的发展阶段，部分市州的经济水平可能已接近或达到EKC拐点，经济高速发展产生的规模效应使得生态承载压力迅速增加，间接掣肘了旅游复合生态系统的效益产出，同时也降低了其对旅游生态安全的影响强度。

(2)旅游负荷水平(TLL)方面。旅游负荷水平对旅游生态安全表现出一定的正向促进作用，其影响强度在研究期内总体呈上升趋势。根据旅游地生命周期可知，旅游地发展初级阶段通常伴随着可达性改善及旅游要素流的规模性涌入，但该阶段旅游活动及旅游开发对生态环境的影响较小，旅游负荷仍处于旅游环境容量的合理范围，加之旅游地又受益于旅游要素流的集聚经济效应，区域旅游发展较易产生正外部性，这对改善旅游生态安全状况具有一定裨益。值得注意的是，云南省旅游业近年来仍保持高速发展态势，处于旅游地生命周期初级阶段的部分市州面临着较高的旅游环境压力,这使得旅游负荷水平的影响强度均值整体较低,也从侧面说明了旅游负荷增大引致的环境负外部效应不容忽视。

(3)旅游发展水平(TDL)方面。旅游发展水平的影响强度在研究期内总体处于较高层级,是旅游生态安全状况优化的重要驱动因素,这与 Ma 等的研究一致。旅游发展水平的持续提升,能够倒逼旅游地加强生态文明建设,不断改善旅游环境,并通过反哺效应为旅游地生态治理提供资金支持与物质保障。此外,在循环累积因果机制下,区域旅游市场经济效益不断攀升,有利于进一步吸引旅游投资并强化产业乘数效应,优化旅游业与相关产业的资源要素配置效率,促使区域产业结构不断趋向高级化与合理化,进而为旅游复合生态系统协调发展提供重要动力。期末,云南省旅游收入已实现万亿级规模,这为云南省构建现代化产业体系及改善旅游生态安全状况提供了重要产业基础支撑。

(4)劳动力投入量(LIQ)方面。劳动力投入量对旅游生态安全同样具有较高的正向影响效应,其影响强度在 2013 年达到峰值,研究期内总体呈微弱提升态势。旅游业具有鲜明的劳动密集型特点,劳动力供给的变化可在一定程度上揭示区域旅游发展状态。期初,云南省实施旅游"二次创业"发展战略,为满足旅游基础服务及大规模旅游开发的人力资源需求,其劳动力投入较侧重"量"的供给,因而劳动力投入量的影响强度随时间演进迅速增大。近年来,云南省旅游业进入以提质增效为导向的高质量发展阶段,对劳动力的需求逐渐转向"质"的提升,丰富优质旅游人才供给、提升旅游人力资本价值已成为推动旅游高质量发展的重要举措,劳动力投入量的影响强度也因此有所降低。

(5)环境治理力度(EGI)方面。环境治理力度对旅游生态安全具有正向提升作用,其影响强度在研究期内总体较稳定。环境治理效度可通过防污治污技术革新、环境监管制度完善、生产生活方式转变等多种途径对旅游生态安全施加影响。强化环境治理力度,有利于提升旅游产业生态化水平及绿色循环发展能力,推动旅游经济增长方式向集约型、低碳化及绿色化方向转变。研究期内,云南省纵深推进蓝天、碧水、净土"三大保卫战",持续开展大气污染防治、高原水环境保护、固废和重金属污染处理等系列环境整治工程,不断优化生态环境空间管控,逐渐趋向于符合波特假说的"适当环境规制",旅游环境质量得到有效改善,这在一定程度上强化了旅游生态安全水平提升的正向边际效应。

(6) 政府投入水平(GIL)方面。政府投入水平的影响强度在期初较高,而后随着旅游生态安全水平上升呈持续下降态势。究其原因,云南省在期初较注重公共基础设施及产业配套设施等硬环境建设,政府财政支出的规模经济效应显著,这对于推动旅游地开发建设、弥补市场调节不足及促进旅游要素合理配置具有重要意义,因而有助于改善旅游生态安全状况。但云南省近年来在基建领域的持续性大规模投入,在一定程度上也会侵占旅游地生态空间,引发环境成本及生态安全风险上升等问题,政府投入的影响强度也因此不断降低,这表明云南省未来应强化软环境建设,引导财政资金向生态文明建设领域倾斜,积极构建跨区域旅游生态补偿机制,提升政府投入对旅游生态安全状况改善的综合效益。

(7) 教育发展水平(EDL)方面。教育发展水平对旅游生态安全水平具有正向影响作用,其影响强度在研究期内呈持续上升态势。一般而言,教育水平提升有助于居民确立生态价值观并强化环保行为倾向,促使其旅游行为更加生态化,消费方式也更趋向绿色低碳,这对于改善旅游生态安全状况具有积极作用。研究期内,云南省持续夯实教育发展基础,着力推动优质旅游人力资本形成,充分发挥了教育水平对旅游生态安全的提升效应。然而,教育发展水平的影响强度均值整体偏低,这可能是由于云南省高等教育资源分布较集中(2020年昆明市高校数量占全省总数的63.41%),其影响强度仅在少数市州较高,未来应着重优化教育资源的空间配置与布局结构,提升教育发展均衡化水平。

五、结论与讨论

(一) 结论

按照"理论框架构建—综合水平测度—时空动态刻画—驱动因素剖析"的

B.13 云南省旅游生态安全系统的时空格局及驱动因素分析

研究主线,以旅游高速发展且生态环境脆弱的云南省为例,对其2007—2019年旅游生态安全系统的时空动态及驱动因素进行多维揭示,主要结论如下:

(1)时序变化特征方面,云南省旅游生态安全水平由0.621升至0.828,整体呈现出在波动中上升的发展态势,各市州间的发展差距不断缩小,旅游开发与环境保护的良性互动机制渐趋形成;核密度曲线逐渐由"陡峭单峰"向"宽平多峰"方向演变,旅游生态安全水平极化发展的马太效应有所减弱,这与研究期内云南省强化旅游发展战略部署、健全生态文明制度体系及践行绿色发展理念有关。

(2)空间动态特征方面,云南省旅游生态安全水平总体呈现西北—东南的方向分布特征,其重心表现出"西退东进"的迁移态势,总体由西北向东南方向转移;旅游生态安全水平的空间格局变化显著,经历了极化布局至均衡化布局的演变过程,总体表现为"核心—边缘"式空间结构,但较不安全级市州表现出一定的空间锁定效应,这从侧面反映出云南省旅游生态安全状况依然堪忧。

(3)驱动因素分析方面,旅游生态安全系统以旅游发展及社会经济活动为主要扰动力。经济发展水平、旅游负荷水平、旅游发展水平、劳动力投入量、环境治理力度、政府投入水平及教育发展水平对旅游生态安全均具有显著影响。其中,旅游发展水平与劳动力投入量对旅游生态安全水平的影响强度较高,其余因素的影响强度在研究期内存在一定差异。

(二)讨论

在当前生态文明建设上升为国家重大发展战略背景下,探讨典型生态脆弱省域旅游生态安全系统的时空动态及驱动因素,有利于科学把握旅游生态安全的动态演变规律,厘清旅游生态安全状况改善的主要瓶颈,对促进区域旅游人地关系协调发展及筑牢国家西南生态安全屏障具有重要意义。本研究以典型案例云南省为实证对象,从地理学时空视角考察其旅游生态安全系统的时序变化及空间动态特征,并遴选出关键驱动因素深入解析旅游生态安全系统的影响机理,在一定程度上弥补了已有文献的不足,丰富了旅游生态安全的研究内容与方法体系,可为案例地及同类型省域的旅游生态安全系统调控,以及更系统、全面地刻画旅游生态安全系统时空特征与动力学机制提供科学参考。

需要注意的是,本研究在以下方面仍值得深入探讨:①指标选取方面,从资源消耗、空气污染及工业"三废"排放及产生强度等方面选取指标表征旅游业非期望产出,虽可在一定程度上体现旅游业的综合性与关联性,但未来仍有必要对旅游业直接引发的环境污染数据进行单独剥离,并结合多源数据进一步完善旅游生态安全的评价指标体系;②研究方法方面,未来仍需进一步拓展旅游生态安全研究的方法体系,考虑时间效应的 SBM-Windows 模型及动态 QCA 方法为未来深化旅游生态安全研究提供了可能。

参考文献

[1] 周彬,钟林生,陈田,等.浙江省旅游生态安全的时空格局及障碍因子[J].地理科学,2015,35(5).

[2] 王兆峰,刘庆芳.长江经济带旅游生态效率时空演变及其与旅游经济互动响应[J].自然资源学报,2019,34(9).

[3] 徐美,刘春腊.张家界市旅游生态安全评价及障碍因子分析[J].长江流域资源与环境,2018,27(3).

[4] 杨良健,曹开军.新疆85个县市旅游生态安全时空格局演变及驱动机制[J].生态学报,2021,41(23).

[5] 李细归,吴清,周勇.中国省域旅游生态安全时空格局与空间效应[J].经济地理,2017,37(3).

[6] 章锦河,张捷,王群.旅游地生态安全测度分析——以九寨沟自然保护区为例[J].地理研究,2008,27(2).

[7] 秦晓楠,程钰.中国旅游城市生态安全系统评估与类型划分研究——基于节点权重约束网络 DEA 模型[J].地理科学,2019,39(1).

[8] 王兆峰,陈青青.1998年以来长江经济带旅游生态安全时空格局演化及趋势预测[J].生态学报,2021,41(1).

[9] Edwards J R. The UK heritage coasts: an assessment of the ecological impacts of tourism[J]. Annals of Tourism Research,1987,14(1).

[10] Cole D N, Monz C A. Impacts of camping on vegetation: Response and recovery

following acute and chronic disturbance[J]. Environmental Management,2003,32(6).

[11] Jurado E N,Tejada M T,García F A,et al. Carrying capacity assessment for tourist destinations. Methodology for the creation of synthetic indicators applied in a coastal area[J]. Tourism Management,2012,33(6).

[12] Zhang J. Impacts of the emissions policies on tourism:an important but neglected aspect of sustainable tourism[J]. Journal of Hospitality and Tourism Management, 2021,47.

[13] Peng H,Zhang J,Lu L,et al. Eco-efficiency and its determinants at a tourism destination:a case study of Huangshan national park,China [J]. Tourism Management,2017,60.

[14] Arrobas F,Ferreira J,Brito-Henriques E,et al. Measuring tourism and environmental sciences students' attitudes towards sustainable tourism[J]. Journal of Hospitality, Leisure,Sport & Tourism Education,2020,27.

[15] Li Y,Chen T,Hu J,et al. Tourism ecological security in Wuhan[J]. Journal of Resources and Ecology,2013,4(2).

[16] Ruan W,Li Y,Zhang S,et al. Evaluation and drive mechanism of tourism ecological security based on the DPSIR-DEA model[J]. Tourism Management,2019,75.

[17] 翁钢民,潘越,李凌雁.基于改进DPSIR-DS模型的旅游生态安全等级测度及时空演变分析——以"丝绸之路"沿线五省区为例[J].旅游科学,2018,32(6).

[18] 周彬,虞虎,钟林生,等.普陀山岛旅游生态安全发展趋势预测[J].生态学报,2016,36(23).

[19] 郑永贤,薛菲,张智光.森林旅游景区生态安全IRDS模型实证研究[J].资源科学,2015,37(12).

[20] 赵书虹,白梦,阮梦枝,等.云南省旅游资源与生态安全协调发展的时空演化特征及障碍因子分析[J].地理科学,2021,41(3).

[21] 汤傅佳,黄震方,徐冬,等.水库型旅游地生态安全时空分异及其关键影响因子分析——以溧阳市天目湖为例[J].长江流域资源与环境,2018,27(5).

[22] 徐美,刘春腊,李丹,等.基于改进TOPSIS-灰色GM(1,1)模型的张家界市旅游生态安全动态预警[J].应用生态学报,2017,28(11).

[23] 武春友,郭玲玲,于惊涛.区域旅游生态安全的动态仿真模拟[J].系统工程,2013,31(2).

[24] 徐少癸,左逸帆,章牧.基于模糊物元模型的中国旅游生态安全评价及障碍因子诊断研究[J].地理科学,2021,41(1).

[25] 穆学青,郭向阳,明庆忠,等.黄河流域旅游生态安全的动态演变特征及驱动因素[J].地理学报,2022,77(3).

[26] Ma X, Sun B, Hou G, et al. Evaluation and spatial effects of tourism ecological security in the Yangtze River Delta[J]. Ecological Indicators,2021,131.

[27] 明庆忠,童绍玉.云南地理[M].北京:北京师范大学出版社,2016.

[28] 郭向阳,穆学青,明庆忠,等.旅游地快速交通优势度与旅游流强度的空间耦合分析[J].地理研究,2019,38(5).

[29] 季良玉.中国制造业智能化水平的测度及区域差异分析[J].统计与决策,2021(13).

[30] 史利江,刘敏,李艳萍,等.汾河流域县域经济差异的时空格局演变及驱动因素[J].地理研究,2020,39(10).

[31] 黄智洵,王飞飞,曹文志.耦合生态系统服务供求关系的生态安全格局动态分析——以闽三角城市群为例[J].生态学报,2018,38(12).

[32] 李鹏飞,尹悦.欠发达地区环境库兹涅茨曲线估计及影响因素分析——基于云南省的实证研究[J].生产力研究,2020(5).

[33] 陆保一,张恩伟,明庆忠,等.云南省A级旅游景区空间演化特征及其驱动机制[J].山地学报,2019,37(6).

[34] 李德山,苟晨阳.环境规制对西部地区水资源利用效率的影响研究——基于产业部门和资源依赖度异质性视角[J].地理科学,2021,41(12).

[35] 杜运周,李佳馨,刘秋辰,等.复杂动态视角下的组态理论与QCA方法:研究进展与未来方向[J].管理世界,2021,37(3).

作者简介：

陆保一,云南师范大学地理学部博士研究生,主要研究方向为区域旅游规划与开发。

明庆忠,教授,博士生导师,云岭学者,云南省政府特殊津贴专家,云南省中青年学术和技术带头人,云南财经大学旅游文化产业研究院院长,主要研究方向为山地旅游开发与管理。

B14 基于扎根理论的乡村生态旅游行为内涵研究

樊志勇　陶福泰

摘　要：乡村生态旅游为人们提供了亲近自然、休闲放松的机会，在乡村振兴战略背景下，乡村生态旅游得以普及和发展。本研究从旅游者行为视角出发，基于网络游记进行扎根理论研究，分析了乡村生态旅游行为内涵，以期进一步促进乡村生态旅游的健康发展。研究发现：原真性是游客进行乡村生态旅游的原始驱动力，便利性和娱乐性是满足游客体验需求的必要条件。游客根据各自旅游体验的原真性程度和便利性、娱乐性的满足程度，形成对乡村生态旅游的感受评价。最后根据研究结果，就乡村生态旅游的发展提出对策和建议。

关键词：乡村生态旅游；网络游记；扎根理论

Abstract：Rural ecotourism provides people with opportunities to get close to nature, relax and unwind, and it has been popularized and developed under the background of rural revitalization strategy. In order to promote the healthy development of rural ecotourism, this study on the grounded theory based on network travel notes analyzes the behavioral connotation of rural ecotourism from the perspective of tourists. The results show that authenticity is the original driving force for tourists to conduct rural ecotourism, convenience and entertainment are the necessary conditions to satisfy tourists' experience needs. Tourists form an evaluation of their feelings towards rural ecotourism based on the degree of originality of their respective tourism experiences and the degree of satisfaction of convenience and entertainment. Finally, based on the research results, countermeasures and suggestions are proposed for the development of rural ecotourism.

Keywords：Rural Ecotourism、Network Travel Notes、Grounded Theory

"双碳"目标和乡村振兴战略是我国未来产业发展的重要政策导向,而乡村生态旅游具有发展低碳经济的天然优势。一方面,乡村旅游的低碳化发展是贯彻新发展理念、推进中国特色社会主义新农村建设的重要抓手,而乡村生态旅游具有低能耗、低污染和低排放的天然优势;另一方面,乡村生态旅游作为农村新兴产业,在驱动乡村转型、增加农民收入、助力农村基础设施和精神文明建设方面发挥着重要作用。此外,良好的乡村自然生态环境满足了旅游者回归自然、亲近自然的心理需要,因此在康养旅游普及的今天,越来越多的旅游者选择乡村作为旅游目的地。而了解乡村生态旅游者的行为内涵有利于提高旅游者满意度,从而为旅游目的地带来持续的客源和经济收益,最终实现经济效益、社会效益和生态效益的共赢。乡村生态旅游发展具有自身的特点:一方面,生活质量的提高与消费能力的增长极大地促进了乡村生态旅游的发展;另一方面,社会人文旅游需求不断发展变化,而乡村生态旅游的发展难以快速响应现代旅游出行的多样化动态需求,存在一定程度的滞后。因此,如何把握新时代背景下乡村生态旅游者的行为内涵,成为乡村生态旅游发展中亟待解决的现实问题。

目前,对于乡村生态旅游的微观研究大多从经营主体和参与客体视角展开。对经营主体的研究主要集中在开发经营管理、乡村生态旅游的社区参与、景观规划设计、多样化旅游产品等方面。对参与客体的研究则较为关注乡村生态旅游的环境责任行为、游后行为意向、价值感知和消费者体验等方面。这些研究成果为乡村生态旅游研究提供了一定的理论基础,但目前从旅游者视角分析乡村生态旅游概念和内涵的研究较为缺乏。本研究通过乡村生态旅游网络游记和扎根理论方法,分析了乡村生态旅游者心理需求和行为特征,并以此为基础构建旅游者乡村生态旅游行为内涵框架。从游客视角出发,有助于目的地管理者更好地了解乡村生态旅游者需求,发挥已有优势,提高乡村生态旅游吸引力和竞争力,并为乡村生态旅游的政策优化和落实提供借鉴参考。

B14　基于扎根理论的乡村生态旅游行为内涵研究

一、文献回顾

生态旅游被视作促进环境保护、可持续发展和旅游实践"低碳化"的有效路径,其起源于20世纪60年代的环境运动,自1983年首次提出生态旅游概念后,"生态旅游"一词已成为学术界与国际旅游市场上备受关注的热门词汇。而乡村生态旅游则被认为是融合了"乡村旅游"和"生态旅游"的概念和客观理念,其内涵目前虽未形成统一认识,但在以乡村为主要场地,注重生态环境可持续,兼具生态、经济和社会效益等方面已达成基本共识。

曹水群对比乡村生态旅游与农业旅游、乡村旅游、生态旅游等概念,提出乡村生态旅游是以乡村社区为目的地,以具有乡村性的自然和人文景观为吸引物,以城镇居民为主要目标市场,满足旅游者休闲、求知和回归自然等需求的一种旅游方式。胡雪峰认为,乡村生态旅游是以乡村的自然生态、农业景观、民俗文化为依托,为满足都市旅游者休闲观光、放松身心等旅游需求,提供具有乡村特色的集食、住、行、游、购、娱于一体的生态旅游活动形式。邱云美指出乡村生态旅游除了满足乡村旅游休闲、观光、农事等传统需求,还具有生态体验与教育的功能。乡村生态旅游是乡村旅游的高级化,更注重经济、社会和生态效益的综合提高。张丽丽认为乡村生态旅游是指以乡村为主要场地,以促进乡村产业发展为目的,在发展旅游业的过程中倡导低碳模式,建成以乡村特色、民俗特点、文化背景为核心的旅游线,给游客提供有特色又舒适的旅行体验。综上,本研究认为乡村生态旅游是指发生在乡村地域,以促进乡村社会经济发展为目的,以乡村特有的自然和人文风光作为吸引物,涵盖生态旅游内涵的综合型的新式乡村旅游。

国内乡村生态旅游起步于21世纪初,随着精准扶贫和社会主义新农村建设而迅速发展。现有文献研究大体可以分为两方面的研究。一是基础理论类的研究,主要围绕乡村生态旅游概念类型、发展模式、开发规划设计、资源评价和路径发展。此外,国内学者还探讨了乡村生态旅游可持续发展的影响因素、面临问题、实证分析和对策建议等。二是实践应用类的研究,主要是通过实地调研和案例分析,研究某一地域的乡村生态旅游发展,将乡村生态旅游与社会热点问题联系起来,如"三农"问题、精准扶贫、社会主义新农村建设和乡村振兴等。乡村生态旅游与其他产业的联动研究也受到了较多关注,例如有学者关注乡村生态旅游与农业、健康产业和食品业等的融合发展。此外,在乡村生态旅游开发过程中,政府、企业、居民等利益相关者也受到较多关注。

目前,国内外学者围绕乡村生态旅游与旅游者进行了部分研究。如Panzer-Krause在可持续性方面对乡村生态旅游者进行了细分,并进一步分析研究了不同类型游客对乡村田园风光的影响,Chaminuka等分析了乡村生态旅游者的生态旅游的偏好及乡村社区支付生态旅游活动的意愿。Park和Yoon,以及Devesa等通过问卷调查探寻乡村生态旅游者的动机需求与旅游动机和游客满意度之间的相互关系,研究发现追求差异化是乡村生态旅游活动的根本驱动力,旅游者希望摆脱繁忙的日常生活,前往乡村旅游地放松身心或寻求新奇体验。国内学者夏天添研究了游客对乡村生态旅游的品质感知及其内在维度与乡村生态旅游品牌之间的关系。周妮笛等通过实证分析发现,环境价值、游玩价值、产品服务价值和感知价格是影响乡村生态旅游游客感知价值的重要因素。王立龙归纳了乡村生态旅游的游客感知四个阻力因素并分析了不同类型游客的感知特征。

综上所述,国内外学者关于乡村生态旅游的研究已经较为丰富,但多就某一地域或乡村生态旅游本身展开,缺乏对于个体乡村生态旅游者的关注。因此,本研究在已有研究的基础上,尝试从旅游者行为视角,分析乡村生态旅游者行为内涵并构建相关框架。

二、研究方法与数据来源

(一)研究方法

扎根理论是对某些原始材料和经验事实不断地进行归纳和分析,完成理论构建和探索的研究过程,在研究过程中强调问题的自然涌现。本研究运用扎根理论方法的原因在于：在过去对游客认知的研究中，关于乡村旅游的内容和乡村旅游体验程度的问题并不清楚，所以需要对现实经验材料进行归纳研究。在研究过程中，我们交互进行编码与分析，通过编码建构理论概念，其中分析是为了确定下一步编码的理论对象，这个过程一直进行到理论饱和。具体过程是从所有的原始材料依次进行开放式、主轴式和选择式编码的研究步骤，从而归纳出理论概念，并通过部分原始材料来验证和完善前面归纳出的概念，从而使理论更加丰富和科学。

（二）数据收集

网络游记包含了游客的游前准备、游中感受、游后体悟等，较为全面地表达了游客对旅游目的地的整体认知和感想，是游客在没有任何心理暗示和心理预设的情况下描述的对乡村旅游最直接、最真实的认知及体验。本研究选择将国内影响力较大、用户量较多、可提供研究的样本较多的网站（携程、马蜂窝、大众点评、途牛）作为样本数据的来源。在上述网站的旅游攻略栏目搜索关键词"乡村旅游""乡村生态旅游"后，在搜索结果中选择"游记"这个类别，共得到1240篇游记，手动筛选出最终有效游记共319篇。筛选原则如下：①选取2017年1月1日至2022年7月1日期间的游记；②选取行程完整、内容包含一定情感表达和评价的游记；③剔除以照片为主、文字内容少或无意义的游记；④剔除明显的广告帖、商家推广营销帖；⑤剔除同一作者的多篇游记；⑥剔除不以乡村或休闲农庄为主要目的地的游记。经过初步的筛选整理，最终样本有游记319篇，共计38360字，将其整理并保存为文本进行下一步处理。

三、扎根理论分析

本研究通过NVivo 12软件对原始材料进行分析，并依次进行开放式、主轴式和选择式编码，在具体编码过程中，首先根据描述的内容将原始网络游记材料分为两类：一类是描述游客在旅游过程中的客观经历，如旅游交通、住宿、旅游活动等；另一类是描述游客的主观感受，如出发之前的旅游动机以及游后的感受等。

（一）开放编码

开放性编码是在充分了解原始研究资料的基础上，对网络游记文本与访谈资料逐句阅读，再逐一地编码、提取、标记。进行开放式编码之前，还需要客观地对研究资料进行反复比对分析，从而获得概念化、范畴化的编码结果。本研究围绕"乡村生态旅游"的核心问题对原始游记材料进行范畴化，即根据编码原则将游记抽象缩减，并进一步把游记及抽象出来的概念分散揉碎，然后重新组合，最终提取了452条原始语句和相应的初始概念，并根据意境对初始概念进一步划分范畴。然后对初始概念形成的节点进行不断比较、分析和归纳，合并整理，衍生出20个初始范畴。由于原始概念化资料内容较多，为节省篇幅，此处只列举部分编码内容，开放性编码及其范畴如表1所示。

表1 开放性编码及其范畴

初始范畴	原始语句（概念化）
生态观光	近距离感受谷底风光，一览峡谷全貌，徒步欣赏乡村美景和峡谷风光（自然风景）
乡村美食	来到扰绕村，一定得品尝下当地特色的农家菜，地地道道的乡间美食特别好吃（农家菜）
户外休闲	梯田旁边就是露营基地，包括帐篷区、稻田、儿童游乐区等区域（营地活动）
农业采摘	每到周末，不少市民前往采摘草莓（水果采摘）
旅游交通	从市区自驾一小时左右即可到达（交通便利）
旅游住宿	偏坡村建有清水民宿区，环境优美，配套齐全（乡村民宿）
……	……
社会交往	我们通过热身活动认识了新的朋友，同时和老朋友的关系也越来越好（增进关系）
亲近自然	远离了城市的喧闹，感受难得的清静和大自然的气息（逃离城市）
休闲康养	到增城旅游，体验康养"洗肺"之旅，吸氧"洗肺"（健康）

续表

初始范畴	原始语句(概念化)
自我实现	重温抗日战争时期的古村落风貌,感受红色圣地的"沂蒙红嫂精神"(丰富精神)
身心愉悦	瞬间放松了身心,在冬季泡泡私汤、出出汗,享受惬意的养生生活(放松身体)
重游意愿	哪怕来了这么多次派潭,每一次还是都有不一样的发现(来过多次)

(数据来源:笔者整理。)

(二)主轴编码

主轴编码是在开放编码的基础上进一步精炼和区分,挖掘各子范畴之间的相互联系和潜在逻辑关系,从中确定出能够将所有范畴有机联系在一起的主范畴的过程。本研究在开放式编码基础上,最终归纳梳理出4个主范畴,其关系内涵如表2所示。

表2 主轴编码结果

主范畴	对应范畴	涉及概念举例
旅游动机	亲近自然	向往自然、逃离城市、感受乡土
	社会交往	结交朋友、归属感、增进关系、家庭幸福
	休闲康养	健康、养老、休闲
	自我实现	丰富精神、增长见识、充实生活
旅游内容	农业采摘	水果采摘、蔬菜采摘
	乡村体验	农耕、民俗、野趣
	乡村美食	农家菜、特色餐饮、传统美食
	生态观光	空气、环境、自然风景、田园风光
	文化体验	民俗文化、传统文化、历史文化
	户外休闲	乡村活动、儿童乐园、运动项目、营地活动
	健康养生	饮食康养、运动康养、中医康养、宗教养生

续表

主范畴	对应范畴	涉及概念举例
旅游服务	配套设施	停车场、厕所、标识
	旅游交通	交通便捷、交通工具、出行时间
	旅游住宿	乡村民宿、特色酒店、度假庄园
	旅游商品	农家手工品、当地特产
	管理服务	服务热情、管理、服务创新、宰客
旅游感受	身心愉悦	心情愉悦、放松身体、舒缓压力
	推荐意愿	推荐、宣传
	重游意愿	值得再来、来过多次
	旅游失望	失望、后悔

(资料来源:笔者整理。)

(三) 选择编码

选择性编码是对主范畴在更高抽象水平上的精炼和整合,在此基础上挖掘核心范畴,并将其与其他范畴之间建立一种联系来描绘某种现象与脉络关系,而最终所建立的脉络关系就是研究结论。根据研究目的和提炼范畴之间的逻辑关系,最终本研究确定了"乡村生态旅游"这一核心范畴,以"故事线"的方式,串联、描述了整个乡村生态旅游行为过程,其关系结果如图1所示。

从游客旅游过程的视角来看,旅游动机是乡村生态旅游的驱动条件,当游客具备了旅行条件后便会开始旅行,旅游服务和旅游内容是游客在乡村生态旅游过程中的行为经历,旅游感受是游客旅行中或结束后的心理感受,而旅游感受作为旅行评价,最后又会影响旅游动机。从整体逻辑框架来看,旅游服务和旅游内容是游客的客观经历,可以归纳为旅游体验,而旅游动机和旅游感受可以归为主观上的旅游心理。

(四) 理论饱和度检验

理论饱和度是决定停止采样时刻的标准,即无法获取更多数据以便进一

B14　基于扎根理论的乡村生态旅游行为内涵研究

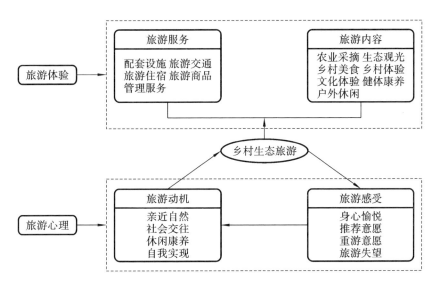

图 1　主范畴逻辑结构

（资料来源：笔者整理。）

步发展某个范畴特征的时刻。本研究将预留的 20 篇游记文本进行了理论饱和度检验，发现没有新的范畴和关系形成，20 个主范畴内部也没有出现新的构成要素，因此，我们可以认为本研究模型达到理论饱和。

四、研究发现

乡村生态旅游是为了满足人们田园牧歌自然风光的渴望，其核心在于乡土气息的原真性，但现代旅游所要求的设施便利、服务完善和活动多样的旅程却往往会导致乡土文化的失真以及乡村意象的破坏，这是因为旅游开发离不开交通，基础旅游设施和一些旅游项目的修建势必会影响到乡村原始环境。所以，如何调和游客体验便利性、娱乐性与原真性的矛盾，便成为分析和理解乡村生态旅游的关键。旅游经营者通过推动乡村建设、农业多产化、乡村资源产品化而使乡村生态旅游朝着休闲化、商业化的方向发展，为游客创造了一个介于日常生活与原真性乡村环境之间的缓冲地带，这个缓冲地带就是乡村生态旅游的范畴。从游客的角度来看，游客从心理上渴望离开惯常生活环境，亲近自然;但是他们从行为上却依然依赖惯常生活的便利条件。游客渴望原真性的心理需求和便利性、娱乐性体验需求之间的相互影响和融合就形成了乡村生态旅游行为内涵框架(见图2)。

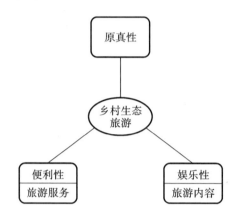

图2 乡村生态旅游行为内涵框架

(数据来源:笔者整理。)

(一)心理需求——原真性

乡村生态旅游通过对乡村自然和人文资源的原真性保护,从而给游客以原始的、自然的体验,这也是乡村生态旅游可持续发展的必然要求。当然,乡村生态旅游并不是保持绝对原色,而是在与大众旅游的融合发展中,保持本我特色,这也正是乡村生态旅游的魅力所在。原真性是游客进行乡村生态旅游的原始驱动力,首先,游客的动机是渴望亲近自然、逃离惯常环境,在自然的环境中进行康养和交往,以及获得自我实现;其次,游客在旅行结束后的感受是自我满足和身心愉悦。游客对乡村生态旅游的认知是从自我出发的,只要吸引游客的是乡村,游客在旅途中感受到了原汁原味的乡村气息,这段旅程对游客来说就是满意的。这种心理上对乡村和自然的偏向来自现代游客的生活方式。现代生活,特别是现代的城市生活,几乎已经形成了固定的模式。现代生活具有一种秩序性,如工作时间的日常化,技术分工带来了工作性质的程式化,所以游客会被充满自由与亲近自然的乡村活动所吸引。在对游记原始材料的分析中发现,"向往田园舒适惬意的生活""最是人间烟火气,来到这里,我彻底放松了""远离城市工作压力"这样关于渴望释放城市压力的语句多次出现。另外,在现代的生活方式下,人们也会渴望与众不同的体验。而旅游逐渐成为一种大众化的休闲方式后,已经无法满足人们的这个需求。同时受疫情影响,原先"人山人海"的大众旅游开始"退居二线",生态、亲近自然等重体验的内容逐渐走红,正好满足了游客对于原真性的乡村生态的心理需求。

(二)体验需求——便利性、娱乐性

因为大部分游客在日常生活中拥有便利的生活条件和环境,所以当他们被乡村风光吸引时,一方面想要逃离惯常、喧闹的环境进行乡村生态旅游,去拥抱自然、舒缓压力,另一方面却无法摆脱便利的旅游服务。因此在乡村旅游过程中,游客会产生大量对旅行必需的配套设施的要求。例如,"偏坡村建有清水民宿区,环境优美,配套齐全""还有许多村民开办农家院、自助烧烤营地、游乐场"。与此同时,游客所参与的活动也是多样的,不再被某一项乡村旅游活动吸引,而是希望在过程中能够参与尽可能多的活动。游客的这种娱乐性的需求不限于想象中的原真性乡土风光。"乡村"成为一种吸引游客的营销手段,旅游经营者更多地销售作为"概念"的乡村而不是作为一段"经历"的乡村。许多乡村旅游活动在保留乡土气息的基础上,结合当地文化,完善服务设施,打造乡村文旅体验综合体以吸引游客。以农事体验为例,单纯的农事活动无法吸引游客,游客想要的也并非单纯地从事农事活动,而是通过体验农事活动感悟乡村情怀。因此在乡村旅游中做好农事体验,除了保留基本的农事要素,更要注重游客的休闲化要求,以当地乡村环境为载体,将农事体验、赏花品果、采摘游乐、农耕文化有机结合,建立具有当地文化特色的农事体验活动,为游客提供完善的休闲服务。

乡村生态旅游是原真性的心理需求和便利性、娱乐性的体验需求的交叉融合,它们共同构成了魅力十足的乡村生态旅游。原真性通过乡土情怀、亲近自然和自我实现等心理需求对游客产生吸引力,便利性和娱乐性通过完善的旅游服务和多样的旅游内容等满足游客体验需求。乡村生态旅游是由游客在心理上认知的原真性和体验中感受的便利性和娱乐性共同影响的旅游形式。

游客根据各自旅游体验的原真性程度和便利性、娱乐性的满足程度,形成对乡村生态旅游的感受评价。根据原真性、便利性和娱乐性在乡村生态旅游中体现的不同程度,可以产生不同特点的乡村生态旅游形式。因此,对于乡村生态旅游这种具有"乡村"的概念内核和"休闲"的旅游形式,把握游客心理的原真性需求和体验的便利性、娱乐性需求,有助于旅游经营者更有针对性地进行产品设计和营销。

五、结论与建议

(一) 研究结论

本研究运用扎根理论方法,分析得出游客原真性的心理需求和便利性、娱乐性体验性需求相互影响与融合,从而共同影响乡村生态旅游。原真性是游客进行乡村生态旅游的原始驱动力,便利性和娱乐性是满足游客体验需求的必要条件。便利性和娱乐性会影响乡村原真风貌,进而影响乡村生态旅游的原真性,因此调和原真性、便利性和娱乐性便成为乡村生态旅游可持续发展的关键。

乡村生态旅游具备两个要素:其一,游客的乡土气息感知,乡村生态旅游是由游客追求乡土情怀和自我实现的心理所驱使,游客在旅游过程中感受平时城市工业化所不能赋予的原真性自然体验,这是乡村生态旅游活动中不能缺少的重要因素;其二,旅游的商业干预,在乡村旅游的过程中,经营者必须进行一定的商业化干预,以增加活动的休闲性,这种干预包括乡村生态旅游过程中的便利性和舒适度等。在这两个要素的共同作用下,乡村生态旅游被构建成一个拥有"乡村"的概念内核,却拥有"休闲"的表现形式的范畴。随着城市化和现代化的不断发展,人们生活环境越来越便利,这也使得人们向往到乡村区域去拥抱自然以获得身心的放松,这与旅游本质不谋而合。

本研究以网络游记作为数据来源,样本数据覆盖面较窄,具有一定的局限性。另外,分析中可能会存在内容指向性不明确等问题,影响需求分析的精确性,因此在后续研究中,需要结合研究中的需求构成因子体系设计调查问卷进行量化研究,以检验和调整本研究的理论模型。

(二)管理建议

1. 合理开发乡村生态旅游资源

乡村生态旅游对生态环境、田园风光和民俗文化等有较高要求,只有科学规划、合理开发乡村生态旅游资源,才能提高乡村生态旅游的体验效果,因此,在乡村生态旅游发展中,应当以可持续发展为原则规范旅游开发行为,维系并保持乡村自然生态环境,实现经济效益、环境效益、社会效益共赢。在开发过程中要采取必要的自然环境和民俗文化保护措施,保护好乡村的原生态自然和人文环境。

2. 完善乡村生态旅游产品供给

在体验经济蓬勃发展的社会环境中,乡村生态旅游的体验性、休闲性等直接决定着旅游开发效益。所以,深入开发和设计多种形式的乡村旅游产品至关重要,应当根据当地的产业特点、文化习俗、自然禀赋等开发,创造具有参与性和体验性的旅游项目。乡村生态旅游产品应该体现人与自然和谐共生的设计理念,加入地方特有的民俗文化和历史,使消费者在放松身心的同时,可以体会人文与自然的交融和馈赠。此外,还应当按照以人为本的基本原则设计体验式项目,开发更多具有新颖性、创新性和体验性的农业生态旅游项目,如田间踏青、丛林探险、攀岩蹦极、民俗活动等,不断提高农村生态旅游的体验感。

3. 夯实乡村生态旅游文化基础

文化正在成为游客进行选择的关键因素,在文化自信的背景下,乡村旅游景区要大力突出自身的文化特点、保留原有的文化民俗、拓展旅游体验深度。乡土文化包括物质文化以及精神文化,物质文化如建筑景观、饮食文化等,精神文化如乡村民俗等。挖掘自身的文化特点,发展文化创意产业,将文化特点体现在景区环境、纪念品、旅游项目中,让游客能够体验到特色的文化。保留传统文化并不是原汁原味的保留,而是取其精华,并且要具有时代的特色,具有创意。只有将文化进行适当的发展才能既满足游客的需求,又能让文化在时代中发展。

4. 提高乡村生态旅游服务品质

首先,要提升服务品质。在发展乡村旅游时,要通过改善服务的硬件以及软件,提高服务水平,为顾客提供更好的旅游体验。其次,要改善居民态度,使居民和游客能够更加和谐地相处。旅游行业管理人员要对居民进行正确的引导,使其树立正确的价值观念,在和游客的相处过程中能够诚信待人、热情待客。最后,对游客也要进行必要的教育,保障居民和游客和谐相处。

参 考 文 献

[1] 黄颖祚,王姗."双碳"背景下我国乡村旅游发展的时代要义及创新路径[J].甘肃社会科学,2022(3).

[2] 程哲,蔡建明,崔莉,等.乡村转型发展产业驱动机制:以盘锦乡村旅游为例[J].农业现代化研究,2016,37(1).

[3] 王新越,朱文亮.山东省乡村旅游竞争力评价与障碍因素分析[J].地理科学,2019,39(1).

[4] 周少卿.新时期乡村生态旅游发展创新实践探索[J].核农学报,2021,35(12).

[5] 张利华.低碳旅游背景下的乡村生态旅游发展策略[J].生产力研究,2011(12).

[6] 梁秋萍.乡村振兴战略背景下的乡村生态旅游资源开发与运营——评《田园游憩——乡村旅游开发与经营管理》[J].环境工程,2021,39(3).

[7] 张菊芳.乡村生态旅游开发规范化经营管理措施——评《现代乡村旅游》[J].热带作物学报,2020,41(6).

[8] 何伟,桑森垚.基于社区的乡村生态旅游参与障碍分析——以林芝嘎拉村和唐地村为例[J].西藏大学学报(社会科学版),2021,36(2).

[9] 王静.生态保护视阈下乡村旅游景观的规划与设计[J].建筑经济,2021,42(5).

[10] 邝玉春.乡村生态旅游景观资源开发与规划研究[J].建筑经济,2021,42(2).

[11] 王胜今,张少琛."互联网+"背景下乡村生态旅游养老服务策略[J].社会科学家,2020(9).

[12] 朱学同,张蓓蓓,刘锐,等.生态文明视阈下乡村旅游者环境责任行为研究[J].中国农业资源与区划,2020,41(2).

[13] 任瀚,张怡.乡村生态旅游地价值共创对游后行为意向的影响研究——基于记忆的中介模型[J].科技与经济,2022,35(1).

[14] 周妮笛,李毅,徐新龙,等.基于IPA方法的乡村生态旅游游客价值感知影响因素分析——以广西钟山县龙岩生态村为例[J].中南林业科技大学学报,2018,38(12).

[15] 夏天添,邹波.乡村生态旅游品质感知对品牌推崇的影响研究:来自经验取样法的调查[J].云南民族大学学报(哲学社会科学版),2019,36(3).

[16] 李琳,徐素波.生态旅游研究进展评述[J].生态经济,2022,38(7).

[17] 何星.川西北高原藏区乡村生态旅游发展及扶贫效应研究[D].成都:西南民族大学,2020.

[18] 曹水群.乡村生态旅游概念辨析[J].生产力研究,2009(17).

[19] 胡雪峰.低碳旅游视角下的乡村生态旅游发展路径研究[J].农业经济,2015(5).

[20] 邱云美.乡村生态旅游刍议[J].安徽农业科学,2007(7).

[21] 张丽丽.低碳旅游背景下的乡村生态旅游发展研究[J].西部旅游,2022(1).

[22] 林锦屏,成蝶,钟竺君.国内外乡村生态旅游研究比较[J].云南地理环境研究,2019,31(5).

[23] 唐承财,周悦月,钟林生,等.生态文明建设视角下北京乡村生态旅游发展模式探讨[J].生态经济,2017,33(4).

[24] 王毅菲.体验经济背景下我国乡村生态旅游的发展模式与效益分析[J].农业经济,2016(6).

[25] 是丽娜.新农村建设与乡村生态旅游互动发展模式构建[J].生态经济,2013(11).

[26] 李兴振.乡村生态旅游景观规划与设计[J].建筑结构,2021,51(15).

[27] 李文博,邢震,王忠斌,等.林芝县乡村生态旅游资源的评价与开发[J].湖北农业学,2014,53(24).

[28] 林珊珊,余高锋.乡村绿色生态旅游适宜等级VIKOR评估方法[J].运筹与管理,2022,31(3).

[29] 周小梅,黄鑫.乡村生态旅游资源价值实现路径:政府和社会资本合作(PPP)模式的制度创新[J].价格理论与实践,2021(9).

[30] 赵艳.BOT模式运作下乡村生态旅游项目的发展路径研究——以重庆市为例[J].中国农业资源与区划,2016,37(10).

[31] 王海荣,刘思源.黑龙江省乡村生态旅游可持续发展研究[J].北方园艺,2018(23).

[32] 陈佳平.河南省乡村生态旅游开发问题研究——基于中原经济区的视角[J].河南社会科学,2012,20(10).

[33] 王琴梅,方妮.乡村生态旅游促进新型城镇化的实证分析——以西安市长安区为例[J].旅游学刊,2017,32(1).

[34] 高文智,陈健,韩福丽,等.黑龙江省共享农业生态旅游发展及其策略探讨——乡村振兴战略实施背景下[J].林业经济,2018,40(12).

[35] 杨君杰.乡村振兴背景下的农业生态旅游发展对策研究[J].资源节约与环保,2018(9).

[36] 张红艳.乡村战略振兴背景下乡村旅游发展路径探索——以湘西十八洞村为例[J].农业经济,2018(9).

[37] 海笑,覃建雄."两山"理论背景下西南民族地区乡村生态旅游开发RMP分析——以安宁河流域为例[J].农村经济,2020(12).

[38] 柯珍堂.发展乡村生态旅游与"三农"问题关系探析[J].生态经济,2010(1).

[39] 卢玉平.精准扶贫视角下福建省乡村生态旅游模式开发研究[J].农业经济,2018(8).

[40] 马勇.新农村建设中乡村生态旅游的法律保障问题探析[J].农业经济,2016(6).

[41] 朱珈莹,张克荣.少数民族地区生态旅游扶贫与乡村振兴实现路径[J].社会科学家,2020(10).

[42] 姚琴.文化旅游产业与生态农业融合发展研究[J].中国果树,2022(1).

[43] 王世峰,李进军,刘婧.乡村城市化背景下生态旅游与农业生产的融合发展[J].商业时代,2013(11).

[44] 金媛媛,王淑芳.乡村振兴战略背景下生态旅游产业与健康产业的融合发展研究[J].生态经济,2020,36(1).

[45] 王科,杨亚芹,刘丹丹.乡村生态旅游产业与食用菌产业融合发展[J].中国食用菌,2020,39(8).

[46] 杨光辉.我国乡村生态旅游发展中的政府行为研究[J].中国农业资源与区划,2016,37(6).

[47] 孙小梅."互联网+精准扶贫"模式下乡村生态旅游发展研究[J].核农学报,2021,35(12).

[48] 付向阳,黄涛珍.生态旅游影响居民环保意识的机制与对策[J].统计与决策,2016(23).

[49] Panzer-Krause S. The lost rural idyll? Tourists' attitudes towards sustainability and their influence on the production of rural space at a rural tourism hotspot in Northern Ireland[J]. Journal of Rural Studies,2020,80.

[50] Chaminuka P, Groeneveld R A, Selomane A O, et al. Tourist preferences for ecotourism in rural communities adjacent to Kruger National Park: a choice experiment approach[J]. Tourism Management,2012,33(1).

[51] Park D B, Yoon Y S. Segmentation by motivation in rural tourism: a Korean case study[J]. Tourism Management,2009,30(1).

[52] Devesa M, Laguna M, Palacios A. The role of motivation in visitor satisfaction: empirical evidence in rural tourism[J]. Tourism Management,2010,31(4).

[53] 王立龙.乡村生态旅游游客感知阻力研究[J].安徽农业科学,2011,39(19).

[54] Charmaz K C. Constructing Grounded Theory: a Practical Guide Through Qualitative Analysis[J]. International Journal of Qualitative Studies on Health and Well-Being,2006,1(3).

[55] 陈向明.扎根理论的思路和方法[J].教育研究与实验,1999(4).

[56] 柯健,华哲铭,许鑫.基于网络游记挖掘的城市旅游文化元素识别——以上海为例[J].资源科学,2022,44(1).

[57] 左逸帆,徐少癸,林齐宏,等.旅游目的地活力认知过程及其影响因素——基于扎根理论的探索性研究[J].人文地理,2022,37(2).

[58] 黄震方,张圆刚,贾文通,等.中国乡村旅游研究历程与新时代发展趋向[J].自然资源学报,2021,36(10).

[59] 樊信友,蒲勇健.乡村旅游原真性开发的博弈分析[J].西北农林科技大学学报(社会科学版),2013,13(5).

[60] 唐勇,向凌潇,钟美玲,等.汶川地震纪念地黑色旅游动机、游憩价值与重游意愿认知结构关系研究[J].山地学报,2018,36(3).

[61] Miles J C, Priest S. Adventure Programming.[J]. Journal of Leisurability,1999.

作者简介：

樊志勇,武汉大学经济与管理学院市场营销与旅游管理系副教授,管理学博士,主要研究方向为旅游企业管理、生态旅游,E-mail:fanzhiyong@whu. edu. cn。

陶福泰,武汉大学经济与管理学院旅游管理专业硕士研究生,主要研究方向为旅游金融、生态旅游,E-mail:18830997274@163.com。

B15 国家公园生态旅游发展路径探析
——以海南热带雨林国家公园为例

卢嘉新 童昀

摘　要：国家公园是生态文明建设的重要工程，而发展生态旅游是发掘国家公园生态资源潜力，促进其健康有序发展的应有之义。如何在保证国家公园生态完整性的前提下科学发展生态旅游，是一个值得讨论的课题。本研究在介绍世界不同地区国家公园发展生态旅游的经验后，以海南热带雨林国家公园为例，梳理其在管理体制、基带生态保护、社区参与、专项保护性规划等方面的现状问题，然后基于现状问题，参考国外经验，认为海南热带雨林国家公园应从理顺管理体制与明确机构职责、优化解说系统以实现生态旅游环境教育功能、引导社区参与生态保护与旅游开发、加强智慧雨林国家公园系统建设与生态旅游指标测控、盘活传统文化生命力、推行生态旅游特许经营制度6个方面探索生态旅游发展之路。本研究旨在推动海南热带雨林国家公园生态旅游可持续健康发展，并为丰富国家公园生态旅游的理论体系架构提供案例支撑。

关键词：国家公园；生态旅游；海南热带雨林国家公园；发展路径

Abstract：National parks are an important project in the construction of ecological civilization, and the development of ecotourism is a proper way to explore the potential of ecological resources of national parks to promote their healthy and orderly development. How to develop ecotourism scientifically under the premise of ensuring the ecological integrity of national parks is a topic worth discussing. After introducing the experiences of ecotourism development in national parks in different regions of the world, this study takes Hainan Tropical Rainforest National Park as an example to sort out its current problems in terms of management system, basal ecological protection, community participation, and special conservation planning. And then, based on the current problems and with reference to foreign experiences, the study concludes that Hainan Rainforest National Park should explore ecotourism in six aspects: rationalizing the management system and clarifying institutional responsibilities, optimizing the interpretation system to achieve ecotourism environmental education functions, guiding community participation in ecological protection and tourism development, building a smart rainforest national park system to measure and control ecotourism indicators, revitalizing traditional cultural vitality, and practicing ecotourism concession system. The study aims to promote the sustainable and healthy development of ecotourism in Hainan Tropical Rainforest National Park, and to provide case support for enriching the theoretical system structure of ecotourism in national parks.

Keywords: National Park; Ecotourism; Hainan Tropical Rainforest National Park; Development Path

一、引　言

国家公园是国家为了保护典型生态系统的完整性和原真性，而划定需特殊保护、管理和利用的自然或人文区域。自1872年美国黄石国家公园建立以来，已有众多国家和地区先后建立了国家公园。研究结果表明，国家公园在保证生物多样性和生态系统稳定性的基础上兼顾全民共享和体现公益性具有明显优势，是维持好人与自然和谐共生的主要物质载体。正因如此，"国家公园"几乎成为涵盖重要环境价值和文化意义保护地的"万能"词汇，而建立以国家公园为主体的自然保护地体系也成为我国社会主要矛盾变化后，满足人民日益增长的对优美生态环境的需要的重大举措之一。党的十八大以来，生态文明建设逐渐上升为国家战略，是"五位一体"总体布局和"四个全面"战略布局的重要组成部分。国家公园作为生态文明建设的重要战略抉择，也日益受到

B15 国家公园生态旅游发展路径探析——以海南热带雨林国家公园为例

党和国家的重视。从国家公园政策及关键事件的时间轴线（见图1）可以看出，国家公园相关建设工作正有条不紊地推进，从2013年11月我国首次提出建立国家公园体制，到2015年5月《关于2015年深化经济体制改革重点工作的意见》中指出在9个省级行政区（北京、吉林、黑龙江、浙江、福建、湖北、湖南、云南、青海）进行国家公园体制试点，到2018年4月国家公园管理局正式挂牌，再到2021年10月习近平总书记在《生物多样性公约》第十五次缔约方大会领导人峰会上宣布中国正式设立三江源、大熊猫、东北虎豹、海南热带雨林和武夷山等第一批国家公园，国家公园体制试点工作取得阶段性胜利。同时，这也从侧面反映了国家公园的"国家代表性"特征。

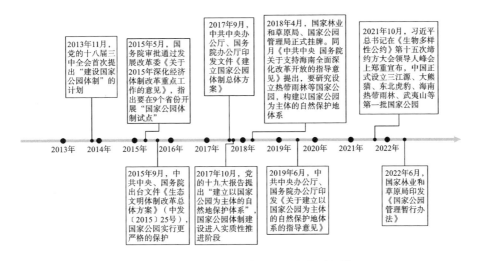

图1　中国国家公园政策及关键事件时间轴

（数据来源：国务院及相关政府部门官网。）

生态旅游凭借其兼顾环境保护和可持续发展双重目标的优势而成为当下重要的旅游形式之一。近年来，生态建设、环境保护和"双碳"目标成为落实各项工作的参考标准，生态旅游相关产业链不断成熟，产业实际发展和规模体量也呈现出日益兴盛和扩大的态势。同时，国家层面也表现出明显的政策利导，不仅编制了《国家生态旅游示范区建设与运营规范》，还于2016年通过《全国生态旅游发展规划（2016—2025年）》，促进了生态旅游的全面发展。在相关理论研究方面，生态旅游研究队伍持续壮大，关注点由原先的生态旅游概念辨析、生态资源开发评价、生态旅游影响、生态系统功能分区向游客感知、环境教育系统、生态补偿和社区搬迁、生态科技创新等新领域外延,充分适应了当下生态旅游的发展现状。

2022年6月,国家林业和草原局印发的《国家公园管理暂行办法》中指出,国家公园一般控制区可以开展"不破坏生态功能的生态旅游和相关必要的公共设施建设"。这一规定并非空穴来风,事实上,国家公园和生态旅游二者存在必然的学理关系。国家公园的保护性和公益性特征在某种意义上与生态旅游所强调的自然意识和安全开发思想不谋而合。建立国家公园本质上是人类对自身所造成的环境破坏的一种补救行为,其本着"生态保护第一、国家代表性、全民共享性"的核心理念,发挥维持生态保护和健康发展间关系的积极作用。就生态旅游而言,它是对环境负责任的旅游,其遵循着"保护发展协调共进"的规律,与国家公园有着相似的理念取向,即实现资源的可持续利用。同时,国家公园内高品质的资源禀赋能为生态旅游发展提供物质基础,发展生态旅游带来的环境、社会和经济效益,又能反哺国家公园的建设和管理,二者存在必然联系。因此,国家公园与生态旅游之间有着合乎其然的契合点,在国家公园建设中发展生态旅游是应有之义。但在现实情况下,如何在国家公园区域内把握发展生态旅游的度,如何借鉴国外国家公园发展生态旅游的成功经验并为我所用,如何解决好当下生态旅游实践中存在的品牌缺位、理论短板凸显、软设施良莠不齐以及环境教育功能弱化等问题都是值得深入讨论的话题。本研究拟通过介绍国外国家公园发展生态旅游的成功案例,整理其可借鉴的经验,并以海南热带雨林国家公园为例,基于其发展现状,探究其发展生态旅游的有效路径,以期推动中国国家公园和生态旅游在实践和学理层面的进步与发展。

二、国外案例与经验

尽管大多数国家公园的发展模式都在一定程度上借鉴了美国黄石国家公园的经验,但囿于各国国情、经济实力和生态资源赋存实况差异显著,世界范

B15 国家公园生态旅游发展路径探析——以海南热带雨林国家公园为例

围内出现了多种国家公园发展旅游的模式,主要集中在欧美地区、大洋洲地区,以日韩为代表的东亚地区和非洲地区。为了充分比较不同类型国家公园建设及其旅游发展模式的差异,从中引介值得借鉴的经验,本研究在上述地区模式的前提下,加入了对东南亚国家公园旅游发展案例的探讨。

(一)欧美地区

为了保护自然生态环境免遭破坏,早年以美国为代表的欧美国家便提出了"旅游是国家公园宗旨和目标得以实现的主要途径"这一定位。美国是较早探索国家公园旅游模式的国家。为了满足游客对休闲垂钓的需求,美国在黄石、冰川、火山口湖等国家公园附近建立鱼苗孵化站,并且人工投放不同种类的鱼苗,保证垂钓成功率;还通过在公园指定辖区内放养游客喜欢的野生动物来提升旅游体验感,从而较好地缓解了游客需求和自然供给不足间的矛盾。英国政府通过的《国家公园法》和《国家公园和乡土利用法》明确指出,在确保生态系统不受损害的前提下,国家公园周边可以开展相关旅游休闲活动。与周围城镇和村庄的结合历来是英国国家公园发展旅游的特色,游客既可以在园内感受生态魅力,也可以访问牧场或乡村集市感受小镇的休闲生活。如此一来,通过"园内游览,园外消费"的旅游生产形式,有效实现了相关旅游破坏性行为的空间转移,保证了国家公园的保护第一性。与英国采用生态旅游和乡村旅游相结合模式类似的还有意大利五渔村国家公园,土耳其格雷梅国家公园等。为实现"完全保护,适度开发"的国家公园旅游开发理念,欧美国家非常重视国家公园旅游规划的科学性、决策管理的多方参与性、政府主导与地方响应的互动性。例如,意大利阿西纳拉国家公园采取专家"自上而下"与社区多方主体"自下而上"式相对接的形式,重新审视所谓结构化治理的可行性;芬兰在发展国家公园旅游时侧重游客评价的反馈效应,并关注地理空间技术在评价信息体系构建中的关键作用。

(二)大洋洲地区

澳大利亚一般以"自然保护区"替代"国家公园"的概念。澳大利亚国家公园建设是"各美其美,美美与共"的真实写照。澳大利亚根据不同自然环境,将国家公园打造成不同主题的旅游胜地,并由此衍生出各具特色的旅游体验项目,既满足不同生态旅游者的需求,又避免因开发模式单一而造成同质化。例如,拥有长达20千米谷间溪流的卡那封国家公园;打造出世界上最长旅游步道的摇篮山国家公园;以及野生动植物聚集密度居全球前列的弗林德斯蔡司国家公园等。不过澳大利亚政府认为,上述旅游项目发展前,要解决好土著社区、保护区、开发商与政府间的利益分配问题,并将此问题能否顺利解决作为保护区旅游开发的标准。

新西兰国家公园借鉴生态廊道的保护性建设理念,在旅游开发中尤为关注绿色步道的布局建设,注重将国家公园的生态美、景观美和人文美有序串联起来,达到移步异景的体验效果。例如,观鸟胜地旺格努伊国家公园有着知名的玛蒂玛蒂昂加步道,沿途经过多种鸟类栖息地;游客可沿怀卡里莫阿纳湖步行道,探索新西兰北岛最大的国家公园——尤瑞瓦拉国家公园,沿途设有为徒步者提供的露营点和远足小憩屋;相比之下,亚伯塔斯曼国家公园的水上步道衔接的是邮轮快艇、双体帆船和独木舟等水上运动项目。为了保障国家公园旅游开发的健康发展,新西兰除了重视国家公园专项法律法规和旅游规划外,还具有"公众垂直参与国家公园旅游发展"和"赋权地方社区进行利益分配监督"等管理优势。还有部分研究通过市场效率的测算把握新西兰国家公园的生态价值,继而指出基于指数结果发展生态旅游周边产业,如绿色产品、疗养体验和休闲游憩来激发其价值内涵。

(三)东亚地区

20世纪五六十年代,日本为了恢复战后经济,率先在亚洲建立国家公园,并借此大范围发展旅游业。但由于早期开发理念的偏失,国家公园的生态系统遭到严重破坏。20世纪末,旅游可持续发展的观念开始深入人心,日本政府开始调整国家公园旅游发展方向,积极弥补过去数十年环境破坏所导致的生态缺口,并按照生态系统的要素赋存度、游客使用频率、受人类影响程度等指标将国家公园土地分为特别区域和普通区域。在管理维度方面,日本国家公

B15　国家公园生态旅游发展路径探析——以海南热带雨林国家公园为例

园实行国家统筹，地方政府和环保组织综合管理的模式，创立"公园管理团体"制度，确保了多主体参与的全面性。而在产品建设上，日本不同地区国家公园在生态保护的基础上，充分发挥地域资源优势，让传统旅游资源价值得以变现。例如，阿苏九重国立公园依靠充分的地热能，围绕"温泉"大做文章，让游客在疗养度假的同时也能欣赏阿苏火山和九州火山的美景。

韩国国家公园主要依托国内生态价值高、自然环境优的山体而建设，后期旅游发展中，注重环境生态教育和游客素质教化，即通过研学旅行、环境保护会议等形式向游客传达环保意识。如通过影视资料、宣传片等形式复盘战后数十年森林生态恢复的历程，让游客通过国家公园这个人与自然互动的窗口，感受生态保护带来的效益。管理上，韩国国家公园在发展旅游休闲产业时，除了注重专项旅游规划和法律的制度保障外，还拥有较为成熟的国家级科研机构提供支撑，并通过《韩国国家公园》期刊和国家公园图书馆，系统梳理、收集、发布和交流国家公园的相关研究成果。此外，韩国采用的是由中央政府直管国家公园为主的垂直体系，以此保障国家公园资源利用和土地性质，并且在资源环境承载力的阈值内开展满足游客自然探访和环境教育的需求。

（四）非洲地区

非洲地区的国家公园主要集中在南部非洲国家，如坦桑尼亚、赞比亚、津巴布韦、肯尼亚和纳米比亚等。凭借独特的气候和地理等自然因素，非洲大陆上的国家公园建设既有美国"荒野模式"般粗犷，也有各种野生动物带来的灵性之美，极富区域特色。研究表明，关注游客的需求被摆在南非克鲁格国家公园旅游工作的重要位置，游客较为关注国家公园内的视觉美感以及能源、水和废物管理，更偏向国家公园的原生态面貌。另外，奇特的动物景观、丰富的热带风貌是非洲国家公园发展旅游的重要资源基础和关键因素，因此衍生出诸多以观赏野生动物为游览体验的生态旅游线路。如每年5、6月上演的"东非动物大迁徙"（从坦桑尼亚境内的塞伦盖蒂国家公园南部，迁徙至肯尼亚境内的马赛马拉国家保护区）吸引了国际上众多动物保护者、摄影爱好者、野外探险者、纪录片拍摄者的关注和追随。近年来更有游客为了见证"天河之渡"奇观,感受自然界优胜劣汰的残酷法则,冒险在马拉河附近等候迁徙大军的到来。与世界其他地区不同的是,区域性贫困、野生动物偷盗和尖锐的人地矛盾是非洲大多数国家公园发展中都会遇到的问题,但在多年的实践中,上述棘手的问题大都被逐一解决。在鲁阿哈国家公园发展进程中,政府通过积极引导当地社区适应旅游发展来缓和国家公园改扩建带来的土地利用冲突,用旅游经济效益倒推区域经济产业成长,还为当地贫困户提供就业岗位,带动社区参与国家公园旅游建设。其他国家公园则采取赋权国家公园周边社区,使其在守住"保护生态环境"红线的前提下开展负责任的社区旅游活动。针对非法盗猎野生动物的现象,非洲国家都明法禁令以儆之,并持续加大监管巡检和惩戒力度。但早年也有学者提出在东非的国家公园展开狩猎旅游,以满足游客对原始自然环境下生存法则的体验需求,此建议因违背国家公园"保护优先"的理念而广受非议,是否可行或能否推广仍有待商榷。

(五)东南亚地区

东南亚亦是世界上国家公园较为富集的区域之一,与非洲大陆国家公园草原热带景观不同的是,东南亚国家公园由于季风性气候特征显著,多以(季)雨林植被景观为主,具有代表性的有马来西亚神山国家公园、乌鲁淡布隆国家公园和印度尼西亚的科莫多国家公园等。泰国较早明确了国家公园可以发展旅游的路径,多年的实践也探索出了徒步探险雨林之旅、野外攀岩、森林小屋感受"氧吧"疗养、洞穴探险、水上浮屋度假、划独木舟等众多旅游体验项目;科莫多国家公园则将当地居民对保护区的支持视为生物多样性保护的重要组成部分,其对旅游业态度越积极,则获得的经济效益越高,而合理的旅游定价政策也发挥着积极效应。印度尼西亚群岛分布着世界上大部分火山,温泉富含人体必需的微量元素,加之岛屿众多,海岸线绵长,因此,大多数国家公园主打温泉疗养和水肺潜水等度假旅游体验产品。越南国家公园鼓励发展以自然为基础的旅游业,协助迁移社区居民转岗转业,呼吁其减少进入国家公园核心保护区的次数,避免新社区安置中居民因生存而对国家公园环境造成威胁的事情发生。热带雨林国家公园同样具有丰富的物种谱系,要满足游客对热带野生哺乳动物的心理期待,可通过修建休闲廊道或镂空栈道,达到远程观赏的效

B15 国家公园生态旅游发展路径探析——以海南热带雨林国家公园为例

果,乌鲁淡布隆国家公园内就建有供人们通行的雨林吊桥。不过,通行道的建设要保证两个前提:一是尽量不破坏雨林植被,二是与野生哺乳动物的核心活动区保持安全距离。

总的说来,首先,世界不同地区由于地理位置、气候等自然条件的不同而衍生出各具特色的生态资源本底,奠定了建设不同类型国家公园的物质基础。其次,国家在经济实力、文化背景、政治制度、土地利用、管理目标等方面存在显著差异,导致各国在国家公园的建设理念上存在较大差距,进而在国家公园发展生态旅游形式的选择上也不尽相同。不同地域不同国家公园及其生态旅游发展模式的不同体现了人类认识和改造包括国家公园在内的自然保护地的多维价值内涵,也彰显了不同国家公园治理的战略侧重,本质上无优劣、高低之别。但在不同模式的背后(见表1),各国家公园都始终秉承"优先保护、合理开发、全民共享"这一思想主线,一以贯之地推进国家公园生态资源在旅游利用中的可持续发展。

表1 世界不同地区国家公园生态旅游建设经验与模式

地区	国家公园代表	建设经验	旅游模式
欧美地区	美国黄石国家公园、大峡谷国家公园;英国湖区国家公园、凯恩戈姆山国家公园;意大利大帕拉迪索国家公园等	荒野开发模式,生态原真性是第一法则;强调尊重游客的自主权,彰显公园建设的公益性;拥有成熟的国家公园法律体系;倡导政府主导,多方参与式的国家公园旅游规划决策等	休闲垂钓;房车露营;自驾游览;旅游风景道;小镇度假;乡村旅游与生态旅游相结合等
大洋洲地区	澳大利亚摇篮山国家公园、努萨国家公园;新西兰峡湾国家公园、汤加里罗国家公园等	自然保护区发展旅游时要协调好多方利益关系;注重保护环境的完整性和资源质量;政府参与干预调控;社会力量参与保护和旅游发展;支持发展生态旅游周边产业等	野生动物观光;休闲步道建设,沿途设置休息驿站;依托自然条件凸显不同主题,避免同质;水上步道等

续表

地区	国家公园代表	建设经验	旅游模式
东亚地区	日本阿苏九重国立公园;韩国智异山国立公园、雪岳山国立公园等	创建"公园管理团体"制度;强调科研机构的支撑作用,系统整理科研成果以构建专项数据库;监测评估生态环境承载力,有针对地限流控流;引导游客接受环境教育等	因地制宜,发掘资源优势,开发对应旅游体验项目(温泉度假、浮潜等);研学旅游,强调生态教育,传达环保意识等
非洲地区	南非克鲁格国家公园;坦桑尼亚塞伦盖蒂国家公园;马达加斯加拉努马法纳国家公园;津巴布韦万基国家公园;肯尼亚马赛马拉国家保护区等	生态保护工作以野生动物为主要对象;国家公园边界效应敏感,管理力度大;拓宽资金来源渠道,严令禁止非法捕杀野生动物,惩戒力度空前;引导社区参与旅游发展;区域产业结构调整等	野生动物观光线路多样;旅游车专线对接;狩猎旅游(尚有争议)等
东南亚地区	马来西亚神山公园;印度尼西亚科莫多国家公园、洛伦茨国家公园;文莱乌鲁淡布隆国家公园;泰国考索国家公园;菲律宾普林塞萨港地下河国家公园等	重视社区居民对国家公园保护及旅游发展的态度;生态旅游产品以观赏科普性旅游活动为主;协助生态搬迁型社区安置转业,保障民生福祉等	野生动植物观光及科普教育;多样化旅游体验产品(水上项目、登山攀岩、远足徒步、丛林探险、疗养度假等);休闲廊道、镂空栈道和雨林吊桥等设施

(数据来源:根据相关文献整理。)

三、海南热带雨林国家公园概况及其现状分析

热带雨林是地球上生物多样性较丰富的生态系统之一,是重要水塔和基因宝库,更是地球维持全球碳平衡的"肺"和调节气候的关键区域。受地理位置影响,我国热带雨林资源十分稀缺,仅分布在海南中部和云南、台湾、广西、西藏的部分地带,空间上呈斑点状布局,范围小且难以形成集中连片区。因此,我国十分重视热带雨林的保护和研究工作。

(一)基本概况

作为中国唯一一个全境位于热带的省份,海南省有着我国分布面积最广、生态资源垂直带谱最为完整、自然景观最为奇特的热带雨林保护区。海南热带雨林国家公园位于海南岛中部,涉及19个自然保护地,横跨五指山、琼中、白沙、昌江等9个市县,总面积4269平方千米,约占海南岛陆域面积的12.6%,其中核心保护区域2331平方千米,占比54.6%;一般控制区域1938平方千米,占比45.4%(见图2)。海南热带雨林国家公园的核心价值体现在以下三个层次:一是岛屿型热带雨林的典型代表。海南热带雨林属于印度马来热带雨林群系北缘,是世界三大热带雨林群系的重要组成部分,建成建好以其为基础的国家公园具有国家代表性和全球保护意义。二是拥有海南独有、中国罕见和世界稀缺的动植物种类及种质基因库。海南热带雨林是全球34个生物多样性热点区之一,生物多样性指数高达6.28,与亚马孙雨林相当,孕育了如海南长臂猿、雅加松热带针叶林、尖峰水玉杯等特有种濒危动植物。三是构成海南岛生态安全屏障。全岛多座高海拔山峰聚集于此,连同峰间穹窿构成海南岛的最高脊;辖境内热带乔木遍布,森林覆盖率高,南渡江等海南主要江河也在此发源。由于海南热带雨林国家公园站位海南省生态系统的制高点,将其建设好能有效保护中国乃至全球热带雨林生态系统的原真性和完整性,进而实现珍稀自然资源的世代传承,海南热带雨林国家公园也自然成为国家和地方政府生态文明建设的工作重心。

中国生态旅游与绿色发展报告(2022)

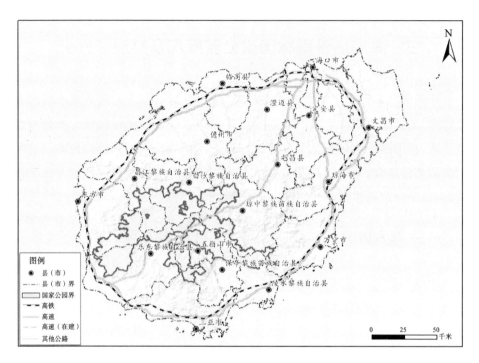

图 2　海南热带雨林国家公园区位概况

(数据来源:《海南热带雨林国家公园规划(2019—2025 年)》。)

2018年4月13日,在庆祝海南建省办经济特区30周年大会上,习近平总书记再次强调,海南要积极开展国家公园体制试点,建设热带雨林等国家公园。之后,海南热带雨林国家公园建设工作持续跟进,从2019年初中央审议通过《海南热带雨林国家公园体制试点方案》到2021年10月正式获批(见图3),经历了"迅速成立—高效发展—坚定保护—持续发展"的过程,海南省委省政府更是将其作为海南建设国家生态文明试验区的重要抓手。2022年4月,习近平总书记在海南视察时指出,海南热带雨林国家公园建设是重中之重。要跳出海南看这项工作,将之视为"国之大者",充分认识其对国家的战略意义,再接再厉把这项工作抓实抓好。海南热带雨林国家公园建设是向世界展现雨林和生物多样性保护的"中国蓝本",有利于提高其战略高度和世界格局。因此,本研究以海南热带雨林国家公园为例,在充分分析其保护利用现状的基础上,参考国际国家公园生态旅游经验,探究生态旅游发展路径,以期丰富国

B.15 国家公园生态旅游发展路径探析——以海南热带雨林国家公园为例

家公园发展生态旅游的案例经验,推动海南热带雨林国家公园旅游可持续健康发展。

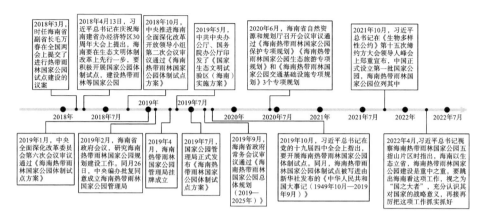

图 3 海南国家公园政策及关键事件时间轴

(数据来源:海南省人民政府及海南热带雨林国家公园官网。)

(二)海南热带雨林国家公园现状分析

经过多年体制试点建设,海南热带雨林国家公园的问题主要集中在管理体制、基带生态保护、社区参与、专项保护性规划等方面。

1. 旧有管理体制互通性弱,管理效率有待优化

尽管海南热带雨林国家公园是一个完整的生态系统,但由于涵盖19个不同层级的自然保护区和森林公园,公园系统的实质权属被不同层级政府管理部门所分割。空间管理的人为切割致使系统物质间的信息互动频次降低,从大尺度长远来看,这将加重原生保护地系统碎片化程度,增加生境隔离风险,不利于生态系统整体演进。加之海南热带雨林国家公园占地面积广,涉及多个市县,每个市县在国家公园的生态保护和旅游开发上所持态度不一,发展目标也各异,导致上级指示文件在落地实施时出现执行力度参差不齐、贯彻效率低下和实施标准不统一等问题。同时,作为雨林国家公园保护性开发的主要途径,生态旅游开发应挂靠政府旅游管理部门,还是直接赋权国家公园管理部门,抑或双方合力,仍有待推敲。开发与保护职权的离合关系如若处理不当,

基于国家公园保护前提下的生态旅游发展效果也将大打折扣。

2. 低海拔绿色基带的生态保护功能存在短板

海南热带雨林国家公园境内分布着五指山、鹦哥岭、猕猴岭等多座海拔超1500米的高峰。长久以来，无论是保护区管理机构，还是地方政府，都把生态保护视角聚焦在山峰的核心主体上，而忽略了山体间穹窿以下的低海拔区域。这些低海拔区域由于长期受到人类生产生活的干预，生态系统更为脆弱，生态恢复能力低下又导致基带植被严重缺乏以及生态缓冲区受损，从而造成生物进行空间迁移和信息传播的通道被阻隔，生态保护功能产生缺口。另一维度上，低海拔绿色基带亦是游客实现生态旅游体验，接受环境教育的主要区域，而游客的到来又会刺激相关旅游基础设施在此布局，在此背景下生态保护工作常与旅游开发产生矛盾。《建立国家公园体制总体方案》强调，坚持生态保护第一。生态保护是国家公园发展建设的第一理念，任何改造性活动都务必将"保护性"摆在首要位置。海南是生态大省，在生态旅游发展火热的当下，若未能正确把握国家公园保护和生态旅游开发的关系，将使原本因社区居民介入而受损的基带生态保护功能更显捉襟见肘，反而有违"保护第一"的初衷。

3. 地方社区参与国家公园保护及生态旅游开发的互动机制亟待确立

海南岛是我国少数民族的聚居区，岛上有很大一部分人久居海南热带雨林国家公园区域内。当地社区居民世代以自然资源的传统消耗利用为主，时有植被破坏或生物多样性资源受损的事情发生。近年来，生态移民、社区搬迁等工作随海南热带雨林国家公园的获批而紧锣密鼓地开展着，尽管出现了保亭县什玲镇水贤村搬离国家公园核心保护区的成功案例，但不同社区情况不同，实际操作更加复杂。传统族居模式的被打破、搬迁后新"三生空间"的重构、多重利益主体关系的重塑等都在无形中让搬迁者产生动摇。生态自觉意识的确立并非一蹴而就之事，要一改社区居民以往对生态环境的态度从"利用"转为"保护"，对于祖祖辈辈生活于此的黎族、苗族人，他们无疑需要较长时间去调整适应。最后，海南热带雨林国家公园发展生态旅游后，旅游资本介入下生态红利如何分配，社区居民在此过程中扮演何种"角色"，如何统筹不同社区间的福利标准等都是急需讨论的议题，其内置机制需要多方参与协商。

B15 国家公园生态旅游发展路径探析——以海南热带雨林国家公园为例

4. 稀缺资源保护性规划不足,相关法律政策保障不够

海南热带雨林国家公园内有诸多海南特有的野生动植物资源,其中不乏海南长臂猿等被世界自然保护联盟列入极其濒危名录的物种,但目前尚未有较全面、合理、细致、可行的文件标准或规划专门就稀缺生态资源的保护做深度描绘。与海南热带雨林国家公园密切相关的《海南热带雨林国家公园总体规划(2019—2025年)》和《海南热带雨林国家公园生态旅游专项规划(2020—2035)》尽管有相关模块涉及此内容,但内容主要从国家公园的整体性视角谋篇布局,缺乏对具体保护策略或实施方案的深入讨论。不同的生态资源在自身分布集聚区位、生存法则、所处食物链等级以及受人类活动影响程度等方面均各有差异,相较于从系统性视角审视资源保护的规划文件,根据资源富集区实际情况制定的文件则更有针对性,保护的方案也更具可行性。除此之外,具有法律效力的生物多样性保障法规政策也相对匮乏,地方政府或海南热带雨林国家公园各管理分局在处理相关违规案例时较难有明确的惩戒手段与之相匹配,日常警告性指令也难以发挥真正的震慑作用。

四、海南热带雨林国家公园生态旅游发展路径探析

海南热带雨林国家公园内涉及环境改造的活动都必须以"保护第一"(生态保护)为基本底线,而发展生态旅游作为环境改造的具体活动之一,实则是在"保护第一"的基准上,实现"全民共享",即国家公园发展生态旅游是其彰显公益性特征的科学渠道。因此,在探讨海南热带雨林国家公园生态旅游发展路径时,应兼备"保护第一"和"全民共享"双重目标。

现阶段,从帮扶社区进行生态搬迁,到国家公园解说系统的构建,再到后期智慧测控系统的资金技术支持和特许经营制度的审批把关,这些与海南热带雨林国家公园相关的改造性活动都离不开国家公园管理局及政府职能机构的管理,这意味着权责明晰、结构顺畅的管理机制尤为重要。祖辈与国家公园共生的社区居民有着"自下而上"参与国家公园建设的权利和责任,并在组织管理架构中扮演重要角色,参与到公园建设和生态旅游发展的各项环节中。

例如,一方面,社区居民可对本民族传统文化资源进行解读,配合特许经营制度标定的各项准入规则,为智慧雨林系统和解说导览系统提供丰富的一手信息等;另一方面,国家公园的解说系统又可为社区居民,尤其是生态搬迁型社区的居民提供就业机会。从局部来看,特许经营制度的实施情况是雨林智慧系统的重要监测内容,而前者又通过信息反馈使后者的专项数据库创建更加完善。黎苗传统文化作为海南热带雨林国家公园超越自然性存在的资源,为解说系统平台提供了多元素材,同时,文化只有通过生动翔实的解说,才能给游客留下深刻印象。只有满足特许经营制度的准入规则,社区居民才能在国家公园内开展服务游客的旅游经营活动,而社区居民只有配合和响应包括特许经营在内的各项制度,才能获得生态旅游红利,从而稳定组织管理体系。参考国外国家公园发展旅游的经验,并结合海南热带雨林国家公园的现状,本研究提出6个生态旅游发展路径的切入点,具体内容及它们之间的逻辑关系如图4所示。

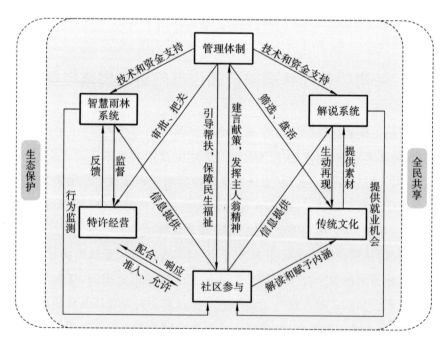

图4　海南热带雨林国家公园生态旅游发展路径

B15　国家公园生态旅游发展路径探析——以海南热带雨林国家公园为例

(一)理顺管理体制,明确政府管理部门与国家公园机构的职责

为优化海南热带雨林国家公园整体管理水平,提高管理效率,避免多头管理、管理机构职权冗余和职责功能范围重叠的乱象出现,海南应本着减少管理层级的原则理顺管理体制,明晰层级隶属关系。目前,海南热带雨林国家公园内的自然资源所有权已重新划归中央政府管理,并在梳理原自然保护区、森林公园等自然保护地管理机构的前提下形成"海南热带雨林国家公园管理局统揽,下辖片区各分局合理衔接"的协同管理机制,有效划清权责界限。但由于管理分工专业性强,涵盖林木保护、科学监测、设施建设、社区引导、生物追踪等内容,公园仅以"总局带分局"的模式或无法有效实现管理目标。下一步,海南热带雨林国家公园需要结合分片区所隶属的县市政府机构,在各分局下增设对应工作处,组建专业人员队伍,确定多方双边合作和任务分工,形成全方位多层次的管理体制。

(二)优化升级解说系统,实现生态旅游环境教育功能

生态旅游有别于其他旅游形式的最大特征是其具备环境教育功能,而科学的解说系统是对游客开展环境教育的基础和主要方式。传统旅游活动中的解说系统过于注重对人文资源的挖掘,疏于对自然环境解说体系的建构和投入,因此要不断完善国家公园解说体系,提升解说内容质量,促进公众生态文明素养的提高。海南热带雨林国家公园拥有丰富的生物谱系,在研学旅行和自然教育等相关行业发展迅猛的背景下,相关管理部门应抓牢机遇,构建有区域特色的国家公园解说体系,对海南长臂猿、坡垒、海南坡鹿等特有珍稀动植物,以及"绞杀""板根""老茎生花""滴水叶尖"等雨林奇观的解说内容进行撰写。"天人合一"体现了中国古人对人地关系的朴素认识,其内涵与目前生态文明建设所倡导的可持续发展观相近。内容解说所要传达的不仅是知识科普,更要在生态旅游活动中唤醒游客的生态环保意识,使游客应声应景地感受自然资源的生态美,尽可能地弥补其生态环境伦理教育的缺失。具体如:根据游客不同年龄编制不同风格的解说词;解说形式应图文并茂;讲解展示时可适

当采取辅助工具或利用高新技术对内容立体再现；必要时可通过列举人类与自然关系的正反例子，通过对比突出环境保护的重要性；在国家公园各分区增设展示中心、生态博物馆、研学实习基地、野外科教研习景观道等宣教设施。

（三）积极引导社区参与生态保护与旅游开发，实现共治共享

社区在雨林生态保护和旅游发展中的作用不容忽视。一方面，当地社区与热带雨林世代共居，是最了解雨林发展实况的利益相关者，积极引导其参与雨林和生物多样性保护是尊重其主体性的体现；另一方面，引导社区参与生态旅游是实现增收，带动当地脱贫致富，促进产业结构调整的有效渠道，也是外来游客获得真实旅游体验的重要窗口。因此，海南热带雨林国家公园相关管理部门首先要发挥主导作用，根据不同社区的居民素质评价、文化氛围与民族特征，有针对地培养社区居民参与雨林保护和规划建设工作的能力。其次，要正确引导社区转变对生态旅游的态度，为其创造丰富的旅游创业机会和就业岗位，并出台政策办法保障其享受生态旅游福利的权益。国家公园建设的另一个目标是为周边社区居民谋福祉。对于生态搬迁型社区，管理部门要提前在海南热带雨林国家公园核心保护区外建好特色小镇、现代农业园区或旅游服务区，做好搬前动员、搬时安抚、搬后支持的工作，并在生态补偿、基础设施建设、技术支持、政策优惠、人居环境营造等方面给予搬迁型社区优先权，确保社区居民的民生福祉。最后，要通过增设公益岗位和发布志愿服务项目，鼓励社区居民参与到国家公园保护和旅游业发展的实践中，激发其主人翁意识，增强社区居民与国家公园的亲近感和归属感，实现政府—社区交互式管理，从而达到共管、共治、共享的效果。

（四）加强智慧雨林国家公园系统建设，实现生态旅游监测评估

智慧雨林国家公园系统建设是《海南热带雨林国家公园总体规划（2019—2025年）》的重要环节。海南热带雨林国家公园占地面积广，园内腹地自然条件复杂且生态脆弱，传统人为实地进行测控、资源摸底、环境监测、林区模块划分、空间管控等工作显然存在精确度不高、费时费力费财、危险性高等弊端，而

B15　国家公园生态旅游发展路径探析——以海南热带雨林国家公园为例

基于移动互联网、大数据和云计算等信息技术构建的智慧雨林国家公园系统能高效高质获取源数据,使建设工作更加便捷智能和先进安全。因此,要加快智慧系统建设步伐,打造以感知监控模块、大数据集存模块和智能管理模块为支撑的系统内部版图,运用可视化技术识别公园管理事权是否存在子区间交叠,提前规避因管理规则不同而产生的冲突。同时,还要动态监测水体质量、大气相关指标、生态搬迁型社区及外界社会的舆情,以及园内野生动植物,尤其是濒危物种的具体生境等情况,然后制定相应的防控方案和预警机制,确保突发紧急事件时能有效处理。随着海南热带雨林国家公园生态旅游要素日益补齐,旅游系统渐趋成熟,未来还需特别关注国家公园环境承载力阈值、来访游客文明行为、游客生态足迹、生态旅游影响等内容,建立多维的生态旅游监测数据库,以期为未来规划游客核心活动区域、开展生态旅游效益评价和调整旅游管理策略提供参考依据。

(五) 盘活传统文化生命力,实现生态旅游赋能

海南热带雨林国家公园不仅是各种生物栖息的场所,还是世代黎族、苗族人的精神家园。扎根雨林的黎族人、苗族人在历史长河中形成了瑰丽多元的民族风情,衍生出如黎族织锦、黎苗歌舞、文身绣面、"三月三"等多姿多彩的民族民俗文化,无形中赋予了海南热带雨林国家公园丰富的文化意义。然而,现在大部分国家公园旅游开发都只关注到自然系统的生态物质性,而弱化了自身精神文化等超越性特征,使国家公园在文旅融合大势所趋和"旅游搭台,文化唱戏"的背景下发挥生态旅游的优势稍显式微。因此,海南热带雨林国家公园首先要全面调查区域内传统手工艺、民族特色节庆、民俗风情、民间文艺、传说故事等文化资源,提炼核心文化概念,并将其体现在生态旅游周边产品和线路设计中,或附着在生态旅游体验活动中,通过价值变现激发居民保护传统文化的积极性。其次,还应结合海南热带雨林国家公园的生态优势和文化优势,为游客提供文化综合服务,包括审美、休闲游憩、遗产鉴赏、地方感知、环境教育等,使游客拥有全方位的生态旅游体验,感知深刻的社会文化价值。最后,还可以引进高新技术建设虚拟平台,活化利用传统文化资源,借AR、立体打印

等技术媒介实现游客与文化传播及生态保护的"对话",引发游客对国家公园生态及文化保护意义的思考,以此创新生态旅游新功能,推动国家公园生态旅游高质量发展。

(六)推行特许经营制度,严把旅游产业"准入关"

作为一种制度设计,特许经营是国家公园生态产品实现价值转化的重要机制,是对政府主导的社会公益制度的功能性补充,能根据市场需求进行个性化处理。为保证全民共享,满足游客及社区居民的休闲游憩需求,国家公园内需要有相应的产业服务设施与之配套,而旅游业等商业性游憩服务属于社会资本供给,市场依赖性强,若任其恣意发展,结果将有悖于国家公园"保护第一"的建设理念,因此需要相关管理部门批准同意后方可在国家公园境内开展。就海南热带雨林国家公园推行特许经营制度而言,除公益性活动和基本服务产业无须经过政府审批外,其余以商业盈利为目的且以市场需求为导向的产业经营活动只有在经过政府管理部门的批准后方能开展。另外,就旅游业特许经营而言,要紧扣"绿色生态"的帽子,游憩、餐饮、购物、住宿等旅游要素在介入后要在经营范围、期限和组织形式等内容上做好限定,且每一项获批的旅游经营活动都要有对应的服务标准、价格标准、设施标准和管理标准。还要特许本地社区居民将体现民族特色的生态产品带入园内开展经营活动,引导其形成自我创新、自我管理、自我监督的自觉经营模式,避免生态旅游市场化。只有这样,才能体现特许经营的核心要义——社会资本参与、商业性、自我维持、不破坏生态环境,才能在保证公园生态不被破坏的前提下,满足人们的旅游休闲需求,从而达到国家公园建设生态目标和价值目标共现的效果。

参 考 文 献

[1] 李锋.国家公园社区共管的体系建构与模式选择——基于多维价值之考量[J].海南师范大学学报(社会科学版),2022,35(1).

[2] 李春晓,于海波.国家公园——探索中国之路[M].北京:中国旅游出版社,2015.

[3] 章锦河,苏杨,钟林生,等.国家公园科学保护与生态旅游高质量发展——理论思考与

B15 国家公园生态旅游发展路径探析——以海南热带雨林国家公园为例

创新实践[J].中国生态旅游,2022,12(2).

[4] Frost W, Hall C M. Tourism and national parks: international perspectives on development, histories and change[M]. London: Rout ledge, 2009.

[5] 唐芳林,王梦君,李云,等.中国国家公园研究进展[J].北京林业大学学报(社会科学版),2018,17(3).

[6] 徐祥民.习近平生态文明法治思想的基本命题:环境保护优先[J].中国政法大学学报,2021(3).

[7] 章锦河.专辑序言——擘画国家公园,建设美丽中国[J].中国生态旅游,2022,12(2).

[8] 张书颖,刘家明,朱鹤,等.国外生态旅游研究进展及启示[J].地理科学进展,2018,37(9).

[9] 张广瑞.生态旅游的理论与实践[J].旅游学刊,1999(1).

[10] 刘俊,王胜宏,余云云.科技创新:生态旅游发展关键问题的思考[J].旅游学刊,2021,36(9).

[11] 胡静,秦志玉.析自然意识在生态旅游规划中的指导作用[J].中国人口·资源与环境,2006(1).

[12] 万绪才,朱应皋,吴芙蓉.自然保护区生态旅游开发与规划研究[J].农村生态环境,2004(3).

[13] 刘洋,吕一河,陈利顶,等.自然保护区生态旅游影响评价:进展与启示[J].自然资源学报,2005(5).

[14] 方躬勇,李健,马莉.中国自然保护区生态旅游开发对策[J].东北林业大学学报,2003(4).

[15] 王立龙.国家公园生态旅游的本土化路径研究[J].中国生态旅游,2022,12(2).

[16] 肖练练,钟林生,周睿,等.近30年来国外国家公园研究进展与启示[J].地理科学进展,2017,36(2).

[17] Barker A, Stockdale A. Out of the wilderness? Achieving sustainable development within Scottish national parks[J]. Journal of Environmental Management, 2008, 88(1).

[18] Wescott G C. Australia's distinctive national parks system[J]. Environmental Conservation, 1991, 18(4).

[19] 高科.美国国家公园的旅游开发及其环境影响(1915—1929)[J].世界历史,2018(4).

［20］　陈英瑾.英国国家公园与法国区域公园的保护与管理[J].中国园林,2011,27(6).

［21］　马勇,李丽霞.国家公园旅游发展:国际经验与中国实践[J].旅游科学,2017,31(3).

［22］　Benedetto G,Carboni D,Corinto G L. Governance of sustainable tourism in a vast area surrounding a national park[J]. Procedia Environmental Sciences,2016,32.

［23］　Pietilä M,Fagerholm N. Visitors' place-based evaluations of unacceptable tourism impacts in Oulanka National Park,Finland[J]. Tourism Geographies,2016,18(3).

［24］　Strickland-Munro J,Moore S. Indigenous involvement and benefits from tourism in protected areas:A study of Purnululu National Park and Warmun Community,Australia[J]. Journal of Sustainable Tourism,2013,21(1).

［25］　生态话题.国家公园环球行[EB/OL].(2020-10-23)[2022-08-06]. https://mp.weixin.qq.com/s?_biz=MzI3MzA4OTI5OA==&mid=2650020717&idx=1&sn=d253c7d7422209a7582d4e41a84d3ee9&scene=21#wechat_redirect.

［26］　Simmons D G. Tourism and ecosystem services in New Zealand[M]. Lincoln:Manaaki Whenua Press,2013.

［27］　马盟雨,李雄.日本国家公园建设发展与运营体制概况研究[J].中国园林,2015,31(2).

［28］　张碧天,闵庆文,焦雯珺,等.中国三江源国家公园与韩国智异山国家公园的对比研究[J].生态学报,2019,39(22).

［29］　虞虎,阮文佳,李亚娟,等.韩国国立公园发展经验及启示[J].南京林业大学学报(人文社会科学版),2018,18(3).

［30］　Morrison-Saunders A,Hughes M,Pope J,et al. Understanding visitor expectations for responsible tourism in an iconic national park:Differences between local and international visitors[J]. Journal of Ecotourism,2019,18(3).

［31］　Grünewald C,Schleuning M,Böhning-Gaese K. Biodiversity,scenery and infrastructure:factors driving wildlife tourism in an African savannah national park[J]. Biological conservation,2016,201.

［32］　赵艳.肯尼亚狩猎之旅纪实——天国之渡[J].生命世界,2014(2).

［33］　Sirima A,Backman K F. Communities' displacement from national park and tourism development in the Usangu Plains,Tanzania[J]. Current Issues in Tourism,2013,16(7-8).

［34］　Sène-Harper A,Séye M. Community-based tourism around national parks in Senegal:

the implications of colonial legacies in current management policies[J]. Tourism Planning & Development,2019,16(2).

[35] Archabald K,Naughton-Treves L. Tourism revenue-sharing around national parks in Western Uganda:early efforts to identify and reward local communities[J]. Environmental conservation,2001,28(2).

[36] Norton A. Experiencing nature:the reproduction of environmental discourse through safari tourism in East Africa[J]. Geoforum,1996,27(3).

[37] Hvenegaard G T,Dearden P. Ecotourism versus tourism in a Thai National Park[J]. Annals of tourism Research,1998,25(3).

[38] Walpole M J,Goodwin H J. Local attitudes towards conservation and tourism around Komodo National Park,Indonesia[J]. Environmental conservation,2001,28(2).

[39] Rugendyke B,Son N T. Conservation costs:Nature-based tourism as development at Cuc Phuong National Park,Vietnam[J]. Asia Pacific Viewpoint,2005,46(2).

[40] Aihara Y,Hosaka T,Yasuda M,et al. Mammalian wildlife tourism in South-east Asian tropical rainforests:the case of Endau Rompin National Park,Malaysia[J]. Journal of Tropical Forest Science,2016.

[41] 海南热带雨林国家公园管理局.海南热带雨林国家公园简介[EB/OL].[2022-08-06].http://www.hntrnp.com/news/list-276.html.

[42] 柴勇,余有勇.海南热带雨林国家公园体制创新路径研究[J].西部林业科学,2022,51(1).

[43] 崔庆明,徐红罡.国家公园、生态旅游与自然的超越性[J].旅游论坛,2022,15(2).

[44] 张一群.云南保护地旅游生态补偿研究[D].昆明:云南大学,2015.

作者简介：

卢嘉新,海南大学旅游学院博士研究生,主要研究方向为生态旅游与绿色发展。

童昀,海南大学旅游学院副教授、博士生导师,主要研究方向为生态旅游与绿色发展。

B16 基于城市更新下的日照市生态文旅发展

张 刚

摘 要:"有一种生活叫日照,有一张名片叫群众满意"。步入新时代,迈进"十四五",旅游城市愈发趋于精细化概括和定义。以拆迁、老旧小区改造等热潮为引领的城市更新,自城市诞生以来就贯穿其整个发展历程。新时代的文旅发展需要腾挪新空间、营造宜居宜游环境、构筑人文新生态,而和谐的文旅融合更有助于培育城市发展新生态、新模式。进入"十四五"的日照市聚焦实施"旅游富市"战略,提升特色小城旅游人文质量,促进文旅融合,需要在文旅视角下深入构建城市人文、建筑生态系统,突破固有的思路禁锢,求同存异,建设特色鲜明而又科学的滨海旅游型城市。这既是整座城市的目标,更是全市人民共同的期许。

关键词:日照市;城市更新;文旅发展;求同存异

Abstract:"There is a kind of life called the Rizhao city, and there is a business card that satisfies the masses."Entering a new era and entering the "14th Five-Year Plan", tourist cities are becoming more and more refined and defined. Urban renewal, led by the boom of demolition and renovation of old residential areas, has run through its entire development process since the birth of the city. The development of cultural tourism in the new era needs to free up new space, create a livable and tourist-friendly environment, and build a new ecology of humanities, and the harmonious integration of cultural tourism is more conducive to cultivating a new ecology and new model of urban development. Rizhao City, which has entered the "14th Five-Year Plan", focuses on the implementation of the strategy of "rich city of tourism", improves the quality of tourism in characteristic small cities, and promotes the integration of cultural tourism, and needs to deeply build the urban humanistic and architectural ecosystem from the perspective of cultural tourism, break through the inherent thinking constraints, seek common ground while reserving differences, and build a coastal tourism city with distinctive characteristics and science. This is not only the goal of the whole city, but also the common expectation of the people of the whole city.

Keywords: Rizhao City; Urban Renewal; Cultural Tourism Development; Seek Common Ground While Respecting Differences

一、引　言

城市不只是建筑物的群集，更是各种密切相关并相互影响的各种功能的复合体——不单是权力的集中，更是文化的汇聚。随着我国城市化进程的加快，过分追求经济效益的城市建设活动，很少顾及城市空间所应传达出的文旅信息。然而，过快的城市建设速度也引发了急功近利、大拆大建、空间趋同、生态恶化等一系列城市与社会问题。新时代下如何做好城市更新，王蒙徽做出了精准的阐释："实施城市更新行动，是以习近平同志为核心的党中央准确研判我国城市发展新形势，对进一步提升城市发展质量作出的重大决策部署""实施城市更新行动的内涵，是推动城市结构优化、功能完善和品质提升，转变城市开发建设方式；路径是开展城市体检，统筹城市规划建设管理；目标是建设宜居、绿色、韧性、智慧、人文城市"。

罗伯特·戈佛斯指出，可以将城市与文化看作"想象的共同体"，以"城市的复兴"作为发展目标，保留城市的记忆，实现历史感与现代感的统一，弘扬城市景观的历史价值，实现历史文脉在城市中的传承与延续。这是传统文化在现代社会中的再次传承与创新，同时强调将城市的文化标识作为某种载体传递城市个性与其文化内涵。

二、城市更新的迭代

（一）城市更新摸索期

城市更新的理念来源于旧城的更新改造,在我国是从1949年开始的。中华人民共和国成立初期,我国把对城市环境的治理视为重中之重,改善居住条件与之并驾齐驱。当时,经济还不发达,对于旧社会遗留下来的城市问题并不能完全解决,只能对问题最为严重的地区进行暂时性的改造。"一五"计划时期的城市更新工作为后期的城市建设遗留了大量的问题。由于缺乏更新的经验,对更新改建地区的自然资源和建设条件分析不足,很多建筑景观、设施、道路规划不足,在现实中使用效率低。"大跃进"时期,人们对国家物质和经济现状不够了解,盲目地进行工业建设,使很多旧城的问题未得以解决,并且不断出现新问题,如住宅紧张、环境日益恶化。后续一段时期都在解决前期更新遗留下来的问题,直到改革开放时期,我国的城市更新工作才步入正轨:经济、民生效益成为规划中的重点关注对象;投资不再局限于工业,投资渠道更加多元;规划控制指标等更趋向法治化,使其开始具有了法律的作用与地位。

（二）城市更新转变期

2005年棚户区改造(简称"棚改")正式开启,早期主要针对煤炭采空区、林场、农垦及华侨农场中的棚户区进行大规模改造。2015年以来,许多三四线城市也纷纷开启"棚改"措施,自此"棚改"逐渐进入人们视野。"棚改"主要对城镇中历史遗留的集中成片危旧住房、破房烂院,以及存在一定安全隐患的房屋进行改造,本质上是一项民生工程。从2021年起,城市更新工作转为全面推进城镇老旧小区改造,重点是2000年以前、公共设施落后、影响居民基本生活、居民改造意愿强烈的住宅小区。所谓的"旧改",包含水、电、路、气、热管道全面改造,小区内建筑物屋面、外墙、楼梯等公共部位维修,新增照明、适老便民设施,符合条件的楼栋加装电梯等,涵盖了市民生活的方方面面。

三、日照市的城市更新

灯塔曾是日照海岸的"第一门户",位于海龙湾的石臼港曾是日照工业和城市兴起的象征,更是日照发展的标志符号。作为一个沿海城市,日照走过了几十年的发展历程。在港城越来越美、越来越靓的嬗变之中,"大农村""村中城"的标签,成为城市发展过程中难以言说的尴尬,城市更新改造迫在眉睫。

围绕"让城市环境更优美、功能更完善、发展有活力和居民住得好、生活好"的目标,近年来,日照将城市更新与生态修复、城市修补、文旅补短密切结合,打通百余条"断头路",新建公园绿地,打造人文与生态兼顾的新模式,使城市综合承载能力和公共服务能力实现新提升,使城市形象和居民生活在城市更新的过程中实现美丽蜕变。

(一)陆域更新要空间要形象

20世纪90年代,日照市建成区内部分村居自主进行了"城中村"的改造。近年来,先后启动了许家楼村、沙墩村等改造项目。日照市自2008年启动城中村改造,2015年全市抢抓国家政策机遇,加大城中村改造力度,共完成100个村居、5.79万处房屋拆迁,建设安置楼632万平方米。2018年已完成273个城中村的拆迁改造,拆迁房屋11.14万处,建设安置房18万套,1620万平方米,约8万户居民实现了回迁,约24万人实现了"出棚进楼",由村民变市民,从环境脏乱差、存在安全隐患的"忧居"搬进宽敞明亮、配套完善的"优居"。日照市整合各方资源,针对乡镇村庄整体发展水平不高,规划比较混乱,落后村、贫困村较多的现状,坚持推进美丽乡村标准化建设,在村庄"五化""七改"和环境综合整治等方面都取得了一定的成就。

(二)近海域更新要资源要生态

"蓝天、碧海、金沙滩"是日照市的金字招牌,长久以来,日照人以此为荣,但海洋生态环境更新工作存在不少问题和短板。为此,日照市实施了海龙湾"退港还岸"项目,将港口作业区搬离城市,让生态经济区永驻城市。

日照市实施了"东煤南移"工程,舍掉92万平方米的黑色堆场,换来46万平方米的金沙滩、1882米的生态岸线,实现还岸于民、还景于民、还海于民,兑现了"退出一片港,还城市一条'金腰带'"的庄重承诺;绿道带动,提升品质抓保护,依托滨海岸线,实施综合整治,打破滨海各景区围墙和不同区域的限制,拆除1万余平方米有碍观瞻的陈旧设施和违章建筑。

日照市规划建设了28千米的阳光海岸绿道和33.8千米的山海风情绿道,构成了连山连海、独具魅力的生态风光带、旅游观光带和休闲运动带,让市民游客共享生态文明建设成果。创新开展海岸带整治行动,规划实施了阳光海岸带精品岸线建设、北部海岸带综合整治等42个重点项目工程,整治修复岸线8.9千米,修复湿地5000余亩,对现有松林、沙滩和湿地保持原生态,对裸露场地及岸线破损处实施绿化补植和改造提升,种植乔灌木,新增绿化,让岸线增"颜值"、提"气质"。

日照市实施"绿化提升、岸线修复、湿地保护、资源养护、河道治理"五大工程,推动海岸带生态环境质量稳定提升。一是绿化提升工程,抓好断带合拢、窄带补宽造林工作,实施蔡家滩林场退渔还林、两城河口湿地添绿等工程,提升海岸带绿化面积和水平;结合全市围填海历史遗留问题处置工作,科学开展港区增绿工程,美化绿化港口生产生活环境。二是岸线修复工程,以蓝色海湾整治行动为重点,分期分段对海岸侵蚀、沙滩蚀退等岸段进行整治修复,实施海龙湾、龙山湾、太阳海岸等海岸带整治修复工程,开展海龙湾、万平口、森林公园等重点砂质岸段沙滩稳定性监测和海岛、礁石普查,逐步恢复海岸生态功能,提升沿海岸线景观效果。在消减隔阂、统筹推进的同时发挥各地方的特色优势,多措并举,使形成地域性品牌成为可能。

(三)配套更新要特色要协同

一是日照机场建设工程:2014年推进土石方试验段施工,启动航站楼建设,实施613省道至机场连接线等配套工程建设。二是阳光海岸综合整治工程:2014年完成村居安置楼主体建设,并进行部分装修,完成潟湖开挖、市政设施配套及景观工程建设,完成旅游小镇一期主体、装修及二期主体建设。三是城市道路工程:2014年结合城中村改造,推进6条城市道路建设;重点抓好小城镇建设示范镇、国家重点镇和省级中心镇规划编制及城镇建设,深入开展生态文明乡村建设。四是积极接轨"胶东一体化"进程,推动胶东五市协同发展文化旅游产业,加快建设滨海文旅融合示范区,培植日照海洋生态牧场和胶东滨海旅游等具有国际竞争力的涉海产业集群。

城市更新改造是事关经济社会发展、城市品质提升和群众切身利益的重大民生工程,被称为"天下第一难"。多年来,日照市改革创新城市更新政策,开辟形成了城中村改造的日照路径,天时、地利、人和,"海、山、古、林、泉"兼备,对于旅游资源丰富的日照来说,把握旅游发展的黄金机遇期,因势而动,主动作为,从迅猛增长的旅游消费"大蛋糕"中多分一杯羹,成为整座城市的责任担当。

规划先行、项目带动、改革创新、转型升级,加快构建"海山联动、城乡互动、多业融合、全域发展"的大旅游格局。促进"产城人文"融合发展,培育和打造个性鲜明的特色小镇。先后有几十万居民告别旧村子、老房子,住上了新小区、高楼房,生活质量和居住环境得到了巨大提升,成为真正意义上的市民。

四、日照市生态文旅自省

旅游业作为现代服务业的重要组成部分,在实现新旧动能转换中,担负着重要角色。城市更新是城市原有开发建设方式的转变,党的十九届五中全会明确提出实施城市更新行动,为"十四五"时期乃至今后做好城市工作指明了方向,明确了目标任务。

随着发展平台期的到来,旅游在某种程度上又成为日照难以言说的发展困惑。"有说头、没看头;有旅游、没产业;有线路、没产品;有特色、没品牌"的发展短板,使得日照无论是旅游档次还是旅游收入,都落后于沿海地区的旅游业发达城市。

困境如何破？全市旅游发展大会提出，必须按照"城市即旅游、旅游即城市"的全域旅游理念，把城市作为一个功能完整的旅游目的地来打造，实现景点景区内外一体化，做到人人都是旅游形象，处处都是旅游环境。

从景点旅游到全域旅游，这是日照旅游业发展理念的一次重大变革，也是一个千载难逢的重大机遇——在"旅游富市"战略的引领下，日照正探索着更加符合时代需求的旅游发展路径。

发端于供给侧结构性改革的全域旅游大思路，要求从规划这个源头来进行系统设计，大到规划一个村镇、打造一个住宅小区、建设一座工厂，小到建一处街头绿地、盖一栋楼、种一棵树，都要用旅游的思维和视角精心构思，努力把旅游元素植入城乡每一处角落，做到处处皆景观、处处皆可游。

如今，经过多年的城市更新，日照旅游版图中山岳旅游、森林旅游、乡村旅游、滨海旅游百花齐放，众多景区星罗棋布，休闲游、采摘游、科普游、海钓游、康体游、婚庆游异彩纷呈。随着"旅游+"大文章的开篇命笔，日照正在构建带动周边、服务全省、对接全国的"大日照区域"旅游融合发展新格局。

在这个格局中，游客可以在农场里体验休闲采摘的快乐，在独具日照特色的体育旅游项目中张扬活力、释放激情，在青山绿水间访古探幽、寻觅记忆中的乡愁，就连传统的日照沿海游也正升级换代、沿袭多年的模式已然改变。全域旅游的"种子"生长出的旅游蓝图正成为撬动日照旅游产业大发展、大提升、大跨越的支点，产业因全域旅游更兴旺、城乡因全域旅游更美丽、百姓因全域旅游更富裕的目标正一步步变为现实。

五、"城市更新＋生态文旅"发展的"日照模式"

建市以来，经过全市上下接续奋斗，日照已经由一个默默无闻的海边小城，成长为一座欣欣向荣的海滨城市。作为"中国优秀旅游城市"，旅游，无疑是日照得天独厚的发展自信。2021年，日照管辖海域面积近6000平方千米，大陆海岸线总长226.35千米，64千米优质沙滩绵延细软，33座岛礁点缀海滨,亿吨大港世界驰名。

"十四五"时期,是日照融入新发展格局、推动高质量发展的关键期,是补齐民生短板、提升人民生活品质的攻坚期,是浴火重生、振翅高飞的蝶变期。从狭小封闭的海边小城,长成活力迸发的现代化海滨城市,日照城市面貌的改变,从棚户区改造破题;文旅产业是满足群众多层次、分众化、高水平需求的重要渠道,文旅产业是典型的幸福产业。

精致城市建设和城镇精细化管理助力日照"蝶变"。日照市实施的城市更新行动,进一步提升城市功能,加强城市精细化管理,真正把城市打造成经济发展的优质平台、宜居宜业的美好家园。近年来,日照市一直着力打造文旅产业新场景,对外拓宽市场,对内整合提升,加快文旅转型升级。实行各景区景点联动管理、联合营销,拓展打造出了一批品牌高端、业务新颖的文旅产品,提升城市文化旅游品位。"旅游富市"战略符合日照的资源禀赋、城市特质和未来发展方向,符合中央推进供给侧结构性改革的要求,与省委、省政府推进新旧动能转换重大工程的决策部署高度契合,是培育经济新动能的有效抓手。

从"希望"到"兴旺","棚改+产业"发展。棚户区改造,既是改善群众生活条件的安居工程,又是帮助群众鼓起钱袋子的乐业工程。东夷小镇被誉为"中国离海最近"的特色旅游小镇,以前,这里是董家滩村,典型的城中村,现如今已变成"网红"打卡地。借棚户区改造政策,日照创新采用"旅游+旧城改造"模式,在旧村原址建设东夷小镇,在距原址1.5千米处建设安置住宅,实现整村搬迁,真正实现了"拆除一片旧村、培育一个产业、造福一方百姓"。

既给群众安居希望,又让城市繁荣兴旺。日照在推动棚户区改造过程中,跳出"就棚改而棚改"的路子,更加注重与产业园区、城市经济发展相结合,将棚户区这块城市发展的"洼地"垫高。如今,"棚改"机遇让中央活力区发展迅速起势:日照国际博览中心、华润万象汇、海韵广场、沪港中心、万达广场等一批事关城市高质量发展的大项目、好项目先后落地,"棚改"带来的城市空间拓展、产城融合的聚变效应迅速催化,城市高质量发展后劲十足。

高度重视旅游新业态的培育,城市更新为城市文旅腾挪了巨大空间,创造了更多可能。加快推进旅游与养生养老、航空、体育、婚庆、购物等产业的融合发展,不断培育新业态、推出新产品、形成新动能。树立"强旅必先强企"的理念,加快推进旅游开发建设和经营管理企业化、市场化、资本化,努力把旅游业培育成投资的重点、消费的热点、开放的亮点。以创建国家全域旅游示范区为抓手,突出抓好道路通达和住宿餐饮服务体系建设,努力打造国内一流的旅游环境。加大旅游营销力度,进一步打响日照旅游的品牌。为全面提升城市发展质量,推进城市更新工作,着力满足人民日益增长的美好生活需要,促进经济社会持续健康发展,"蝶变"成为日照市发展的主题词。

六、新时代,新"考题"

城市品质,是一座城市经济社会发展水平的重要体现,也是人民幸福感、获得感的重要来源。"十四五"时期是又一次刷新"颜值"的绝好机会,也是提升城市品质的绝好契机。要坚持社会主义本质,最终实现共同富裕的目标,使全体人民共享社会发展成果。要统筹推进"五位一体"总体布局、协调推进"四个全面"战略布局,文化是重要内容;推动高质量发展,文化是重要支点;满足人民日益增长的美好生活需要,文化是重要因素;战胜前进道路上各种风险挑战,文化是重要力量源泉。文化和旅游在促进共同富裕过程中具有独特优势。

(一)城市更新锚定形象和内涵品位双提升

城中村改造拓展了城市发展空间,促进了城市功能完善和发展布局优化,提升了城市管理水平和对外形象,有效突破了城市环境和管理的薄弱环节,促进了新老城区的均衡发展,让城市加快告别城中村、村中城和新老城区两重天的历史,让整个城市更加宜居、宜业、宜游。城市开发建设过程中,既需要有"开膛破肚"的改造,像外科手术一样,治愈一些顽疾,也需要小修小补的微更新,如同中医的针灸疗法,对城市进行疏通改善。打造滨海旅游产品集群,丰富旅游产品体系。除滨海观光度假外,还需开发民俗旅游、养生旅游、海上体育运动、海洋科普文化游、游艇与邮轮旅游、河口湿地生态游、自驾车营地游、滨海乡村游等,形成滨海旅游产业集群。延伸产业链,构建大旅游产业格局,实行产业融合,加速旅游业与第一、第二、第三产业的融合。

(二)城市更新后更需人文注入

伴随人口迭代和城市化进程的加快,"80后""90后""00后"逐渐成为旅游市场的主体,这三代是"半断代"的一批人,在旅游中寻找"回归"、寻找"寄托","10后""20后"将会成为乡村与城市发展的"断代",对于旧村旧城的记忆将会为零。2020年我国常住人口城镇化率达63.89%,从国际经验和城镇化发展规律看,这一时期城市发展面临许多挑战。在我国突出表现为城市建设的整体性、系统性、宜居性、包容性和可持续性不强,城市公共产品和服务供给主体单一、供给总量不足、供给结构失衡,难以满足广大人民群众对美好城市生活的需求。

新型城市建设重在优化城市发展理念,推动城市建设从粗放外延式扩张转向集约内涵式发展、从大规模增量建设转为存量提质改造和增量结构调整。推进新型城市建设的重点任务是建设宜居、创新、智慧、绿色、人文、韧性的现代化城市:一是科学配置市政公用设施,逐步提高城镇居民基本公共服务水平,提高城市宜居性;二是加快信息化、数字化、智能化的新型基础设施建设,提高城市智慧化水平;三是完善城市生态系统,发展智能建造,建设低碳城市;四是保护和延续城市文脉;五是增强城市抵御冲击和应急保障能力。

(三)"城市更新+生态文旅"需扩展参与面

在城市更新的路径和模式选择上,要改变过去"大拆大建"式的粗暴手段,采取"双修"(生态修复和城市修补)与"织补"相结合的城市更新策略,因地制宜、分级分类推进,建立各方利益协调和共享机制,鼓励和引导社会力量共同参与。

城市是扩内需、补短板、增投资、促消费的主阵地。推进新型城市建设,在重点领域实施一系列民生工程和发展工程,推动投资需求和巨大潜力充分释放,充分发挥投资对优化供给结构、提升供给质量、加快构建新发展格局的关键作用。国务院常务会议审议通过"十四五"新型基础设施建设规划,明确支持民营和境外资本参与新型基础设施投资运营,这也为新型城市建设和生态文旅发展吸引各类市场主体参与提供了政策保障。

发挥"城市+大学"组合优势,根植地方与城市、深耕产业与人才培育的高等教育智库在城市更新、产业发展、文旅融合方面如何实现良好互动仍待深入破题。

(四)勿忘乡村和文化自信

提高文化产业和旅游业发展质效,需要用文旅赋能乡村振兴,促进城乡一体化发展。优化城乡文化资源配置、推进城乡公共文化服务体系一体建设,加强乡村文物建筑保护利用,实施艺术振兴乡村计划、开展文化产业赋能乡村振兴试点,开展文化扶贫等依然任重道远。

文化自信在于对自身文化价值的充分肯定和积极践行。地域品牌的塑造能够显著地传播扩散城市文化、扩大文化影响力,从而提升城市文化自信。地域品牌正通过摸索城市更新的路径慢慢找到这种自信、弘扬这种自信。

七、结　　语

城市生态建设不仅包括城市"颜值"的提升,还包括产业的创新与导入,把低效片区开发建设与业态重塑、基础设施建设、整体环境提升等紧密结合起来,提高土地集约、节约利用水平,完善城市综合功能;突出抓好产业业态,注重导入优质、高端产业资源,加快集聚新技术、新产业、新业态、新模式,招引专业运营团队,打造有特色、有品位、有活力的发展片区;积极推动综合开发,大胆实施创新突破,统筹利用好地上地下空间,创新投融资模式,推动城市功能和交通功能的一体化发展;积极探索工业遗产合理规划、保护和利用的新模式,努力打造更多的城市新地标,提升区域发展活力,实现工业遗产与城市现代化和谐共生;全面、积极匹配城市发展策略,进一步提高城市规划建设管理水平和提升居民幸福满意指数。

参考文献

[1] 王靖.城市区域空间的文化性研究[D].哈尔滨:哈尔滨工业大学,2010.
[2] 范可."想象的共同体"及其困境——兼及不同国家的应对策略[J].思想战线,2015,41(3).
[3] 蒋宇.中国城市化进程中城市景观美学问题研究[D].重庆:西南大学,2012.
[4] 樊海燕,陈倬豪.特色城市文化在建设城市形象中的重要性——论西安城市文化标识及视觉系统建设[J].西北大学学报(哲学社会科学版),2009,39(5).
[5] 王艳.美丽乡村建设研究——以日照市为例[J].山东行政学院学报,2019(1).
[6] 杜传健,谢小平.日照市滨海旅游业SWOT分析与发展对策研究[J].江苏师范大学学报(自然科学版),2015,33(4).
[7] 本刊综合.胶东五市一体化"路线图"——《关于加快胶东经济圈一体化发展的指导意见》解读[J].走向世界,2020(23).
[8] 陈文胜.天下第一难的社会学审视[J].国土资源导刊,2010,7(2).
[9] 王琳.当代中国共产党人共同富裕思想研究[D].北京:北京交通大学,2014.
[10] 贾硕.国内外城市更新经验及启示[J].城市管理与科技,2021,22(3).
[11] 张毅.以文化引领城市更新的策略与思考[J].中国房地产业,2018(3).

作者简介:

张刚,曲阜师范大学地理与旅游学院旅游管理专业硕士研究生,地址:山东省日照市烟台北路80号地理与旅游学院,邮编:276826,邮箱:278902223@qq.com。

B17 黄河流域渭河支流(天水段)生态文化旅游发展研究报告

柴大勇

摘　要：黄河是一条历史的河,也是一条文化的河。农耕文化是黄河文化之根,丝路文化是黄河文化之彩,民俗文化是黄河文化之脉,和谐文化是黄河文化之魂。

黄河：世界著名大河之一,中国的母亲河、百川之首。

黄河文化：中华文明的发源地,中华民族的根和魂。

黄河流域：我国重要的生态安全屏障和经济发展带、重大国家战略、中华民族伟大复兴和永续发展的千秋大计。

渭河：黄河的最大支流。在中国的诗歌史上,更是浓墨重彩的一笔。

甘肃：天水是西部中心城市,"一带一路"重要节点城市,有著名的百里黄河流域渭河风情线。

整体来看,渭河要加强生态环境保护,正确处理开发和保护的关系,加快发展生态产业,构筑国家西部生态安全屏障。治理渭河,重在保护,要在治理。要坚持山、水、林、田、湖、草综合治理、系统治理、源头治理,统筹推进各项工作,加强协同配合,共同抓好大保护,协同推进大治理。渭河天水段生态文化旅游发展的核心问题主要集中在品牌、产品、生态、配套等几个方面,其中,如何解决引擎产品和品牌缺失的问题是关键。

关键词：黄河流域；渭河支流；生态文化；生态旅游

Abstract: The Yellow River is a historical river as well as a cultural river. Farming culture is the root of Yellow River culture, Silk Road culture is the color of Yellow River culture, folk culture is the vein of Yellow River culture, and harmonious culture is the soul of Yellow River culture.

The Yellow River: One of the world's famous rivers, the mother river of

B.17 黄河流域渭河支流（天水段）生态文化旅游发展研究报告

China and the first of all rivers.

Yellow River Culture: The birthplace of Chinese civilization, the root and soul of the Chinese nation.

The Yellow River Basin: my country's important ecological security barrier and economic development belt, a major national strategy, and the grand plan for the great rejuvenation and sustainable development of the Chinese nation.

Weihe River: It is the largest tributary of the Yellow River. In the history of Chinese poetry, it is an indelible mark.

Gansu: Tianshui is a central city in the west, an important node city in the Belt and Road, and has the famous Baili Yellow River Basin Weihe Style Line.

On the whole, Weihe River should strengthen ecological protection, correctly handle the relationship between development and protection, accelerate the development of ecological industries, and build an ecological security barrier in the western part of the country. The management of the Weihe River should focus on protection and governance. It is necessary to adhere to the comprehensive management, systematic management, and source management of mountains, rivers, forests, fields, lakes and grasslands, coordinate the promotion of various tasks, strengthen coordination and cooperation, jointly do a good job in large-scale protection, and jointly promote large-scale governance. The core problems of eco-cultural tourism development in the Tianshui section of the Weihe River mainly focus on several aspects such as brand, product, ecology, and supporting facilities. Among them, how to solve the problem of lacking engine products and brands is the key.

Keywords: Yellow River Basin; Weihe River Tributaries; Ecological Culture; Ecotourism

一、引　言

深刻领会"重在保护、要在治理"的内涵要义，坚持问题导向和目标导向相统一，不断加强渭河流域生态修复、水土保持和综合治理力度，提升水资源对渭河流域高质量发展的支撑保障作用，建立健全渭河全流域协调发展和交流合作新机制，开辟渭河流域生态保护和高质量发展的新路径，构建山、水、林、田、湖、草、城为一体的全流域生态保护开发新格局，确保渭河流域（天水段）生态环境质量全面改善，经济保持中高速增长，现代化产业体系逐步建立，人民群众生活质量不断提高，渭河文化得到进一步保护和传承。

二、生态文化旅游发展现状

渭河，古称渭水，是黄河的最大支流。发源于甘肃省定西市渭源县鸟鼠山，主要流经甘肃省天水市、陕西关中平原宝鸡市、咸阳市、西安市、渭南市等地，至渭南市潼关县入黄河。据《陕西省志·水利志》，渭河全长818千米，流域总面积134766平方千米。渭河自西向东横穿天水市武山县、甘谷县和麦积区，境内全长约270千米，流域面积11696平方千米，占全市总面积的81.7%。流域内较大的支流有牛头河、葫芦河、藉河、榜沙河、散渡河等一、二级支流22条，覆盖天水市7个县区。党的十八大以来，天水市着眼于生态文明建设，积极践行"绿水青山就是金山银山"的生态文明发展理念，加大生态保护力度，水土流失综合防治成效显著，生态环境明显改善，截至"十三五"末，森林覆盖率达36.45%，湿地面积逐年增加。据《2022年天水市政府工作报告》，92.08万农村贫困人口全部脱贫，百姓生活显著改善，发展水平不断提升，为推动渭河流域（天水段）生态保护和高质量发展奠定了较好的基础。

B17 黄河流域渭河支流(天水段)生态文化旅游发展研究报告

三、生态文化旅游SWOT分析

(一) 内部优势(S)

1. 打造生态文明建设示范区

牢固树立"绿水青山就是金山银山"理念,构建山、水、林、田、湖、草、城为一体的全流域生态保护开发新格局,提升渭河流域生态环境和社会公共服务功能。充分发挥自然资源优势,围绕"人、城、境、业"四大要素,将公园形态与城市空间有机融合,补齐生态环境保护短板,探索新时代可持续发展的城市建设新模式,积极打造成美丽宜居公园城市。统筹推进山水林田湖草系统治理,重点抓好生态造林、退耕还林、退牧还草、矿山恢复治理、农村人居环境整治等项目建设,扎实推进大规模国土绿化和森林乡村建设,启动开展省级森林城市创建工作。紧盯大气、水和土壤三大关键领域,深入推进污染防治,坚决打赢蓝天保卫战,集中开展城市扬尘综合治理、城区餐饮业油烟治理、机动车尾气治理、城郊"四烧"管控等专项行动;全力打好碧水保卫战,确保国考省考断面、地下水监测点和县级以上水源地均达到考核目标要求;以改善土壤环境质量为核心,以防控土壤环境风险为目标,有效防控土壤环境风险,逐步改善土壤环境质量。

2. 打造渭河流域水土流失综合治理和节水示范区

按照水土流失现状、经济社会发展和生态安全需要,实施"一廊两带"工程。一廊,即以秦州区齐寿山和甘谷县朱圉山为界,南北宽60千米,东西纵贯天水全境,包括榜沙河、藉河、葫芦河、牛头河、东柯河等在内的渭河流域"秦岭门·天水走廊";两带,即以渭河流域南北为界,南面依托优质森林资源,建设水系、道路、山体绿化带,北面建设渭河流域黄土高原水土流失治理带,推动形成河畅、水清、堤固、岸绿、景美的水生态环境。加强与上下游市区协作配合,全面落实四级河长责任制,"一河一策、一河一档"推进河道规范化系统治理,加快防洪治理项目建设,建立更加紧密的渭河流域生态保护联防联控协作机制。实施好天然林保护工程,严格执行林地红线制度,对重要水源涵养地、森林公园、国有林场等生态功能区和国家级公益林等自然保护地实行强制性保护。

3. 建设现代农产品生产加工示范基地

深入实施乡村振兴战略,全面打赢打好脱贫攻坚决胜战,打造农业农村经济发展新格局。认真实施国家粮食安全战略,实施"优质粮食工程",抓好区域粮食仓储物流生态产业园建设,推动粮食产业高质量发展。加快推进"4+2"农业产业振兴行动,做优果品产业,做强蔬菜产业,做精畜牧产业,做活劳务产业,做大中药材产业,做特乡村旅游产业,以产业带动农民增收和农业增效,夯实脱贫攻坚产业基础。积极推进农业结构战略性调整,因地制宜发展循环农业、设施农业、节水农业、旱作农业,积极发展农产品精深加工和冷链物流业,拓宽农产品销售渠道,构建现代农业产业体系。补齐农村基础设施建设短板,重点抓好农村交通运输、农田水利、农村饮水、乡村物流、宽带网络等基础设施建设,逐步建立全域覆盖、普惠共享、城乡一体的基础设施服务网络。

4. 打造高质量发展转型驱动区

突出绿色发展理念,促进传统产业提质增效。增加新兴产业在GDP中的比重,大力培育新产业、新业态、新模式。坚持"一产调结构、二产扩总量、三产强基础",着力强龙头、补链条、聚集群,推动形成更具优势的产业格局。把十大生态产业作为转方式、调结构,推动高质量发展的主要抓手,坚持走生态优先、绿色发展道路。做大做强实体经济,鼓励形成以传统优势产业为基础,战略性新兴产业为引领,现代服务业为支撑的现代产业体系。积极研究对接国家、省政府出台的政策措施,主动谋划一批节能环保、现代农业、智能制造、水利建设、文化旅游等基础设施重大工程,补齐经济社会发展短板,构建覆盖城乡、功能完备、支撑有力的基础设施体系。推动基础设施向农村延伸、公共服务向农村覆盖、城市文明向农村辐射,健全完善城乡融合发展体制和机制。积极融入"一带一路"建设,打造渭河流域(天水段)"五个制高点","东联"与"南向"并举,加强与关中地区、成渝地区的联系对接,推动建立长效合作机制,更深层次、更广领域融入关中平原城市群和成渝地区双城经济圈。

5. 打造华夏文明传承创新区

以大地湾文化、伏羲文化、轩辕文化、先秦文化等为核心,史实相彰,文旅融合,打造中华文明传承创新区。实施文化遗产保护利用、历史文化名城保护、文化产业发展壮大、文化服务基础建设、文化旅游融合发展、文化品牌打造提升六大工程,突出抓好根脉始祖文化的研究整理和开发保护;大力发展红色旅游,以其所承载的革命历史、革命事迹和革命精神为内涵,挖掘建设一批红色旅游景区点和纪念馆;充分挖掘渭河流域(天水段)自然景观资源潜力,科学规划、重视保护、合理开发,打造集乡村体验、休闲养生、徒步健身、自然观光于一体的"体验式"旅游产业带,不断提升渭河文化的知名度和影响力,讲好"渭河故事"。

(二) 内部劣势(W)

1. 以文促旅的理念不足

(1) 重视不够。黄河流域生态保护和高质量发展已经上升为国家战略,习近平总书记强调要共同抓好大保护,协同推进大治理。黄河流域渭河支流(天水段)文旅发展和重点工作与黄河战略对接不够,渭河建设与地方文化旅游发展关系不大,要主动抓住这次难得的历史发展机遇。

(2) 缺乏规划。缺乏针对黄河流域渭河文化和旅游产业的统筹谋划和科学规划,文化特色和发展定位还不明确,对于应该保护什么、传承什么、建设什么还是很模糊,存在点多面广、零敲碎打的情况,缺乏产业意识,缺乏创意型的策划、包装和品牌宣传,文化遗产的价值未得到最大的转换。

(3) 挖掘不深。渭河文化遗产挖掘不够,活化利用不够,缺少以博物馆为载体的物质文化遗产展示、以传统节庆或艺术表演为载体的非物质文化遗产展示、以历史街区和城镇为载体的综合展示、以技术手段和主题空间为载体的创造性展示等全面展示渭河文化的基础设施和载体。

2. 以旅彰文的创新不足

(1) 资源分布松散,开发程度较低。渭河天水段沿线整体开发不足,文化旅游资源散、小、弱，整合开发难度大，加之资金投入不足，导致已开发的景区（点）规模和档次偏低，旅游要素设置、游憩道、解说系统、公共服务体系等均处在建设阶段。

（2）产品同质化严重，创意设计不足。渭河两岸文化和旅游产品供应体系单一，各地围绕渭河主要做了一些文物保护、景观提升、生态保护等工作，同质化问题突出，社会资本开发建设占比不高，文化内涵挖掘不够，乡村业态缺乏创新，商品生产销售水平不高。

（3）重要节点文化传播不广，文化消费不足。沿线各地对渭河文化的传承利用不足，生态、生产、生活没有跟黄河文化融合起来，在生态修复、景点开发、村镇建设过程中，黄河文化元素融入不够。文化消费产业不足，面向游客的中小型演出、文化街区与历史城镇、主题公园、文化创意产业园区等有待进一步开发。

3. 文旅融合的支撑不足

（1）体制机制保障不足。主要表现在政策细化配套和多头管理方面，渭河建设涉及水利水务、自然资源、环保、住建、交通、文旅、文物等多个部门，各部门之间缺少衔接和统筹，财政、税收、金融等关键手段及关键措施支持不力。

（2）社会经济发展水平支撑不够。渭河经过的地区村镇旅游发展滞后，河床存在淤积、耕种、取土等破坏现象，农田、房屋侵占河滩河堤情况较多，沿线生态景观、人文景观亟待提升。

（3）复合型人力资源不足。文物保护专业队伍严重不足，文化遗产挖掘、保护、传承、弘扬方面的专业人才缺口较大。缺少真正能够引导文化旅游产业发展的各领域、各层次领军人物，缺乏复合型高素质文化旅游产业经营管理人才。

4. 文旅融合的质量不高

（1）业态融合不深。优秀传统文化资源的利用率不高，许多优质资源还没有转化成产品，渭河承载的文化价值和精神内涵仍待进一步挖掘提炼，传承载体和传播渠道有限，创造性转化和创新性发展不足，文化遗产功能开发远远不够。

(2) 服务质量不高。旅游产品个性化、品质化不足,公共服务水平不高,游客的文化体验不足,全面展示渭河文化的基础设施亟待改善,活化利用形式和途径单一。

(3) 产业效益不优。具有较大影响力的龙头产品数量偏少,重点项目对区域的贡献和带动作用发挥不明显,产业链条残缺,地方特色文化挖掘不充分,非遗传承转化程度不高,经济带动成效不明显。

(三) 外部机遇(O)

1. "一带一路"建设向纵深推进带来发展机遇

习近平总书记提出"一带一路"倡议,国家设立丝路基金和亚洲基础设施投资银行,有助于机场、港口、铁路、公路等基础设施的完善。旅游产业的创新,促进丝绸之路亮点资源的发掘,为丝路沿线地区共建共享打开了全新视野,也从根本上改变了甘肃发展的对外开放格局。这凸显出甘肃在我国地缘政治中的举足轻重地位,甘肃成为西北地区对外联结的重要枢纽和支撑点。

天水作为"丝绸之路经济带"甘肃黄金段重要节点,依托天水古丝绸之路得天独厚的人文和资源条件,加强同"一带一路"沿线国家文化交流,持续打响、叫亮"羲皇故里·全球华人寻根祭祖圣地""人文天水·丝绸之路历史文化名城""陇上江南·中国西部旅游生态休闲家园"三大核心品牌,打造陇东南文化产业核心区和全球华人寻根祭祖圣地。

2. 黄河流域生态保护和高质量发展上升为重大国家战略机遇

2019年9月18日,习近平总书记在郑州主持召开黄河流域生态保护和高质量发展座谈会,把黄河流域生态保护和高质量发展确定为重大国家战略,特别指出黄河文化是中华文明的重要组成部分,为实现中华民族伟大复兴的中国梦凝聚精神力量。

深入贯彻落实习近平总书记关于黄河流域生态保护和高质量发展重要讲话精神及省市相关要求,结合实际,按照省市高质量发展和绿色发展的理念,结合天水将文化旅游作为首位产业,积极谋划实施一批重大文旅产业项目,坚定不移走好创新实践路、绿色发展路、文化兴盛路,努力在推动国家战略落实、实现渭河流域高质量发展上谱写新篇章。

3. 抓住"天水—陇南—成渝"跨区域旅游发展机遇

加强西北地区与西南地区合作互动,促进成渝双城经济圈、关中平原城市群协同发展,打造引领西部地区开放开发的核心引擎。西部地区将迎来一轮巨大的发展红利,推动西部大开发形成新格局,基础设施建设仍是重点任务。统筹做好西部大开发各项工作,拓展区域旅游圈发展空间,挖掘红色文化资源,打造具有影响力的红色文化旅游线路。主动对接陇南经济开发区、成渝双城经济圈在景区、线路、产品、旅游要素等方面的合作,打造环麦积山大旅游圈(带),实现品牌互联、线路互通、市场互动、客源共享、抱团发展。

4. 陇东南国家中医药养生保健旅游创新区建设机遇

抢抓建设国家中医药养生保健旅游创新区,把握中医药养生保健旅游的市场发展趋势,重视旅游开发、产业融合、文化传承三者的有机统一,确立以旅游为核心的中医药养生保健产业融合发展新路径,以景区建设为载体,以文化开发为精髓,以产业融合为目标,以体制创新为动力,以群众致富为诉求,以中医养生、中药养生、生态养生、文化养生为主题,将天水片区打造成陇东南国家中医药养生保健旅游创新区,最终建设成为全国知名的中医药养生保健旅游目的地。

5. 紧抓长征、黄河两大国家文化公园建设机遇

《中共中央关于制定国民经济和社会发展第十四个五年规划和二〇三五年远景目标的建议》的第九条"繁荣发展文化事业和文化产业,提高国家文化软实力"中指出:传承弘扬中华优秀传统文化,加强文物古籍保护、研究、利用,强化重要文化和自然遗产、非物质文化遗产系统性保护,加强各民族优秀传统手工艺保护和传承,建设长城、大运河、长征、黄河等国家文化公园。

国家文化公园建设是一项庞大的系统工程,包含对相关历史文化的梳理与挖掘、弘扬与传承。甘肃是有着丰富的长征、黄河文化资源的省份,天水应紧抓发展机遇,深入挖掘长征、黄河两大文化资源,积极融入长征国家文化公园(甘肃段)"三线、三区、八节点"的建设体系中,高质量讲好"黄河故事""长征故事"。

B17　黄河流域渭河支流(天水段)生态文化旅游发展研究报告

(四) 外部威胁(T)

1. 要构筑渭河上游生态安全屏障

坚持治山治水与生态建设相结合,大力推进渭河流域生态屏障建设、"两江一水"区域综合治理项目,重点推进葫芦河秦安段水质保障及生态修复工程、清水牛头河流域及生态环境治理工程,依托藉河生态环境综合治理一期、二期、三期项目、麦积区渭河北子堤湿地公园项目优势,开展河流流域的综合保护与合理利用示范,加强禁渔执法,探索生态养殖,加大渔业增殖放流区域,改善周边地区的生态环境状况。全面排查整治重点行业和企业及尾矿库地块,加强无主尾矿库的治理,推进渭河流域百万亩生态林建设项目和天然林保护、防护林建设、新一轮退耕还林还草、退化林修复、人工林提质增效等重点生态工程,积极筑牢西部生态安全屏障。

2. 实施环境污染治理保护体系

全面推进农村人居环境治理项目,做好农村垃圾收集处理、污水治理、厕所革命三大任务。启动实施秦州区皂郊镇、麦积区甘泉镇等区域污水管网收集工程和秦安县莲花镇、武山县鸳鸯镇等沿河镇村污水处理收集治理设施建设;改造升级城区污水处理管网,加快建设城市污水处理厂和城区中水回收利用项目建设。深入推进污染防治,加强大气污染综合管控,重点抓好工业企业大气污染、扬尘污染、大气面源污染、机动车尾气排放治理。推进土壤污染防治行动计划,编制完成耕地土壤环境分类清单,加强重金属污染风险管控与修复治理。全面落实四级河长责任制,重点处理河道"四乱"问题,严肃查处破坏河道环境违法行为。

四、生态文化旅游主要发展策略

(一) 强化文化遗产保护传承工程

深入开展渭河物质文化遗产资源调查,对物质文化遗产进行梳理鉴定,甄别渭河遗产及关联资源,完善渭河文化遗产名录。做好各类文化遗产数据整理工作,全面掌握现存物质文化遗产的数量、分布、特征及保护情况,以及周边自然和人文环境情况。建立分级分类档案,形成完备的数字化、信息化数据库,并纳入甘肃省文物数字化信息平台。持续推进渭河全线考古勘探,广泛搜集与渭河相关的历史文献记载,积极开展专题研究,深化对渭河(天水段)文化遗产的综合认知。进一步梳理渭河相关不可移动文物,推动具备条件的未列级不可移动文物的申报工作。

(二)深入挖掘渭河高质量文旅精品

以渭河沿线遗存的"物"为基础,其载体是渭河沿线的渭河文物遗存、水工遗存、渭河附属遗存以及其他关联遗存,是渭河千年历史的真实印记。树立正确的保护观念,摸清资源家底,划定保护空间,提升保护水平,严控开发强度,实现各类遗产的真实性、完整性保护,并通过这些遗存所承载文化的挖掘和展示,充分了解渭河具有突出地域人文特征和时代特色的仰韶文化、龙山文化、水利文化、民俗文化等。推进实施天水·白鹿仓国际旅游度假区、天水雕漆技艺传统文化非遗(旅游工厂)、甘谷陇东南风情文化商业街等一批重点旅游文化提升工程项目,加快甘泉玉兰小镇(文化旅游区)、麦积区全国综合养老示范基地、清水温泉旅游度假区、麦积区街亭出口至温泉公路工程、省道218线甘泉至麦积山景区段旅游公路项目建设,设计一批精品文化旅游线路,着力打造具有国际影响力的渭河文化旅游带。

(三)加强渭河沿线生态环境保护修复

渭河主要支流有秦祁河、大咸河、散渡河、义陇河、榜沙河、葫芦河、藉河、牛头河等,通过科学配置与调度,统筹实现生态、防洪、供水、文化、景观、旅游、通航等多种功能。积极开展河道清淤疏浚工作,采取"以坝代路,蓄塘养殖,以坝拦洪"模式,对于减少流域水土流失、增加耕地面积、改善交通条件和生态环境,均发挥重要作用。实施滨河防护林生态屏障工程,沿河岸两侧宜绿化地段集中连片建设景观廊道,合理配置防护林、用材林、经济林、景观林,营造古朴

B17　黄河流域渭河支流(天水段)生态文化旅游发展研究报告

优美自然景观面貌,打造"水林相依、绿廊相连、绿块相嵌、绿色掩映"的渭河绿美长廊。实施村庄绿化工程,对沿线村庄开展街道、庭院、隙地、路渠、沟塘绿化,抓好环村林建设,提升生态功能和服务价值。

(四)提升基础设施和配套服务功能

在特定区设置一个渭河服务基地,配套展示中心、游客服务中心、酒店、餐厅等服务设施。改造提升沿线重点景区水电、安防消防、应急救援系统等设施条件,加强旅游厕所建设,推动渭河沿线全域旅游发展。利用卫星定位综合系统、三维激光扫描系统、倾斜摄影系统、移动测量系统等技术优势,与文物、旅游、交通、自然资源、生态环境、公安等部门进行充分沟通与合作,开发建立专业性智慧管理平台,如智慧交通、智慧旅游、智慧环保、应急救援等,以实现智慧管理服务。构建智慧旅游服务体系,实现沿线旅游景区、文物保护单位及主要旅游村镇等重点公共区域免费无线网络(Wi-Fi)全覆盖和第五代移动通信网络(5G网络)建设发展,积极推动基于IPv6的下一代互联网商用部署,鼓励和引导文旅产业与现代信息技术相结合,创新渭河文旅产品与服务。

参 考 文 献

[1] 天水市水务局. 关于对市政协七届五次会议第216号提案的答复:天市水案发〔2021〕15号[A/OL]. (2021-09-24)[2022-09-07]. http://www.tianshui.gov.cn/art/2021/9/24/art_1458_290683.html.

[2] 天水市人民政府办公室. 天水市人民政府办公室关于印发天水市公园城市"十四五"规划的通知:天政办发〔2022〕10号[A/OL]. (2022-01-24)[2022-09-07]. http://www.tianshui.gov.cn/art/2022/1/26/art_2233_301104.html.

作者简介:

柴大勇,北京商旅同舟旅游规划设计院有限公司院长、山东外国语职业技术大学客座教授、农工党北京市委社会服务委员会委员、中国青年创业导师、中国未来研究会"一带一路"专委会委员、中国旅游景区协会专家委员会专家库规划设计类专家、国家A级旅游景区评审及复核专家。主要研究方向为旅游发展规划、城乡空间规划、乡村振兴产业规划、营销策划、文旅IP形象创意设计等。